21世纪高职高专旅游系列规划教材

中国旅游文化

主　编　崔益红　韩　宁
副主编　赵伟华　王丽萍
参　编　戴金枝　王　玉　宋　微

内 容 简 介

本书是高职高专旅游类专业"十二五"规划系列教材之一，是旅游专业的入门课程教材。本书在吸收近期研究成果的基础上对"旅游文化"教材体系进行了重新设计，强化了旅游文化学理论研究内涵。全书内容丰富，共分9章，介绍了旅游文化本质属性、旅游文化的构成，涉及历史、地理、古迹、建筑、园林、宗教、饮食、工艺品、乡俗等旅游文化知识的诸多方面。

本书内容力求通俗易懂，将理论讲解和案例教学相结合，突出了实用性。本书适用于高等职业教育各类院校旅游专业和其他相关专业的旅游文化基础理论课教学，也可供中职、五年制高职学生使用，同时可作为与旅游专业相关的企业人员培训的参考书。

图书在版编目(CIP)数据

中国旅游文化/崔益红，韩宁主编．—北京：北京大学出版社，2014.5
(21世纪高职高专旅游系列规划教材)
ISBN 978-7-301-24102-8

Ⅰ.①中… Ⅱ.①崔…②韩… Ⅲ.①旅游文化—中国—高等职业教育—教材 Ⅳ.①F592

中国版本图书馆CIP数据核字(2014)第068164号

书　　　　名：	中国旅游文化
著作责任者：	崔益红　韩宁　主编
策　划　编　辑：	刘国明
责　任　编　辑：	陈颖颖
标　准　书　号：	ISBN 978-7-301-24102-8/F·3933
出　版　发　行：	北京大学出版社
地　　　　址：	北京市海淀区成府路205号　100871
网　　　　址：	http://www.pup.cn　新浪官方微博:@北京大学出版社
电　子　信　箱：	pup_6@163.com
电　　　　话：	邮购部 010-62752015　发行部 010-62750672　编辑部 010-62750667
印　　刷　　者：	北京虎彩文化传播有限公司
经　　销　　者：	新华书店
	787毫米×1092毫米　16开本　15印张　345千字
	2014年5月第1版　2021年7月第5次印刷
定　　　　价：	32.00元

未经许可，不得以任何方式复制或抄袭本书之部分或全部内容。

版权所有，侵权必究

举报电话：010-62752024　电子信箱：fd@pup.pku.edu.cn

前　言

文化是旅游活动的灵魂，文化是旅游资源开发的灵魂，文化是旅游服务的灵魂。旅游业的飞速发展，引起了理论界从各个角度、不同侧面对旅游现象的广泛研究。国内外对旅游文化的研究更是呈现出了前所未有的繁荣。在国内，旅游文化研究成果不仅见于学科理论专著和专业刊物之中，还形成了不同层次的系列教材。掌握中国旅游文化的基本知识对于旅游业的从业人员来说具有重要意义和实用价值。旅游文化也是高职高专旅游管理专业的一门专业课程，但从已出版的旅游文化相关教材来看，一是缺乏真正符合旅游高等职业教育培养目标、课程设置及教学要求的教材；二是教材在编写中并没有找到旅游文化在旅游学科中的准确定位。而这两点恰恰是当今中国旅游高等教育发展中所急需解决的难题。

本书在编写过程中充分考虑到高职高专学生的特点和需要，为了使内容具备新理论、新知识、新案例，编者参阅了近年来大量的相关文献，将之充实到教材中。本书在编写过程中还充分照顾到学生学习的便利，尽量做到高度提炼和归纳各种观点，选取的资料具有一定的代表性和时效性，努力为学生提供一本体系完整、通俗易懂、兼具一定操作性的教材。本书在内容和体例编排中体现出以下几个特点。

第一，根据高职高专院校的人才培养目标，按照"应知应会、适度够用"的原则，编排整理了9章内容，具有针对性。

第二，理论讲解和案例分析相结合。本书所选知识引例丰富并紧扣章节内容，配合收录的知识链接等，增加了教材的可读性，也有助于帮助学生理解相关理论。

第三，作为旅游专业的一门基础课程配套教材，本书在编写中注意吸取了国内现有旅游文化教材的长处，内容完整，又自成系统。

第四，本书亦可作为非旅游专业人士了解和学习旅游文化基础理论知识的简易读本。

本书由邯郸职业技术学院崔益红老师和韩宁老师担任主编，邯郸职业技术学院赵伟华老师和王丽萍老师担任副主编。崔益红老师负责全书编写工作的全局安排，韩宁老师、赵伟华老师和王丽萍老师一起负责最后的统稿。各章编写具体分工如下：第1章、第4章、第9章由韩宁老师编写；第2章、第5章由崔益红老师编写；第3章由保定职业技术学院戴金枝老师编写；第6章、第7章由唐山科技职业技术学院王玉老师编写；第8章由邯郸职业技术学院宋微老师编写。

本书在编写过程中，得到各单位领导的高度重视和支持、北京大学出版社刘国明编辑的鼓励和帮助以及友邻学校同仁的大力协作，在此谨表衷心的感谢！本书参考了部分相关教材、著作和论文的研究成果，这些成果以参考文献形式附于书后，在此对这些专家、学者们表示诚挚的谢意！

由于编写时间仓促，加上编者水平有限，书中疏漏之处在所难免，恳请广大读者批评指正。

编　者

2014 年 1 月

目 录

1 绪论 …………………………………… 1
   1.1 旅游概述 …………………………… 2
   1.2 旅游文化概述 ……………………… 9
   复习思考题 ………………………………17

2 中国历史与文化 ………………………18
   2.1 中国历史概述 ………………………20
   2.2 中国古代历史小常识 ………………27
   2.3 中国旅游文学 ………………………30
   2.4 中国绘画书法艺术及其鉴赏 ………35
   实训应用 …………………………………38
   复习思考题 ………………………………38

3 中国民俗文化 …………………………40
   3.1 民俗文化概述 ………………………41
   3.2 人生礼俗 ……………………………50
   3.3 岁时节日 ……………………………57
   3.4 民俗禁忌 ……………………………64
   实训应用 …………………………………66
   复习思考题 ………………………………67

4 中国宗教文化 …………………………68
   4.1 宗教文化概述 ………………………70
   4.2 中国佛教文化 ………………………75
   4.3 中国道教文化 ………………………88
   4.4 中国伊斯兰教文化 …………………95
   4.5 中国基督教文化 ……………………100
   实训应用 …………………………………105
   复习思考题 ………………………………105

5 中国的世界遗产 ………………………107
   5.1 世界遗产概述 ………………………108
   5.2 中国的世界遗产选介 ………………111
   5.3 中国的非物质文化遗产 ……………120
   实训应用 …………………………………123
   复习思考题 ………………………………123

6 中国历史文化名城名镇 ………………124
   6.1 中国历史文化名城名镇概述 ………126
   6.2 中国历史文化名城 …………………130
   6.3 中国历史文化名镇 …………………138
   实训应用 …………………………………144
   复习思考题 ………………………………144

7 中国的风物特产与鉴赏 ………………145
   7.1 玉器、陶瓷器与丝织刺品绣 ………147
   7.2 漆器与金属工艺 ……………………155
   7.3 年画与文房四宝 ……………………160
   实训应用 …………………………………165
   复习思考题 ………………………………165

8 中国古代建筑与园林文化 ……………166
   8.1 中国古代建筑概述 …………………167
   8.2 宫殿与礼制建筑 ……………………181
   8.3 陵墓建筑 ……………………………186
   8.4 中国古典园林建筑 …………………192
   复习思考题 ………………………………199

9 中国饮食文化 …………………………200
   9.1 中国饮食文化概述 …………………201
   9.2 中国的酒文化 ………………………207
   9.3 中国的茶文化 ………………………213
   9.4 中国的菜系 …………………………221
   实训应用 …………………………………230
   复习思考题 ………………………………230

参考文献 …………………………………232

1 绪论

学习目标

知识目标	技能目标
1. 了解旅游及旅游文化的基本概念 2. 掌握旅游文化的内涵与特征 3. 理解旅游文化与我国旅游业发展的关系	1. 熟悉中国旅游文化的地位 2. 学会分析旅游文化对某一地区旅游发展的作用

中国旅游文化

知识引例

世界文化名人——玄奘

玄奘是中国唐代伟大的佛学家、哲学家、旅行家、翻译家,是中外文化交流的杰出使者和世界文化名人。以玄奘西行取经为蓝本的《西游记》故事在中国乃至世界广泛传播,使得唐僧(玄奘)的故事家喻户晓、妇孺皆知。在联合国教科文组织评选的世界百位文化名人中,玄奘与孔子被推举为世界文化名人。2004年国务院新闻办将玄奘与孔子、老子、孙子、屈原作为中国第一批对外宣传的历史文化名人向世界推介。玄奘历时十九年翻译的浩繁的佛教典籍,已经成为中国唐代以后佛教文献的经典,对佛教在中国的发展和鼎盛,对佛教作为中国古代儒、释、道三大思想体系的重要组成部分,对唐以后中国政治、经济、文化、社会、教育、意识形态及道德规范等领域产生了极为深远的影响,并且随着佛教的东传,渗透到日本、朝鲜半岛和东南亚地区,对亚洲地区佛教的发展产生了积极的推动作用。梁启超称玄奘为"千古一人"。

1.1 旅游概述

1.1.1 旅游的起源及发展

依据古代的神话传说,可以推测在远古时代,人类就已经开始了最早的旅游活动,如《周易·观》卦中就有"观国之光"的词语,这就是后来"观光"一词的由来,其实就是旅游的意思。《周易·观》卦中对观光的作用予以充分肯定。《象辞》说:"风行地上,观。先王以省观民设教。"意思是:和风吹行地上,万物广受感化,这大概就是传说中的尧舜禹先王之所以要不辞辛劳,巡游天下的原因。而《周易·旅》卦的内容更是与旅行和旅游活动有关,对旅行和旅游活动中的各种状况作了详细的分析,卦辞中称:"旅贞吉",意思是只要旅行时谦柔守正,就能获得吉利。我们的祖先就已知晓旅游是指人们离开自己的定居地,到异地他乡进行观光游览等活动,并能在物质上和精神上得到一定的满足,而这和现代旅游的概念是有很多相通之处的。到南北朝时,著名的梁朝诗人沈约在题为《悲哉行》的诗中写道:"旅游媚年春,年春媚游人"。这是迄今所知"旅游"一词在中国典籍中最早的一次出现。到了唐代,随着社会旅游活动的蓬勃发展,"旅游"一词开始被大量运用。

旅行作为一种社会行为,中国早在公元前22世纪就有了。当时最典型的旅行家大概要数大禹了,他为了疏浚九江十八河,游览了大好河山。之后,就是春秋战国时的老子、孔子二人了。老子传道,骑青牛西去。孔子讲学周游列国。汉时张骞出使西域,远至波斯(今伊朗和叙利亚)。唐时玄奘取经到印度,明时郑和七下西洋,远至东非海岸,还有大旅行家徐霞客(见图1-1、图1-2)。

严格地说,旅游与旅行是有区别的。旅行的重点在"行"字,人们是要通过"行"

来进行政治、宗教、学术、商务等活动，游览并不是它的主要目的；而旅游的重点则是在"游"字，游览就是它的最终目的。前者如晋代的法显、唐代的玄奘、明代的郑和等；后者如晋代的谢灵运、明代的唐伯虎、清代的袁枚等。但另一方面，旅行和旅游又有着密不可分的关系：既要"游"，就要"行"，不经过一定的"行"是无法达到游览的目的；而即使旅行是为了达到政治、宗教、商务等目的，也总免不了在跋涉旅行中沿途游览一番。因此，人们往往很难明确地将旅游和旅行这两者严格区分开来。

【知识链接】

徐霞客

徐霞客（1587年1月5日—1641年3月8日），名弘祖，字振之，号霞客，汉族，明南直隶江阴（今江苏江阴市）人。伟大的地理学家、旅行家和探险家。崇祯十年（1637年）正月十九日，由赣入湘，从攸县进入今衡东县境，历时55天，先后游历了今衡阳市所辖的衡东、衡山、南岳、衡阳、衡南、常宁、祁东、耒阳各县（市）区，三进衡州府，饱览了衡州境内的秀美山水和人文大观，留下了描述衡州山川形胜、风土人情的15000余字的衡游日记。徐霞客在完全没有政府资助的情况下，先后游历了江苏、安徽、浙江、山东、河北、河南、山西、云南等十六个省。东到浙江的普陀山，西到云南的腾冲，南到广西南宁一带，北至河北蓟县的盘山，足迹遍及大半个中国。徐霞客写下的游记经过后人整理成书，就是著名的《徐霞客游记》。徐霞客的游历，并不是单纯为了寻奇访胜，更重要的是为了探索大自然的奥秘，寻找大自然的规律。他写的游记，既是地理学上珍贵的文献，又是笔法精湛的游记文学。他的游记，与他描绘的大自然一样质朴而绮丽，有人称赞它是"世间真文字，大文字，奇文字"，这一点也不过分。读他的游记，使人感到是真与美的享受。大自然雨、雾、晴、晦的千变万化，山、水、树、岩的千姿百态，再现在徐霞客的笔端，仿佛使人们也随着徐霞客的足迹，跋涉奇峰峻岩、急流险滩，置身于祖国的秀丽山河之中，为之陶醉，为之骄傲，心中油然升起对祖国的无限深情。

图1-1 徐霞客

图1-2 徐霞客旅行线路

现代旅游是闲暇追享的"民主化"。如冬季旅游，过去是少数富人强占的运动；骑马、划艇、射击，过去是非大众化运动。但是嗜好和闲暇的"商业化"已使这些活动能为一般人所享用。大量的人到国外去参加更为令人激动和更富有外国情调的活动,如登山、滑冰、水下游泳和马车旅行等。现代旅游发展为"社会旅游"。如英国度假营,既提供传统的旅游胜地具备的一切设施,又不断开辟和发展新的风景区域,组织大群游人观览,建造特别设计的低消费接待设施,并经常就地提供娱乐和其他服务。社会旅游可以把大量旅游者引入偏远和相对不发达地区。因此,对旅游的业余性规定大体是正确的,但在实际中又难以区分。特别是在中国,利用开会、出差旅游的人很多。据统计,到北京来旅游的人,41%是会务旅游者。外国利用国际会议旅游的人也很多。这些参加国际会议的人,既是为了某一专业目的而去的会务者,也是一个利用会议参加旅游活动的游览者。目的地国正是利用这种方式,获得可观的旅游收入。

旅游是一种高级的精神享受,是在物质生活条件获得基本满足后出现的一种追享欲求。有一位社会学家说,旅游者的心理中有"求新、求知、求乐"这样三条。这是旅游者心理的共性。旅游者不远千里而来,就是想领略异地的新风光、新生活,在异地获得平时不易得到的知识与快乐。旅游给大家带来很多见识,增进了对各地的了解,丰富了人文知识。旅游给大家带来心灵的愉悦,会让自己的思维、心情发展到兴奋和快乐的极致。现代社会快节奏的工作与生活,使人越来越感到生活的压力过大,所以需要在一些假日放松自己,到海滨享受阳光、沙滩、大海、蓝天、白云。

1.1.2 旅游的定义

"旅游"从字义上很好理解:"旅"是旅行,外出,即为了实现某一目的而在空间上从甲地到乙地的行进过程;"游"是外出游览、观光、娱乐,即为达到这些目的进行的旅行。二者合起来即旅游。所以,旅行偏重于行,旅游不但有"行",且有观光、娱乐含义。

1. 世界旅游组织推荐的技术性的统计定义

1963年,联合国国际旅游大会在罗马召开。这次大会是当时的国际官方旅游组织联盟(IUOTO)发起的。

大会提出应采用"游客"(Visitor)这个新词汇。游客是指离开其惯常居住地所在国到其他国家去,且主要目的不是在所访问的国家内获取收入的旅行者。游客包括两类不同的旅行者:

(1)旅游者(Tourist):在所访问的国家逗留时间超过24小时且以休闲、商务、家事、使命或会议为目的的临时性游客。

(2)短期旅游者(Excursionists):在所访问的目的地停留时间在24小时以内,且不过夜的临时性游客(包括游船旅游者)。

从1963年开始,绝大多数国家接受了这次联合国大会所提出的游客、旅游者和短期旅游者的定义以及以后所作的多次修改。

在1967年的日内瓦会议上,联合国统计委员会提出了"短期旅行者"概念。

2. 现代旅游的定义

1)定义旅游的三要素

尽管上文中所提及的技术定义应当适用于国际旅游和国内旅游这两个领域,但是在涉及国内旅游时，这些定义并没有为所有的国家所采用。不过，大多数国家都采用了国际通用的定义中的三个方面的要素：出游的目的、旅行的距离、逗留的时间。

2）对出游的目的定义

以该尺度为基础的定义旨在涵盖现代旅游的主要内容。

（1）一般消遣性旅游，非强制性的或自主决定的旅游活动。他们只把消遣旅游者视为旅游者，并且有意把商务旅游单列出去。

（2）商务和会议旅游，往往是和一定量的消遣旅游结合在一起的。参加会议公务旅游也被视为旅游。

（3）宗教旅游，以宗教活动为目的的出行活动。

（4）体育旅游，与重大体育活动联系在一起的旅游。

（5）互助旅游，新兴的一种旅游方式，通过互相帮助，交换等，互助的一方向另一方提供住宿。互助旅游不但节省了旅费，而且因为当地人的介入，更深入地体验当地的人文和自然景观。

3）对旅行距离的定义

在异地旅游中，许多国家、区域和机构采用居住地和目的地之间的往返距离作为重要的统计尺度。

旅行距离确定的标准差别很大，从0到160公里不等。低于所规定的最短行程的旅游在官方旅游估算中不包括在内，标准具有人为和任意性。

4）对逗留时间的定义

为了符合限定"旅游者"的文字标准，大多数有关旅游者和游客的定义中，都包含有在目的地必须至少逗留一夜的规定。

"过夜"的规定就把许多消遣型的"一日游"排除在外了，而事实上，"一日游"往往是旅游景点、餐馆和其他的旅游设施收入的重要来源。

5）其他方面

在进行市场定位和制定相关市场战略时，了解旅游者的居住地要比确定其他的人口统计方面的因素，如民族和国籍等更为重要。

为了更好地进行规划，一些目的地通过收集游客交通方式（航空、火车、轮船、长途汽车、轿车或其他工具）的信息来获得有关游客旅行模式的信息。

1.1.3 现代旅游活动的主要特征

现代旅游是同社会化的大生产紧密结合的，现代生产的高度社会化必然使旅游具有与之相适应的社会化特点，主要表现为以下几方面。

1. 游客的大众性

现代旅游首先表现为它的大众化。所谓大众化，一是指旅游参加者的范围已扩展到普通大众，旅游活动在世界各地各个阶层都普遍开展起来。二是参加旅游的人数越来越多，旅游去处越来越远。三是群体性、规范性旅游增加。四是旅游，特别是奖励旅游（见图1-3、图1-4）作为一种激励员工的手段，已被企业或各种组织所广泛采用。

【知识链接】

奖励旅游

奖励旅游的目的是协助企业达到特定的目标,并对达到该目标的参与人士,给予一个尽情享受、难以忘怀的旅游假期作为奖励。其种类包括:商务会议旅游、海外教育训练、奖励对公司运营及业绩增长有功人员。需要指出的是,奖励旅游并非一般的员工旅游,而是企业业主提供一定的经费,委托专业旅游业者精心设计的"非比寻常"的旅游活动。用旅游这一形式作为对员工的奖励,会进一步调动员工的积极性,增强企业的凝聚力。

奖励旅游的历史可以追溯到20世纪二三十年代的美国,如今已有约50%的美国公司采用该方法来奖励员工。在英国商业组织给员工的资金中,有约40%是以奖励旅游的方式支付给员工的。在法国和德国,一半以上资金是通过奖励旅游支付给员工。一般奖励旅游包含了会议、旅游、颁奖典礼、主题晚宴或晚会等部分,企业的首脑人物会作陪,和受奖者共商公司发展大计,这对于参加者来说无疑是一种殊荣。其活动安排也由有关旅游企业特别安排,融入企业文化的主题晚会具有增强员工荣誉感,加强企业团队建设的作用。更重要的是,常年连续进行的奖励旅游会使员工产生强烈的期待感,对于刺激业绩成长能够形成良性的循环。

图1-3 2013中国国际商务及会奖旅游展览会

图1-4 2014安利中国营销菁英海外进修研讨会

2. 发展的广泛性

旅游的发展有赖于社会生产水平的提高。现代旅游首先在西方经济发达国家兴起,全世界90%以上的国际旅游者来自发达国家和地区,同时,他们又接待世界80%的国际旅游者。第二次世界大战后,由于旅游业经受世界多次经济萧条的冲击仍然兴旺不衰,显示了它是一个很有活力和发展前途的产业。发展中国家的旅游业也普遍发展起来。目前,世界已有100多个国家经营国内、国际旅游业,有100多个国家参加联合国的世界旅游组织。由于世界各国和地区的旅游事业的普遍发展使旅游者几乎可以无处不到,边远地区旅游的局限性正在逐渐消失。

3. 地理的集中性

随着现代科学技术的发展和交通运输工具的进步,各地空间方面的时间距离不断缩小,旅游跨度增加。但是,现代旅游者不是较平均地分布在地球表面各个地区,他们往往集中到某些地区或国家去旅游,甚至集中到某些景点参观游览或从事其他旅游活动。现代旅游的地理集中性不仅反映在全世界国际旅游的分布格局上,具体到一个国家同样也呈现这一特性。

4. 旅游的季节性

根据旅游资源的不同性质和不同的旅游类型,现代旅游的季节性非常突出。一般来说,主要依赖自然旅游资源吸引游客的国家和地区,旅游接待量的季节性波动比较大;主要依靠人文旅游资源吸引游客的国家和地区,旅游接待量的季节性波动就比较小。消遣型旅游受季节性制约多一些,事务型旅游几乎不受季节性影响。四季分明的国家和地区,四季中接待游客的波动量比较大,如北戴河定位为"夏都",给人的感觉是夏天游玩的胜地,其他时间去的人自然会减少,诸如此类的大连、青岛等海滨旅游胜地大都由于海滨旅游资源观赏游览的特性,四季中夏季游客众多,冬季游客明显较少;四季不太分明的国家和地区,四季中接待游客量就比较稳定,如印度尼西亚的巴厘岛,属于热带海岛型,常年炎热,全年平均温度约28℃,淡旺季接待游客量的差别并不巨大,相对季节性不很明显。

5. 增长的持续性

战后世界经济的发展经历了许多曲折和起伏兴衰的变化过程,尤其是西方国家的经济都经历了多次经济危机的冲击。唯独旅游业"一枝独秀",至今方兴未艾。在今后历史发展过程中,只要不发生新的世界大战或全球性的经济危机,世界旅游增长的持续性不会改变,世界旅游业将继续发展。中国只要保持社会的稳定,坚持改革开放,保证国民经济的健康发展,旅游业一定能持续发展和快速增长。

6. 服务的一体性

由于科学技术的发展和人们旅游需求层次的不断提高,现代旅游服务的一体化特点越来越明显。所谓服务一体化,就是为旅客提供食、住、游、购、娱系统服务,为游客提供离开家园到返回家园的全程服务。这既是现代大众旅游组团旅游的基本要求,也是现代化、国际化的大规模群体性旅游活动能顺利开展的基本条件。

1.1.4 旅游的分类

1. 按地理范围分类

按旅游者到达目的地的地理范围划分，旅游活动可以分为国际旅游和国内旅游。

（1）国际旅游。国际旅游是指跨越国界的旅游活动，分为入境旅游和出境旅游。入境旅游是指他国公民到本国进行的旅游活动；出境旅游是指本国公民到他国的旅游活动。

（2）国内旅游。国内旅游是指人民在居住国内进行的旅游活动，包括本国公民在国内的旅游活动，也指在一国长期居住、工作的外国人在该国内进行的旅游活动。

从旅游发展的历程看，国内旅游是一国旅游业发展的基础，国际旅游是国内旅游的延伸和发展。

2. 按旅游性质和目的分类

（1）休闲、娱乐、度假类：属于这一类旅游活动的有观光旅游，度假旅游，娱乐旅游等。

（2）探亲、访友类：这是一种以探亲、访友为主要目的的旅游活动。

（3）商务、专业访问类：属于这一类的旅游活动有商务旅游，公务旅游，会议旅游，修学旅游，考察旅游，专项旅游等，也可将奖励旅游归入这一类，因为奖励旅游与游客个人职业及所在单位的经济活动存在紧密关系。

（4）健康医疗类：主要是指体育旅游，保健旅游，生态旅游等。

（5）宗教朝圣类：主要是指宗教界人士进行的以朝圣、传经布道为主要目的的旅游活动。

（6）其他类：上述五类没有包括的其他旅游活动，例如探险旅游等。

3. 按参加一次旅游活动的人数分类

按参加一次旅游活动的人数划分旅游活动可分为团队旅游、散客旅游、自助旅游和互助旅游。

（1）团队旅游。团队旅游是有旅行社或旅游中介机构将购买同一旅游路线或旅游项目的10名以上（含10名）游客组成旅游团队进行集体活动的旅游形式。团队旅游一般以包价形式出现，具有方便、舒适、相对安全和价格便宜等特点，但游客的自由度小。

（2）散客旅游。散客旅游是由旅行社为游客提供一项或多项旅游服务，特点是预定期短、规模小、要求多、变化大、自由度高，但费用较高。

（3）自助旅游。人们不经过旅行社，完全由自己安排旅游行程，按个人意愿进行活动的旅游形式，例如背包旅游。特点是自由、灵活、丰俭由人。很多人认为自助旅游是一种省钱的旅游方式，旅游内容粗糙，可能会有很多危险，旅馆没有预定会有不安全的感觉，这是一种错误的认识。其实，如果深入了解自助旅游特性，会发现自助旅游是一种相当精致有特色的旅游形态。自助旅游使所有的花费都可依自己的喜好来支配，行程可弹性调整，又可深入了解当地民情风俗。自助旅游绝非玩得多、花得少的旅游方式，而是一种在同一地方花上较多的时间深入了解该地的特色，接触当地的人与事，看自己想看见的东西，走自己想走的路。

(4) 互助旅游。互助旅游是网络催生的一种旅游模式，以自主、平等、互助为指导思想的一种交友旅游活动，是经济旅行（没有中间商）。通俗地说，互助游就是交朋友去旅游，使网络上的人脉关系走向现实世界。互助旅游将成为当今人们主选的旅游模式之一，也是科技时代带给人们的现代社交观念与快乐生活的方式。

1.2　旅游文化概述

随着旅游业在经济领域中地位的不断提高，它对社会文化发展的需求和依赖也越加明显。旅游行为的综合性、时间空间的延展性、景观意态的趣味性、旅游内容的丰富性，以及满足游客文化需求多样化的客观性，促使旅游业必须具有适合自身发展需要的文化形态，这就是旅游文化。要加快中国旅游业的发展，提高其国际竞争力，就必须高度重视旅游文化建设，这是旅游的文化本质特征的必然要求。

现代旅游现象，实际上是一项以精神、文化需求和享受为基础的，涉及经济、政治、社会、国际交流等内容的综合性大众活动。文化因素渗透在现代旅游活动的各个方面，研究学者认为文化是旅游者的出发点和归结点，是旅游业的灵魂。旅游者的旅游行为是一种文化消费行为，其外出旅游的动机和目的在于获得精神上的享受和心理上的满足；而旅游经营者要达到盈利的目的就必须提供一种能满足旅游者文化享受的旅游产品。

1.2.1　现代旅游与文化的关系

1. 现代旅游活动是一种特殊的文化活动现象

现代人类的旅游活动显然不再是仅仅为了满足生存的需要，已经不具有"谋生"的性质，而是出于"乐生"的需要。

现代旅游活动是人们追求自由生命表现的内力的驱使结果，是人的精神状态得到自由解放的象征，旅游的人，实即艺术精神呈现了出来的人，亦即艺术化了的人，旅游的时候，人就像鸟儿自由飞翔一样，无所拘束，其乐无穷。旅游活动作为自由的生命表现的一种形式，使人摆脱了日常劳动和生活方式的机械束缚及压力，使人自由、潇洒、快乐。

现代社会人们的旅游需要，主要属于精神享受和发展需要，是一定文化背景下的产物，是文化影响的结果。没有文化的发展，就无法激发人们的旅游动机，也就不能产生旅游活动。从历史发展的观点看，旅游与其说是经济发展的产物，不如说是人类文化进步的结果。

旅游是社会文明发展的产物，是一种丰富多彩、自由愉快的文化活动，是现代社会文明人所特有的生存和生活方式。事实上，真正意义上的旅游活动，从它一开始就带有自由性、开放性和探索性等这样一些文化的内容色彩。

现代旅游的本质属性和社会意义所赋予的文化内涵，具体表现在以下几个方面。

（1）旅游是满足人们学习求知的重要途径。旅游景观不仅是旅游活动中游览观光的对象，而且由于其所蕴涵的博大精深的精神文化内涵，是一部直观而生动的教科书，成为人们认识和学习的对象，可以丰富人们的知识和完善文化素质结构，提高人们对自然和社会的学习和认识水平。

"读万卷书，行万里路"。在现代社会，旅游已成为人们特殊的学习求知方式和经历，"寓学于游，寓学于乐"，人们从中可以学到许多书本上学不到的东西，受益无穷。现代旅游活动的社会功能日趋完善和多样化，走出家门，踏上旅游之路，亲身去了解和感受大自然与人类社会，则成为更多人的选择。

（2）旅游是一种主动、积极、自由的文化活动。旅游是一种愉快的活动，陶渊明说他"性本爱丘山"，李白称他"一生好入名山游"，这种爱好本质上是一种自由、主动、积极的文化活动，是一种高层次的愉快的精神享受。

（3）旅游有助于提升个体审美层次。旅游是最直接、最生动、最大体量的综合性审美活动，不管旅游者的旅游目的如何多种多样，对自然和社会的审美始终是旅游者的共同目标和追求。旅游可以增强旅游者的审美意识，丰富旅游者的审美经历，培养旅游者的审美情趣，不断提高旅游者的审美水平。

（4）旅游是社会文化交融的一种需要。科学考察、学术交流、文化往来与旅游活动的有机结合，促进了社会文化的交融。例如2010年世博会期间杭州案例馆开展的有关中国茶与外国酒为主题内容的国际文化交流活动就是一个很好的体现（见图1-5、图1-6）。一方面，现代旅游的兴起和发展，促进了国家和地区之间的文化与科技的交流，推动了文化和科技前进的步伐；另一方面，旅游加深了世界各国人民的友好往来，增进了友谊，对文化事业的进步起到了积极的作用。

图1-5　杭州案例馆茶艺表演

图1-6　杭州案例馆红酒展示

【知识链接】

绿茶与红酒的碰撞——世博会杭州案例馆举办国际文化交流活动

2010年上海世博期间，为了增进与国内外参展方的友谊，深化国际合作与文化交流，上海世博会杭州案例馆以绿茶和红酒这两个极具东西方文化特征的元素为主题，在世博园上演了一次国际文化的碰撞与交流。活动特别邀请了上海世博会200余位展馆馆长及代表出席。

1 绪 论

> 源远流长的茶文化是杭州人追求的生活品质和生活方式,也为杭州这一历史文化名城注入了特有的内涵。活动现场,名为"五水共导,龙井茶道"大型茶艺演示上演,五位身着古代服装的小伙子手拿五种特色茶具,用取自钱塘江、京杭大运河、西湖、西溪、杭州湾的五种水冲泡"狮龙云虎梅"五种不同品质的龙井茶。最值得一提的是,现场用经过安全处理的杭州湾海水冲泡茶叶,是国内首次公开亮相。
>
> 活动中,来自法国罗阿大区、西班牙马德里、意大利威尼斯等地的葡萄酒专家为在场的嘉宾们带来了各国高品质的葡萄酒,并介绍了许多不同地域的葡萄酒文化。
>
> 优雅、浪漫和神秘的葡萄酒在杭州案例馆遇上了清雅、悠远、恬静的绿茶,一切都变得如此美妙。不论是品着绿茶听着来自大洋彼岸铜管乐队的演奏,还是喝着葡萄酒看着极具江南特色的越剧表演,那一刻,东西方文化将得到最大的融合,千言万语全都汇聚在了这一个小小的杯子里。
>
> 杭州案例馆以"以西湖为核心的'五水共导'治水实践造就'品质杭州'"为主题,凸显城、人、水之间的关系,展现杭州百姓倚水而居、倚水而业、倚水而文的和谐美好的社会景象。杭州是中国最佳旅游城市,"五水共导"的山水之城,同时也是一座以"生活品质之城"为品牌的中国历史文化名城。

2. 文化是旅游业的灵魂

旅游活动的产生和普及也受到旅游景观的吸引和激发,旅游景观本身所具有的文化内涵的魅力调动和激发了人们旅游的欲望和动机。旅游资源的开发是旅游业发展的基础,旅游资源的文化内涵十分丰富,且具有时代性、民族性和地域性特色,而旅游者对旅游资源文化属性的需求是多样的,这就给人们开发旅游资源的文化内涵提供了丰富的想象空间。

旅游资源的精神文化性要求人们在开发旅游资源时,不仅要重视有形的实体,更要深入挖掘其丰富的精神文化内涵,并且要开阔思路,发现、形成和创造独具特色的旅游资源。旅游资源的开发利用反映一个国家和地区人民的智慧和创造力,既是一种经济活动,又是一种文化活动,实际上是一个经济与文化建设系统工程。

由于旅游消费本质上是文化消费,旅游业的文化特性就不仅仅体现在旅游资源开发、旅游产品设计方面,也渗透在旅游产业多种部门的运行之中。旅行社和旅游饭店业的经营管理与服务就带有明显的文化色彩。

实践证明,旅游业与文化之间关系密切,只有提高旅游产品的文化含量,才能提高旅游企业的档次,才能增强吸引力和竞争力,才能在市场经济中立于不败之地。

总之,文化是旅游活动的出发点和归宿点,是旅游景观吸引力的源泉和本质所在,是旅游业的灵魂,是旅游业不断发展的新的生长点。只有把旅游文化与旅游经济很好地结合起来,才能使中国旅游业发展得更快、效益更好。

1.2.2 旅游文化的概念

旅游文化作为旅游和文化的分支,既有旅游的综合性,又有文化的延续性,它是

与旅游紧密相连,并对旅游者的旅游感受产生影响的各种文化现象。旅游文化是旅游与文化的一种深层次结合,是旅游活动中创造的全新的专门文化。

旅游文化的内容是十分宽泛的。可以说,凡是人们通过旅游活动认识自然与社会和化育自身的过程中所形成的价值观念、行为模式、物质成果、精神成果和社会关系的总和,都可归入旅游文化的范畴。旅游文化作为一种特定的文化形态,有其特定的内涵和相应的外延。广义的理解,旅游文化是人类过去和现在所创造的与旅游有关的物质财富和精神财富的总和。它是以一般文化的内在价值因素为依据,以旅游诸要素为依托,作用于旅游全过程的一种特殊文化形态。作为一种新的文化形态,旅游文化的理论基础是那些鲜明地反映着旅游经济和旅游活动特殊需要的部分,如旅游学、旅游经济学、旅游心理学、旅游教育学、旅游社会学、旅游文学、旅游美学、旅游营销学、旅游管理学、旅游资源学、旅游发展史、旅游服务艺术、导游艺术以及各种复合旅游特点的娱乐形式等。除理论基础之外,旅游文化还有更广泛的外延成分,它涉及文学、艺术、哲学、博物学、考古学、民俗学、宗教学、体育学、饮食学、建筑学、生态学、园艺学、色彩学、公共关系学等学科中与旅游相关的部分;它更体现在旅游浏览、旅游娱乐、旅游食宿、旅游服务、旅游购物、旅游环境,以及旅游专业队伍建设等具体的旅游形态中。一言以蔽之,旅游文化渗透在与旅游有关的吃、住、行、游、购、娱诸多要素及相关的服务中。

国际旅游学界一种较具代表性的理解是:"旅游文化实际上概括了旅游的各个方面,人们可以借此来了解彼此的生活和思想。"这一理解有以下两个基本层面的意义:一是旅游文化的结构层面意义,即其渗融或交织于旅游活动的全部领域,这显然是由文化的本质属性所决定的。二是旅游文化的社会功能层面意义,即客观上具有促使旅游者或更广泛的旅游活动参与者们彼此了解、认知的作用。

中国旅游学界关于旅游文化概念界定的意见大致如下。

(1)"旅游文化是人类创造的有关旅游不同形态特质所构成的复合体。具体说来旅游文化是古今中外不同文化环境下的旅游主体或旅游服务者,在旅游观赏或旅游服务中体现的观念形态及外在行为表现,以及旅游景观、旅游文献等凝结的特定的文化价值观。"(郝长海)

(2)"旅游文化是旅游者和旅游经营者在旅游消费或旅游经营服务过程中所反映、创造出来的观念形态及其外在表现的总和,是旅游客源地社会文化通过旅游者这个特殊媒介相互碰撞作用的过程和结果。"(马波)

(3)"旅游文化是人类过去和现在创造的与旅游关系密切的物质财富与精神财富的总和,凡在旅游活动过程中能使旅游者舒适、愉悦、受到教育,能使旅游服务者提高文化素质和技能的物质财富和精神财富,都属于旅游文化的范畴。"(王明煊)

(4)"旅游文化是人类在特定的社会条件下,在社会文化环境的影响、制约下,经过旅游活动具体实践的体验和积淀,形成的各种关于旅游的思想、意识和观念,以及由各种意识形态凝聚成的有关旅游的各类物质的总和。"(夏太生)

综上所述,对"旅游文化"的概念作出如下界定。

旅游文化是旅游者为了追求人性的自由和解放,塑造完善的个体文化人格及民族文化性格，实现对自然的审美、学习探索、超越和回归，以及对人类社会文化的审美、学习研究、推进和发展，在旅游中介的参与和帮助下，作用于旅游景观，进行历史文化时段的永恒超越和文化空间及地理环境的暂时跨越时，所形成的各种文化现象及其本质的总和。

无论是自然旅游资源还是人文旅游资源，其要吸引和激发起旅游者的旅游动机，就必须具有魅力无穷、独具特色的民族、地方文化内涵，满足人们对科学、史学、文学、艺术和社会学等方面的不同需求。因此，旅游的文化本质特征必然要求在发展旅游业的过程中优先发展旅游文化。

人们常说："民族的东西是独特的，文化的流传是久远的。"一个国家的旅游业若缺少了自己本民族传统文化的底蕴，便失去了特色，不能反映出本民族独有的精神内涵，也便失去了强大的吸引力。实践表明，凡旅游业昌盛之国，莫不以旅游文化取胜。奥地利的旅游，几乎都与斯特劳斯等奥国音乐大师紧密关联。巴黎街道的命名，每每蕴含法兰西民族的历史掌故。因此，旅游文化是一个国家在发展旅游业的过程中保持自己民族特色的必然要求。

同时，在现代经济社会，人们更关心旅游文化蕴藏的那些巨大的经济潜能。旅游是以一国一民族独特的文化招徕旅客赚取外汇的文化经济。为此，世界上许多旅游业发达的国家先后实行了"文化经济"新战略。

文化是提高人的素质，提高管理水平的关键。旅游文化大量地体现在旅游业的管理者及其从业人员身上，其文化素质的优劣、经营管理水平的高低，直接影响旅游者能否获得良好的审美享受和精神满足，直接关系到旅游资源能否得到合理的开发和利用，进而影响到旅游业的发展。

1.2.3 旅游文化的特征

旅游文化是一种特殊的文化系统。由于其内容的博杂，其特点也就在很多方面表现出来。就中国旅游文化来说，具有普遍性的特点主要有以下几点。

1. 综合性

旅游文化种类繁多。它不仅包括与旅游过程中吃、住、购密切相关的饮食文化、建筑文化、美术等，还包括了从不同层面、不同角度反映民族传统文化心理结构的文学艺术、宗教信仰、民俗风情等。

旅游文化表现形态多样。旅游文化既有物化形态十分明显的文物古迹、美术作品，也有表现在意识形态领域中的道德观念、宗教信仰等。比如，通过分析一幅图画，人们不仅可以看到中国传统的绘画艺术风格，还可以从中窥见典型的文人心理世界；人们也可以通过一尊关公塑像向游人介绍中国人的道德观念、信仰标准。

旅游文化综合性的另一种表现是它内涵上的杂糅性。一个民族的旅游文化是长期历史积淀的结果，在其形成的过程中或综合了古今而博大精深，或杂糅了中外而独具特色。例如，中国的佛教就不是古印度佛教的简单移植，而是大量吸纳了中国儒、道思想观念，因而经过改造的佛教便具有相当显著的中国特色。由中国向朝鲜、日本输出的佛教也并非古印度佛教，而是典型的中国佛教。这就是说，朝鲜和日本佛教的根在中国而非印度。

2. 继承性

任何文化体系都有自己一脉相承的渊源关系。旅游文化也不例外。一般来说，人的旅游活动是较为短暂的，旅游是人们对常态生活的一种主动的、暂时的逃脱或反叛，是对日常生活的补充。旅游活动虽然短暂，但人们从中受到的文化熏陶和精神感受则会保持和延续下去，会潜移默化渗透于一个人的精神生活世界之中。并且，从社会整体角度而论，旅游活动从来没有也永远不会停止，旅游文化一直在延续，在不断向前发展。

例如，中国的传统节庆有的在奴隶社会开始形成，而大多形成于封建社会。时至今日，这些节日庆典活动仍保持着原有方式，成为民间主要的娱乐活动。当然，这种继承是一个扬弃的过程，并非全盘照搬照抄。比如，中国传统的聚餐发展到今天已广泛应用分食和派菜的方式，从而更加方便、卫生。

3. 区域性

一方水土养一方人，因而世界上才有所谓的两河流域文明、玛雅文明、希腊文明、尼罗河文明。中国也有黄河文明、长江文明，因而有了南北文化的差异，东西文化的不同。在饮食习惯上，中国向来有南甜北咸、东辣西酸的传统；北方人耐寒而性格外露、南方人喜湿而性情温柔；山东大汉粗犷而山西大汉豪放，中原人则由于处于东西南北文化的交汇点上而具有了综合性的特点。这些由不同区域、不同空间而形成的差异，无疑丰富了中国旅游文化的内容，增加了对游客的吸引力。

4. 民族性

中华民族有自己独特的发展历程、思维方式、道德水准和文化素养，在中华民族大家庭的内部，又有汉民族与各少数民族的差异。抹杀或对本民族的特色视而不见，不仅不利于保持本民族的特色，久而久之也会失去对外族的吸引力。从这个角度看，越有民族性的东西便越有生命力。有这样一个例子：一位美国游客到中国旅游，住进了某大城市的星级饭店，房间布局豪华精美，极富西方特色，但客人一觉醒来，却不知道自己是在美国还是在香港。进早餐时，他看到中式餐厅雕梁画栋、描龙绘凤、古朴典雅，便要求总经理把他的床放到餐厅来过夜。这样一个小例子足以说明，具有生命力的东西并不是花费巨资精心购置的东西，越是民族的，越是世界的。

5. 双向扩散性

在跨时空的旅游活动中，通过旅游者所引起的文化扩散是双向的：一方面，旅游客源地的文化通过旅游者跳跃式地传入旅游接待地，从而引起旅游接待地文化的变化；另一方面，旅游接待地的文化也会被旅游者带回客源地，进而导致旅游客源地文化潜移默化的变化。

1.2.4 中国旅游文化的内容

中国是四大文明古国之一，尽管中华民族在发展进程中曾遭到来自外族和外国侵略的干扰和破坏，但中华文明却始终承传不绝，这与过早衰落或中断的其他三个文明古国形成鲜明对比。二十世纪七八十年代，中国对外开放的大门一敞开，外国人、华侨、港澳台同胞便蜂拥而入。他们无论以何种目的来华，其旅游活动的目的地大多是北京的长城、故宫，西安的兵马俑，敦煌的莫高窟，洛阳的龙门石窟，嵩山的少林寺，苏州、杭州的园林，也有部分人游览五岳、黄山或桂林山水，体现在这些文物古迹或园林山水中的丰富文化内涵成为游客千里迢迢来到中国的主要动机。事实上，中国传统文化遗存也的确给予游客极大的心灵震撼和精神享受。作为一门学科，中国旅游文化的内容也主要是包括旅游文学、饮食传统、宗教信仰、民俗风情、建筑园林、美术和休闲等在内的文化因素。

1. 自成体系的旅游文学

在旅游文化的大家庭中，旅游文学内容丰富，自成体系。它伴随着旅游活动的出现而产生，伴随着文学艺术的发展而进步。既推动了旅游事业的进步，又促进了文学艺术的发展。所以，它占据了旅游文化特殊的地位。一般而言，旅游文学包括旅游风景名胜传说、游记、记游诗词、碑刻、楹联以及一些专门的旅游著作等。其中，游记和记游诗词是比较重要的部分。而且，在中国许多古老的文学、历史、哲学等作品，比如《诗经》、庄子的《逍遥游》中，都保存了较为丰富的旅游内容。

2. 独具特色的饮食文化

在游客的吃、住、行、游、购、娱诸项活动中，饮食是一切活动的基础。同时，在中国特定的历史条件下，饮食又有特殊的地位和含义。中华民族，特别是汉民族是一个"无所不吃"的民族。中餐菜食的选料、烹制、盛器等都十分讲究，色、香、味、形、器皆佳，令人叹为观止。所以，外国游客在中国旅游过程中，也往往把品尝中国的传统菜食作为他们的旅行目的之一。比如，有些游客在北京除了游览故宫、长城等景点外，专门抽出时间到全聚德品尝北京烤鸭，临回国还要带上几只。当然，在中国饮食大家庭中，饮与食密不可分，酒文化与茶文化中也同样包含了丰富的内涵。

3. 体现中华民族传统信仰、崇拜观念的宗教文化

宗教是一种文化现象，世界各民族的宗教观念又互不相同。落后的宗教观念虽在一定程度上束缚了人们的身心，但也给人类以极大的精神慰藉，并为后人留下了大量的宗教文化遗迹。在中国复杂的宗教体系中，既有土生土长的原始宗教道教，也有外来的世界三大宗教——佛教、伊斯兰教和基督教，民间还存在着其他一些小的宗教。从一定意义上讲，儒教也是一种宗教。由于受到儒家思想出世观念的影响，中华民族才没有形成全民族的宗教迷狂；而外来宗教也由于受到中国固有的儒、道思想的排挤，不得不在传播方式、思想体系上不同程度地改变。

4. 中国各民族丰富多彩的民俗风情

俗话说："十里不同风，百里不同俗。"中国有960多万平方公里的土地，有56个民族，地大物博，人口众多，因而形成了千姿百态的民俗风情。中国的传统节庆、服饰、居住、婚丧习俗、民间娱乐等，不仅与西方截然不同，就是在中国内部，古代与近代之间，南北与东西之间，汉民族与各少数民族之间，也存在着巨大差异。比

如，汉民族有春节、元宵节、清明节、端午节、中秋节、重阳节，少数民族如蒙古族有那达慕大会，维吾尔族和回族有古尔邦节、开斋节（肉孜节），藏族有浴佛节、望果节，彝族有火把节（见图1-7），傣族有泼水节，朝鲜族有九三节，哈萨克族有库尔班节，壮族有歌坛等。每种节庆有自己的特点和仪式，可谓丰富多彩，令人应接不暇。又如，在居住方面，中国北方以土炕为主，黄土高原有传统的窑洞，南方则有冬暖夏凉的竹楼。

【知识链接】

火把节

火把节是彝族、白族、纳西族、拉祜族、哈尼族和普米族等民族的传统节日。彝族、纳西族、基诺族在农历六月二十四举行，白族在六月二十五举行，拉祜族在六月二十举行，节期为2~3天。彝族认为过火把节是要长出的谷穗像火把一样粗壮。后人以此祭火驱家中田中鬼邪，以保人畜平安。节庆期间，各族男女青年点燃松木制成的火把，到村寨田间活动，边走边把松香撒向火把照天祈年，除秽求吉；或唱歌、跳舞、赛马、斗牛、摔跤；或举行盛大的篝火晚会，彻夜狂欢。现在，人们还利用集会欢聚之机，进行社交或情人相会，并在节日开展商贸活动。

"火把节"庆祝共三天。

火把节第一天：祭火。这一天，人人穿着自己心爱的礼服，高高兴兴。村村寨寨都会宰牛杀羊，摆好宴席，五花八门的肉，又香又甜的酒，这些香味芬芳四溢，把它敬神，神也会赞不绝口。夜幕降临时，临近村寨的人们会在老人们选定的地点搭建祭台，以传统方式击石取火点燃圣火，由毕摩（彝族民间祭司）诵经祭火。然后，家家户户，大人小孩都会从毕摩手里接过用蒿草扎成的火把，游走于田边地角，效仿阿什嫫以火驱虫的传说。

图1-7 火把节

火把节第二天：传火。这一天，家家户户都聚集在祭台圣火下，举行各式各样的传统节日活动。小伙们要效仿传说中的阿体拉巴，赛马、摔跤、唱歌、斗牛、斗羊、斗鸡。姑娘们则效仿传说中的阿诗玛，身着美丽的衣裳，撑起黄油伞，唱起"朵洛荷"、跳起达体舞。在这一天，最重要的活动莫过于彝家的选美了。年长的老人们要按照传说中阿体拉巴勤劳勇敢、英武神俊和阿诗玛善良聪慧、美丽大方的标准从小伙姑娘中选出一年一度的美男和美女。夜幕降临，一对对有情男女，在山间，在溪畔，在黄色的油伞下，拨动月琴，弹响口弦，互诉相思。故也有人将凉山彝族国际火把节称作是"东方的情人节"。

火把节第三天：送火。这是整个凉山彝族国际火把节的高潮。这一天夜幕降临时，人人都会手持火把，竞相奔走。最后人们将手中的火把聚在一起，形成一堆堆巨大的篝火，欢乐的人们会聚在篝火四周尽情地歌唱、舞蹈，场面极其壮观。故也有"东方狂欢夜"之称。

5. 有文化凝聚之称的建筑园林

中国古建筑包括宫殿建筑、陵寝建筑、寺庙建筑、民间建筑、工程建筑等，其中宫殿建筑的代表——北京故宫，陵寝建筑的代表——秦始皇陵、乾陵，寺庙建筑的代表——少林寺、相国寺、灵隐寺，民间建筑的代表——北京四合院，工程建筑的代表——北京八达岭古城墙、西安城墙，园林建筑的代表——苏州园林、北京颐和园等，都享誉中国，名震海外。尤其值得一提的是，西安秦陵兵马俑被称为世界第八大奇迹。它们是中国人的骄傲，也是世界文化的精华。

6. 物化民族传统文化心理和观念的美术作品

美术作品是一个民族传统文化心理、观念、智慧的最直接的物化表现形式。在中国，这些美术作品主要包括书画艺术、雕塑艺术（包括石刻、根雕、泥塑等形式）、陶瓷艺术、刺绣艺术、青铜器及金锡器等。因为它们历史悠久、做工精美、形象传神，备受中外游人的青睐。这些美术作品和现代高科技手段相结合，有时可以大批量生产，从而创造出可观的经济效益。

7. 具有丰富愉悦内容的休闲文化

每个民族都有自己特殊的休闲方式，因而也就产生了各个国家迥异的休闲文化。中华民族历史源远流长，其休闲文化的内容十分丰富。综合起来，中国传统的休闲文化主要分为文人休闲文化和大众休闲文化，前者包括琴、棋、书、画、酒、茶，后者除了民间花、鸟、虫、鱼的休闲功能之外，还有其他许多诸如"斗鸡走狗"之类的民间娱乐活动。休闲文化以其广泛性、大众性，深刻反映出一个民族的传统心理特征。对中国休闲文化的认知、参与，是旅游者了解中国传统文化、愉悦身心的重要途径之一。

复习思考题

一、名词解释

旅游　旅游文化

二、简答题

1. 简述旅游活动的主要特征。
2. 简述现代旅游与文化的关系。
3. 旅游文化的特征有哪些？
4. 中国旅游文化的内容有哪些？

三、思考题

旅游活动如何促进社会文化交流？

2

中国历史与文化

学习目标

知识目标	技能目标
1. 了解中国历史的发展脉络 2. 掌握旅游文学对旅游业发展的影响 3. 理解旅游山水诗的分类	1. 旅游文学和旅游的关系 2. 学会分析旅游文学对地区旅游发展的作用

2　中国历史与文化

知识引例

国博《古代中国》讲述文明脉络

筹备多年的中国国家博物馆《古代中国》基本陈列，2011年5月17日开始免费接待公众参观。漫步在17000平方米的展厅内，2500余件珍贵文物清晰地勾勒出中国古代文明的架构，其中不乏在历史课本中出现过的经典文物。

陈列从200万年前的远古时期讲起。从那时到公元前21世纪，中国大地上完成了从直立人、早期智人到晚期智人的进化，经历了从旧石器时代向新石器时代的演变。说起仰韶文化，最为人熟知的文物大概要属人面鱼纹彩陶盆了。这个出土于西安半坡的陶盆，展现着公元前5000年—前3000年黄河流域的先民对美的追求；而几乎同时期，辽宁内蒙古一带，红山文化达到繁盛，有着"中华第一龙"之称的玉龙，就是它的典型代表，简练的线条、精准的刻画，让人惊叹早在6000年前的先人就有如此高超的工艺水准。此外，还有山西发现的有陪葬的单人墓穴、良渚文化中象征王权的玉琮等展品，都用铁证说明：当时的中国形成了各具特色的地域文化，特别是新石器时代晚期，社会逐步分化，社会开始向早期国家过渡。

夏商周是中国古代早期国家形态的形成与初步发展阶段。这一时期，不仅王权政治不断强化，而且青铜铸造达到鼎盛，四羊方尊就是其中的杰出代表。作为已知的商朝最大的方尊，它集线雕、浮雕、圆雕于一器，把平面图像和立体雕塑结合起来，整个器物用块范法浇铸，一气呵成，鬼斧神工，显示了高超的铸造水平。

春秋战国时期，华夏民族主体形成，整个社会在征战兼并中逐步走向统一。这部分展览中，除了家喻户晓的曾侯乙编钟，与它同时出土的青铜冰鉴（见图2-1）也不可小觑——它是目前已知的最早的冰箱。

图2-1　青铜冰鉴

《古代中国》陈列中，以秦兵马俑、东汉击鼓说唱俑为代表的秦汉时期，专制主义中央集权建立，新工艺技术的发明和应用加速了社会经济的发展，文化艺术也得到长足发展。三国两晋北朝时期，由于战争频繁，大量人口南迁促进了南方经济发展；展品中多件出土于南方的瓷器，向人们展现了那段时间瓷器制造的显著成就。隋唐五代时期是中国历史上一个全面繁荣的阶段，且不说妇孺皆知的唐三彩，展厅中特意复制的"昭陵六骏"石刻亦讲述着那段曾经辉煌的历史。辽宋夏金元，是中国从多民族政权并立走向统一的阶段，从银川西夏陵出土的绿釉鸱吻就是融合了中原文明与西域文化的器物。明清时期的中央集权专制统治达到前所未有的高峰，社会经济呈现出超越前代的繁荣，展品中从明朝成化年间的斗彩花蝶纹罐，到明万历孝靖太后凤冠；从清"皇帝之宝"玉印，到乾隆年间的霁青釉金彩海晏清尊，无一不是精美绝伦之作，彰显着雍容奢华的气度。

资料来源：光明日报，2011.5.17，有改动

2.1 中国历史概述

2.1.1 先秦时期的历史发展

先秦时期，从中国历史的开端至秦统一前（约170万年前—公元前221年）包括原始社会、奴隶社会和封建社会初步形成三个历史阶段。

原始社会经历了漫长的发展历程，分为旧石器时代（300万年前—1万年前）和新石器时代（1万年前—4千年前）。它是人类社会的起步阶段，也是最低级阶段。大约170万年前就已生活着原始人群，这就是云南的元谋人，距今约50万年前的"北京人"（见图2-2）已具备人的基本特征，能直立行走，能制造和使用简单的工具，产生了语言，会使用火，是这一时期的典型代表。大约18000年前的山顶洞人，不仅会人工取火，而且制造出中国缝制工艺史上的第一枚骨针（见图2-3）。新石器时代，有代表性的文化是仰韶文化和龙山文化，以及长江流域和黄河流域的河姆渡文化、大汶口文化。从经济上看，中国在原始社会时期对人类社会已有了杰出贡献。农耕发达，中国是世界上最早培植水稻和粟的国家；手工业进步，会磨制石器，制造彩陶，进行纺织，中国是世界上最早发明丝织品的国家；也出现了原始的畜牧业，饲养猪、狗、鸡等家畜家禽。

图2-2 "北京人"生活图

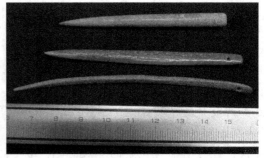

图2-3 骨针

奴隶社会从公元前2070年前夏朝建立开始，到公元前476年春秋时期结束止，历经夏、商、西周、春秋四个阶段。

约公元前2070年建立的夏朝是中国第一个奴隶制王朝，它是中国奴隶社会的形成时期。夏朝开始有了立法，所以人们把中国传统历法叫夏历，夏历是按月亮的运行周期制定的，也叫阴历，由于立法中有节气变化和农时安排，所以又叫农历。约公元前1600年夏朝被商朝取代，商朝是中国奴隶社会的发展时期。商朝的青铜艺术达到了很高水平，司母戊鼎是商朝青铜器中的典型（见图2-4），重875公斤，是迄今为止发现的世界上最大的出土青铜器。商朝的甲骨文（见图2-5）已经成为一种比较成

熟的文字，与之同时的金文是铸刻在青铜器上的文字，表明中国历史进入到有文字记载的时期。商朝最后的统治者纣王好酒淫乐，周部族的首领姬发联合其他部族讨伐商朝，经过牧野之战，推翻了商朝，于公元前1046年建立了周朝，史称"西周"，是奴隶社会的鼎盛时期。西周末年的"国人暴动"动摇了奴隶制的基础，西周由盛转衰。公元前771年，西周被犬戎族所灭。周平王迁都洛邑，史称"东周"。东周包括春秋、战国两个时期。公元前770年开始的春秋时期，是奴隶社会的瓦解时期，各诸侯国相互兼并征战，出现齐桓公、晋文公、宋襄公、秦穆公、楚庄王五个霸主，史称"春秋五霸"。战国时期兼并战争继续进行，形成齐、楚、燕、韩、赵、魏、秦七个强国，史称"战国七雄"。春秋战国时期是中国奴隶社会过渡到封建社会的大变革时期，而从公元前475年到公元前221年止的战国时期是中国封建社会的开端。

图2-4　司母戊鼎

图2-5　甲骨文

【知识链接】

甲骨文的发现

在清朝光绪年间，古董商、金石学家王懿荣（见图2-6），是当时最高学府国子监祭酒（相当于校长）。有一次他看见一味叫龙骨的中药，上面刻着字，觉得很奇怪，就翻看药渣，没想到上面居然有一种看似文字的图案。于是他把所有的龙骨都买了下来，发现每片龙骨上都有相似的图案。他把这些奇怪的图案画下来，经过长时间的研究确信这是一种文字，而且比较完善，应该是殷商时期的。至光绪二十六年（1900年）春，王懿荣共得到1508片。然而，王懿荣尚未对这种文字进行深入研究，就在同年七月八国联军攻占北京时自杀殉国。

图2-6　中国甲骨文之父——王懿荣

王懿荣对甲骨的收购，逐渐引起学者重视，古董商人则故意隐瞒甲骨出土地，以垄断货源，从中渔利。王懿荣好友刘鹗等派人到河南多方打探，皆以为甲骨来自河南汤阴。后来罗振玉经过多方查询，终于确定甲骨出土于河南安阳洹河之滨的小屯村，这里与古文献记载的商朝后期的殷都所在地相吻合。

后来，人们找到了龙骨出土的地方——河南安阳小屯村，那里又出土了一大批龙骨。因为这些龙骨主要是龟类兽类的甲骨，所以人将它们命名为"甲骨文"，研究它的学科就叫做"甲骨学"。

甲骨文的内容大部分是殷商王室占卜的记录。商朝的人皆迷信鬼神，大事小事都要卜问，有些占卜的内容是天气晴雨，有些是农作收成，也有问病痛、求子的，而打猎、作战、祭祀等大事，更是需要卜问了！所以甲骨文的内容可以隐略了解商朝人的生活情形，也可以得知商朝历史发展的状况。甲骨文中十二生肖的写法见图2-7。

图2-7 甲骨文十二生肖的写法

2.1.2 秦汉时期：统一多民族封建国家的形成

公元前221年，秦兼并六国后统一了中国，成为了中国历史上第一个统一的中央集权的封建国家，定都咸阳（今西安附近）。秦王朝对国家进行了许多项改革，包括：中央集权的确立，取代了周朝的诸侯分封制；统一了文字，方便官方行文；统一度量衡、货币、车轨等；大力修筑驰道和驿道，并连接了战国时赵国、燕国和秦国的北面长城，筑成了西起临洮、东至辽东的万里长城，以抵御北方游牧民族的侵袭。秦始皇推崇法治，重用法家的李斯作为丞相，并听其意见，下令焚书坑儒，收缴天下兵器，役使七十万人修筑阿房宫以及自己的陵墓等。沉重的赋税、繁重的徭役、严酷的刑法，使人们无法生活下去。公元前209年，陈胜、吴广在大泽乡揭竿起义，刘邦、项羽也起兵反秦。公元前206年刘邦登基，定都长安（今陕西西安），西汉开始。在汉文帝、景帝统治时期，社会经济发展，科学文化繁荣，各民族间的联系得到加强，史称"文景之治"。到了汉武帝时，西汉到达鼎盛。在他统治时期，出现思想家董仲舒、史学家司马迁、文学家司马相如、音乐家李延年、军事家卫青、霍去病，政治活动家张骞，理财家桑弘羊，农学家赵过等人。西汉发展到了一世纪左右开始逐渐衰败。公元9年，外戚王莽夺权，宣布进行一系列的改革，改国号为新。然而这些改革却往往不切实际，最终导致农民纷纷起义。公元25年刘秀复辟了汉朝，定都洛阳，史称东汉，他就是汉光武帝。东汉的发展延续了西汉的传统，这一时期，蔡伦总结前人经验，改进造纸术；天文学家张衡发明测报地震的"地动仪"，对天文学和地震科学的发展作出贡献。东汉中后期，宦官和外戚长期争权，在黄巾起义的打击下，到了公元二世纪左右时再度衰败，公元196年曹操控制了东汉朝廷，把汉献帝迎至许昌，东汉灭亡。此后，地方割据势力日渐强大，经过混战，最后形成魏、蜀、吴三国鼎立的局面。

【知识链接】

造纸术的历史

中国是世界上最早养蚕织丝的国家。汉族劳动人民以上等蚕茧抽丝织绸，剩下的恶茧、病茧等则用漂絮法制取丝绵。漂絮完毕，篾席上会遗留一些残絮。当漂絮的次数多了，篾席上的残絮便积成一层纤维薄片，经晾干之后剥离下来，可用于书写。此外，中国古代常用石灰水或草木灰水为丝麻脱胶，这种技术也给造纸中为植物纤维脱胶以启示。纸张就是借助这些技术发展起来的。

据称，中国的棉是在东汉初期，与佛教同时由印度传入，后期用于纺织。当时所用的树皮主要是檀木和构皮（即楮皮）。最迟在公元前2世纪时的西汉初年，纸已在中国问世。最初的纸是用麻皮纤维或麻类织物制造成的，由于造纸术尚处于初期阶段，工艺简陋，所造出的纸张质地粗糙，夹带着较多未松散开的纤维束，表面不平滑，还不适宜于书写，一般只用于包装。

直到东汉和帝时期，经过了蔡伦的改进，形成了一套较为定型的造纸工艺流程（见图2-8）。他用树皮、麻头及敝布、渔网等原料，经过挫、捣、抄、烘等工艺制造的纸，是现代纸的渊源。这种纸，原料容易找到，又很便宜，质量也提高了，逐渐普遍使用。为纪念蔡伦的功绩，后人把这种纸叫做"蔡侯纸"。

图2-8 汉朝造纸工艺流程图

中国旅游文化

> 造纸技术的发展主要体现在两个方面：在原料方面，魏晋南北朝时已经开始利用桑皮、藤皮造纸。到了隋朝、五代时期，竹、檀皮、麦秆、稻秆等也都已作为造纸原料，先后被利用，从而为造纸的发展提供了丰富而充足的原料来源。其中，唐朝利用竹子为原料制成的竹纸，标志着造纸技术取得了重大的突破。

2.1.3 魏晋南北朝：中国历史上长期分裂的时期

司马炎建立晋朝至公元 581 年杨坚建立隋朝近四百年的历史时期，是中国历史上分裂时间最长的一个时期。四百年里，各种力量为了争夺统治地位或扩大统治范围，展开了激烈的斗争，政权更迭十分频繁，社会动荡不安，民族矛盾尖锐。

魏晋南北朝的经济文化发展在中国历史上具有重大的意义。在汉代还相当落后的东南地区，经过六朝的相继开发，使得中国经济的重心，从黄河流域逐渐转移到长江流域。各民族逐渐由征战走向融合，当时进入中原的各个少数民族，后来大都成为汉族的一部分，并以他们的文化极大地丰富了汉族的文化。

魏晋南北朝又是继战国"百家争鸣"以后，中国历史上又一个思想解放的时代。各种学说并兴，带来了社会思想和学术文化的相对自由及多元化。玄学的兴起，佛教的兴盛，道教的风行，有力地促进了魏晋南北朝时期文学艺术的发展。音乐、舞蹈、绘画、雕塑、书法乃至园林建筑尤其是诗歌，在这一时期都发生了重大的变化。

这一时期文学繁荣的标志是文学集团的空前活跃。先后出现了以曹氏父子为中心的"邺下集团"，以阮籍、嵇康为代表的"竹林七贤"，包括陆机、左思在内的"二十四友"，包括沈约、谢朓在内的"竟陵八友"等。这些文学集团的出现促进了文学的兴盛，造成一些新的文学现象的产生，促进了文学风格的多样化。

诗歌题材方面，出现了咏怀诗、咏史诗、游仙诗、玄言诗、宫体诗，以及陶渊明创造的田园诗、谢灵运开创的山水诗等；诗体方面，五古更加丰富多彩，七古也有明显进步，还出现了作为律诗开端的"永明体"，中国古代诗歌的几种基本形式如五律、五绝、七律、七绝等，在这一时期都有了雏形；辞藻方面，追求华美的风气愈来愈甚。藻饰、骈偶、声律、用典，成为普遍使用的手段。

书法方面的显著变化，在于真楷书的出现，代表人物有曹魏的钟繇以及王羲之父子。绘画方面的变化虽不如书法明显，但佛教西来，全国上下风从，因而对绘画主题和技法不能没有影响。汉以前的佛画笔墨赋彩比较简略，构图还未臻复杂。绘画艺术发展到西晋，已经到了初步的成熟阶段，正是如此，东晋后出现了一大批画家，如顾恺之、戴逵、陆探微、张僧繇、杨子华和曹仲答等，此时的人物画（包括佛教人物）和走兽画达到了成熟阶段。

2 中国历史与文化

【知识链接】

竹 林 七 贤

中国魏晋时代，在古山阳（今河南修武县）之地的嵇公竹林里聚集的七位名士：嵇康、阮籍、山涛、向秀、刘伶、王戎及阮咸，称为竹林七贤（见图2-9）。动荡时期，司马氏和曹氏争夺政权的斗争异常残酷，民不聊生。文士们不但无法施展才华，而且时时担忧生命，因此崇尚老庄哲学，从虚无缥缈的神仙境界中去寻找精神寄托，用清谈、饮酒、佯狂等形式来排遣苦闷的心情，"竹林七贤"成了这个时期文人的代表。

七人的政治思想和生活态度大都"非汤武而薄周孔，越名教而任自然"，"弃经典而尚老庄，蔑礼法而崇放达"，生活上不拘礼法，追求清静无为，被道教隐宗妙真道奉祀为宗师。

在文章创作上，以阮籍、嵇康为代表。阮籍的《咏怀》诗82首，多以比兴、寄托、象征等手法，隐晦曲折地揭露最高统治集团的罪恶，讽刺虚伪的礼法之士，表现了诗人在政治恐怖下的苦闷情绪。嵇康的《与山巨源绝交书》，以老庄崇尚自然的论点，说明自己的本性不堪出仕，公开表明了自己不与司马氏合作的政治态度，文章颇负盛名。

图2-9 竹林七贤

2.1.4 隋唐时期：封建社会走向繁荣的时期

隋朝定都长安（今陕西省西安市附近）。文帝统治时期，采取一系列强化中央集权，发展经济的措施，一度出现社会安定、经济繁荣、国家强盛的局面，史称"开皇之治"。不过隋朝也是一个短命的王朝，只经历了39年。公元618年，唐高祖李渊推翻隋朝建立了唐朝，成为中国历史上延续时间最长的朝代之一。公元626年，唐太宗李世民即位，唐朝开始进入鼎盛时期，史称"贞观之治"。长安（今陕西西安市）是当时世界上最大的城市，唐朝文明也是当时最发达的文明。唐王朝与许多邻国发展了良好的关系，文成公主嫁到吐蕃，带去了大批丝织品和手工艺品。日本则不断派遣使节、学问僧和留学生到中国。唐朝的文化也处于鼎盛时期，涌现出许多伟大的文学家，例如诗人李白、杜甫、白居易、杜牧，散文家韩愈、柳宗元等。唐代的佛教是最兴盛的宗教，玄奘曾赴天竺取经，回国后译成1335卷的经文，并于西安修建了大雁塔以存放佛经。唐朝在唐玄宗李隆基统治时期达到顶峰，史称"开元盛世"。然而在公元755年，爆发了安史之乱，唐朝由此开始走向衰落。此后的藩镇割据和宦官专权，更使大唐日益衰败。公元875年，黄巢起义爆发，最后瓦解了唐的统治，致使朱温在公元907年篡唐，建立后梁。此后的五十多年中，地方藩镇势力也纷纷自行割据，形成了五代十国的混乱局面。

2.1.5 宋元时期：封建社会高度发展的时期

960年后周大将赵匡胤发动"陈桥兵变"废周称帝，建立宋朝，定都开封，史称"北宋"。宋太祖消灭周的残余势力和其他割据政权，结束分裂局面，并以"杯酒释兵权"的方式解除了一些将领的兵权，加强中央集权。北宋初年爆发的王小波、李顺领导的农民起义，第一次提出"均贫富"的口号，此后农民起义不断发生。同时北宋还与北方契丹族建立的辽朝，西北党项族建立的西夏，彼此征战不休。北宋末年发生了以王安石、司马光为首的新旧党争，加剧了社会的不安。到了1125年东北女真族建立的金国势力逐渐强大。1125年，金国灭辽。1127年金国攻破北宋首都汴京（今河南开封），虏走徽、钦二帝，史称"靖康之耻"，北宋灭亡。同年宋钦宗的弟弟赵构在南京应天府（今河南商丘）即皇位，定都临安（今浙江杭州），史称南宋。南宋与金国多次交战，但双方都未有大的突破。直到1234年，南宋与蒙古联合灭金。1271年忽必烈建立元朝，定都大都（今北京）。1279年率军南下灭掉南宋。

元朝初年，由于国家统一，注重农业与水利，农业、手工业、交通都得到发展，元朝发展成为疆域辽阔的大帝国。但终因阶级压迫深重，民族矛盾尖锐和连年灾荒，导致"红巾军"起义爆发，元朝灭亡。

2.1.6 明清时期：中国封建社会的晚期

在元末农民起义中，经过17年征战的朱元璋，在应天府称帝，建立明朝。接着兴师北伐，攻占大都，结束元朝统治。1402年，明成祖朱棣在"靖难之役"中获胜，登上皇位，1421年迁都北京。明朝初年采取有利于恢复和发展生产的措施，移民垦荒，驻军屯田，兴修水利，轻徭薄赋，促进了农业生产的发展。农业、手工业生产水平的较大幅度提高，国家的长期和平稳定，以及全国道路交通的改善和畅通，为商业的繁荣与发展创造了条件。明中叶以后，商业活动更加频繁，资本主义生产方式已处于萌芽状态。从明成祖到明宣宗在位的70年间，是明朝的强盛时期，对外交往大为发展。从1405年起，前后历时28年，郑和七次率领船队出使"西洋"，极大地增强了中国与亚非国家的经济、文化交流。明朝末年，朝政日益腐败。皇帝怠政，官员腐化，地主阶级疯狂搜刮民脂民膏，导致土地高度集中，农民大量沦为佃户，加上地租、赋税沉重和连年灾荒，人民纷纷揭竿而起。以李自成、张献忠为首的农民起义军攻克北京，建立大顺政权，明朝最后一位皇帝——崇祯帝在煤山自缢殉国，明朝灭亡。

清建国于1616年，初称后金，1636年该国号为清，1644年入关，定都北京。清初为缓和阶级矛盾，实行奖励垦荒、减免捐税的政策，内地和边疆的社会经济都有所发展。康熙、雍正、乾隆帝在位时，封建经济发展到一个新的高峰，史称"康雍乾盛世"。

嘉庆帝至鸦片战争前，对内大官僚和地主拼命兼并土地，导致农民逃亡，沦为佃户和流民，耕地面积锐减，于是只能起来造反。对外实行闭关锁国政策，使中国长期与世隔绝，不了解西方政治、经济、文化、军事的发展，制约了中国资本主义萌芽的发展，丧失学习西方近代先进科学技术的良机。结果中国日趋落后，终于无力抵御西方列强的侵入，在"鸦片战争"中失败。

2.1.7 半殖民地半封建的近代中国

从1840年的鸦片战争到1919年的"五四"运动，是中国人民反帝反封建的旧民主主义革命时期。在这期间，西方列强先后对中国发动两次"鸦片战争"和"中法战争""甲午战争"以及"八国联军"入侵。对此，中国人民进行了英勇顽强、可歌可泣的斗争。从三元里人民的抗英斗争、太平天国革命和义和团运动，到孙中山领导的辛亥革命，都充分展示了中国人民的革命精神。但是由于科学技术的落后，政治的腐败，中外反动势力的联合镇压，一个个不平等条约的签订，最终使中国沦为半殖民地半封建的社会。

1919年的"五四"运动，使中国进入新民主主义革命时期。1921年中国共产党成立，从此中国人民在共产党的领导下，先后进行了三次国内革命战争和八年抗日战争，终于在1949年10月1日建立中华人民共和国，中国社会进入新时期。

2.2 中国古代历史小常识

2.2.1 天文与历法

1. 天干、地支

天干地支，简称"干支"。在中国古代的历法中，甲、乙、丙、丁、戊、己、庚、辛、壬、癸被称为"十天干"，子、丑、寅、卯、辰、巳、午、未、申、酉、戌、亥被称为"十二地支"。十干和十二支依次相配，组成六十个基本单位，两者按固定的顺序互相配合，组成了干支纪法。从殷墟出土的甲骨文来看，天干地支在中国古代可用于纪日、纪月、纪年等。干支纪日始于商代，干支纪年始于东汉，地支用来纪月，夏历以正月为寅，以此类推，十二月为丑，闰月不设独立的地支。纪时也用地支，一天分为十二个时辰。

2. 节气

二十四节气起源于黄河流域。远在春秋时代，就定出仲春、仲夏、仲秋和仲冬四个节气。以后不断地改进与完善，到秦汉年间，二十四节气已完全确立。公元前104

年，由邓平等制定的《太初历》，正式把二十四节气订于历法，明确了二十四节气的天文位置。二十四节气在现行的公历中日期基本固定，上半年在6日、21日，下半年在8日、23日，前后不差1~2天。为了便于记忆，人们编出了二十四节气歌诀。

二十四节气歌

春雨惊春清谷天，夏满芒夏暑相连，
秋处露秋寒霜降，冬雪雪冬小大寒。

二十四节气是中国劳动人民创造的文化遗产，它反映了季节的变化，指导农事活动，影响着千家万户的衣食住行。

3. 朔、望、晦

（1）朔，农历每月第一天。"朔"是月相的名称。月亮本身不发光，人们看到的月光是太阳光线照射到月亮，再从月亮表面反射到地球表面的反射光。因此，月亮对着太阳的半个球面是光亮的，而背着太阳的半球面是黑暗的。太阳、地球和月亮在空间的相对位置时刻在改变，从地球上看，月亮就有盈亏的变化。每当月亮在太阳和地球中间，月亮以背光的一面向着地球，地球上就看不到月光，这叫做"朔"，这一天是农历的"初一"。

（2）望，农历的每月十五称为"望"（有时候是十六日或十七日），即月圆之日。地球在太阳和月亮的中间，被照亮的半球完全对着地球，人们可以见到一轮满月，这就是"望"。

（3）晦，《说文解字》说："月尽也"。因此，古人把农历每月的最后一天称为"晦"。

2.2.2 名号

1. 谥号、庙号、徽号、年号

（1）谥号，是古代对死去的帝王、大臣、贵族（包括其他地位很高的人）按其生平事迹进行评定后，给予或褒或贬或同情的称号。帝王的谥号由礼官议上，臣下的谥号由朝廷赐予。谥号始于西周，来自于谥法。谥法规定了若干个有固定涵义的字，大致分为三类：属表扬的有：文、武、景、烈、昭、穆等；属于批评的有：炀、厉、灵等；属于同情的有：哀、怀、愍、悼等。一般人的谥号多用两字，如岳飞谥曰武穆，海瑞谥曰忠介。

（2）庙号，是封建皇帝死后，在太庙立室奉祀时的名号。庙号在商朝已经出现，汉承其制。一般开国的皇帝称祖，后继者称宗，如宋朝赵匡胤称太祖，其后的赵光义称太宗。也有个别朝代前几个皇帝皆称祖，如明朝朱元璋称太祖，其子朱棣称成祖。在称呼时，庙号常常放在谥号之前，同谥号一起构成已死帝王的全号。但是在隋以前，并不是每一个皇帝都有庙号，因为按照典制，只有文治武功和德行卓著者方可入庙奉祀。唐以后，每个皇帝才都有了庙号。

（3）徽号，又称"尊号"，是庆典时加给帝王及皇后表示褒美的称号，可以屡次加上，每次通常加两个字，尽是颂词。

以上三种名号构成皇帝的全称，如清乾隆皇帝全部称号为"高宗法天隆运、至诚先觉、体元立极、敷文奋武、钦明孝慈、神圣纯皇帝"，其中庙号"高宗"放在首位，"纯"为谥号，其余均为徽号。

（4）年号，是封建皇帝纪年的名号，由西汉武帝首创，他的第一个年号为"建元"。以后每个朝代的每一个新君即位，必须改变年号，叫做改元。明朝以前，封建皇帝每遇军国大事或重大祥瑞灾异，常常改元。如汉武帝在位五十四年，先后用了建元、后元等十一个年号。明、清两代，每一个皇帝不论在位时间长短，只用一个年号，故后人常以年号作为该皇帝的代称，如"乾隆""嘉靖"等。

2. 名与字

"名"是人们在社会交往中用来代表个人的符号。婴儿出生三月由父命名；男二十行冠礼时取字，女十五行笄礼时取字。"字"往往是"名"的解释和补充，是和"名"相表里的，所以又叫"表字"。"名""字"往往有意义上的联系：意义相同、相近、相反、相关。"名"和"字"意义相同的，如宋代诗人秦观字少游、陆游字务观，他们名、字中的"观"和"游"是同义。"名"和"字"意义相辅的，如唐代诗人白居易字乐天，因"乐天"才能"居易"。古代名、字的称呼十分讲究。在人际交往中，名一般用作谦称、卑称，或上对下、长对少的称呼。平辈之间，相互称字，则认为是有礼貌的表现。下对上、卑对尊写信或称呼时，可以称字，但绝对不能称名，尤其是对君主或父母长辈的名，更是连提都不能提，否则就是大不敬和不孝。

3. 避讳

封建社会对于君主或尊长的名字，避免写出或说出叫避讳。这是中国封建社会特有的一种历史文化现象。古代对以下三种人必须避名讳：一是帝王，对当代帝王及本朝历代皇帝之名进行避讳，叫"国讳"或"公讳"。二是父母或祖父母的名字，作为晚辈，在日常言行或行文用字时要回避，叫"家讳"。三是圣贤的名字，主要指至圣孔子，叫"圣讳"。在历代古籍中，避讳字的书写方法主要有三种。一是改字法，即对避讳之字不用，改用它字代替。如汉光武帝名"秀"，为避秀字讳，改"秀才"为"茂才"。二是空字法，即将应避讳之字，空出不写。唐人写《隋书》避李世民讳，将"王世充"写成了"王充"。三是缺笔法，即不写所避之字的最后一笔或中间一笔。说话或朗读时为了避讳，就用另一个读音相近的字来代替。例如《红楼梦》中，林黛玉因其母叫贾敏，凡遇到"敏"字时都读为"密"。

【知识链接】

趣谈古人名与字

古人起名取字方式虽多种多样，但名和字一般在意义上都存在一定的联系，概括起来有以下几种。

中国旅游文化

(1) 取字最常见的方法是名与字含义相同或相近,彼此能起解释的作用。例如屈原,其名平,字原;《尔雅·释地》中解释"广平曰原"。诸葛亮,字孔明,"亮"与"明"的字义十分相近;班固,字孟坚,固和坚都有"坚定不可动摇"的意思;杜甫,字子美,"甫"的解释则是"古代美男子的称呼";北宋散文家曾巩,字子固,巩和固意义相同。再如毛泽东,字润之,"泽"与"润"含义也相近。

(2) 名与字所取文字的含义正好相反相对。比如唐宋八大家之一的韩愈字退之,愈的意思是"痊愈、越来越好";北宋词人晏殊,字同叔,"殊与同"就是意义相反;再如宋朝著名理学家朱熹,其名熹,字元晦,"熹"明亮之意,而"晦"则是昏暗的意思。黄损,字益之,徐退,字进之,"损"与"益"、"退"与"进",都正好可组成反义词,这类虽然不多,但细细品味也别有一番意思。

(3) 由此及彼,于联想中识雅趣。如关羽,字云长,由鸟儿的羽毛联想到天空的浮云。贾岛,字浪仙,由岛想到浪花的洁白自由。陆龙,字在田,钱谦,字受益,高明,字则诚,李宗仁,字德邻,这一种又是根据某一成语而来:此类成语分别是:"谦受益""明则诚""德不孤,必有邻"。

还有一部分由于词义的变迁,现在已经很难看出他们的名和字之间的联系了,但如果人们深入地去了解,还是可以找到其中的奥秘。例如:孟子,名轲,字子舆。《说文·车部》中解释:轲"接轴车",舆"古代马车车厢",由此可见孟子的名和字的关系应属于上面所说的第一种情况。再如:苏轼,名轼,字子瞻。轼:车前供人凭倚的横木。《左传·僖公二十八年》中有"君冯(凭)轼而观之"的句子,而"瞻"就有"向前看"的意思。从这里来看苏轼的名和字的关系应属第三种情况。

2.3 中国旅游文学

旅游文学产生于旅游。旅游是社会生产力发展到一定程度,人们的物质文化生活发展到一定程度之后的产物。在没有旅游的时候,是谈不上旅游文学的。古代旅游文学以山水诗歌、名胜古迹楹联、游记散文等内容和形式保存在各种文学典籍中,随着科技、文化的进步,经济的繁荣和大众旅游时代的来临。现代旅游文学更以丰富的内容,多样的形式和不同的风格呈现在大众面前。例如旅游诗歌、词曲、辞赋、楹联、小说、戏剧小品、歌词、游记散文、旅游电视片解说词等。

2.3.1 独特的旅游文学样式——对联

1. 对联的产生和作用

对联亦称对子、楹联、楹贴,是悬挂或粘贴在柱子或门框、墙上的联语。楹联在不同的使用场合或时间,又有不同的名称:春节贴在门上的叫春联,贺寿用的叫寿联,庆祝贺喜的叫喜联,悼念死者的叫挽联等。

对联大都认为源于桃符,传说古代东海渡朔山有棵大桃树,其下有神荼、郁垒二神,能避百鬼,所以民间在辞旧迎新之际用桃木板画上这两个神像,挂在门口,以驱鬼辟邪,叫做桃符。据说最早在桃符上写对联的是后蜀国王孟昶,他的"新年纳余庆,佳节号长春"被认为是中国最早的一副对联。官僚士大夫纷纷加以模仿。宋朝时逐渐流传到民间,将对子书写张贴在楹柱上,或用于日常交际中,或作为建筑物的装饰和人们交际庆悼的礼物。宋以后,楹联的作用越来越广泛。一副好的对联,寥寥数语,便能将山水湖泊、亭台轩榭或历史人物、事件的特点勾勒出来。有的蕴含哲理,发人深思;有的抒发情怀,动人心魄,都能起到画龙点睛的作用,使人感到意味无穷,得到美好的艺术享受。

2. 对联的特点

一是字数要相等,上联字数等于下联字数或长联中上下联各分句字数分别相等。二是词性相当,上下联同一位置的词或词组具有相同或相近词性,即实词对实词,虚词对虚词。三是结构相称,上下联语句的语法结构尽可能相同。四是节奏相应,上下联停顿的地方必须一致。五是平仄相谐,对联的上下联和律诗中的对仗一样,上下联相对应的词的声调要平仄相对,即平对仄,仄对平;上联的尾字应该是仄声,下联的尾字应该是平声。六是内容相关,一副对联的上下联之间,内容应当相关,如果上下联各写一个不相关的事物,两者不能照应、贯通,则不能算一副合格的对联,甚至不能算作对联。

3. 对联的分类

(1) 按内容分:有叙事联、写景联、抒情联、晓理联、评论联等。

(2) 按字数长短分:有长联和短联。最短的上下联共四字,如庐山含鄱口石坊联"湖光;山色。"最长的是四川江津临江城楼钟耘舫撰写的对联,上下联共有1612字。

(3) 按对联的技法分,有嵌字联、拆字联、叠字联、谐音联、集句联、回文联等。下面分别举例加以说明。

① 嵌字联,是联内嵌有特定的词语(如人名、地名等)。如郭沫若为杜甫草堂"花径"入口处撰写的对联:

花学红绸舞;

径开锦里春。

将要嵌的字分别嵌在上下联的第一个字。

② 拆字联,将一个字分离成几部分,而这几部分又都有独立的含义。如西湖天竺顶竺仙庵对联:

品泉茶三口白水;

竺仙庵二个山人。

将"品"字解释为"三口","泉"字拆成"白水"。"竺"字解释为"二个","仙"字拆成"山人"。据说庵中住有两人,故有"两个山人"说。

③ 叠字联,是上下两句都有一些叠字,如寺庙里弥勒佛座两旁的对联:

大肚能容,容天下难容之事;

慈颜常笑,笑世间可笑之人。

④ 谐音联,是以同音字说出字面以外的意思。如山海关孟姜女庙对联:

海水朝（潮），朝朝朝（潮），朝朝（潮）朝落；

浮云长（涨），长长长（涨），长长（涨）长消。

（注：长，通"常"。）

⑤ 回文联，有两种情况，一是正读倒读同为一联。如：

客上天然居；

居然天上客。

二是倒读为一新对联，但意思相近，只是上下句对调。如：

风送花香红满地；

雨滋春树碧连天。

倒读为："天连碧树春滋雨，地满红香花送风。"

⑥ 集句联是从碑文、石刻、字帖、古文、历代诗词中选联对句构成的对联。如：

夕阳无限好；（李商隐诗句）

高处不胜寒。（苏东坡词句）

（4）按应用范围分：有春联、门联、喜联、挽联、堂联、交际联、文艺联、题画联及名胜联等。

2.3.2 旅游山水诗

旅游山水诗按诗歌的形式分，可分为古体山水诗、近体山水诗、新诗体山水诗等。古体诗不注重平仄规则，但能自然成韵，琅琅上口。唐以前的诗歌基本上都属于古体诗。近体诗形成于初唐，一直是唐以后"五四"运动以前主要的诗歌形式。

1. 古体山水诗

山水诗主要描绘山水景物，表现对大自然的热爱之情，它常与纪行、送别等题材相结合。历代诗人都有佳作问世，是旅游文学的精品。中国最早的诗歌总集《诗经》，共收录305首诗篇，但通篇以写景为主的山水诗却没有。到了汉代，乐府诗继承了《诗经》的传统，单纯的写景诗也极少。三国时代，曹氏父子和建安七子的创作中写景诗渐渐多了起来，其中成就最大的是曹操。他的《观沧海》可以说是古体山水诗的开山鼻祖。南北朝时，东晋大诗人陶渊明，长期隐居田园，写下了大量的山水田园诗歌，如《饮酒》第五首。

结庐在人境，而无车马喧。问君何能尔，心远地自偏。采菊东篱下，悠然见南山。山气日夕佳，飞鸟相与还。此中有真意，欲辨已忘言。

到了南朝晋、宋时期，谢灵运和谢朓以写作山水诗著称，通过畅游名山大川，欣赏山水美景，触景生情，将心中的特殊感受表达出来，他们的诗歌真实地反映了山水的自然美。如谢灵运的山水名篇有《登池上楼》《游南亭》等。谢朓的山水诗秀丽清新，名作有《游敬亭山》《晚登三山还望京邑》等。

2. 近体山水诗

近体山水诗从唐朝开始盛行，历经宋、元、明、清，千百年间涌现了无数诗人，创作了万余首山水诗歌，反映了中国众多的山水美景。其中著名的诗人有唐朝的李白、杜甫、白居易、王维、孟浩然、杜牧等,宋代的苏轼、王安石、欧阳修等,元代的赵孟頫、萨都拉等,明代的李梦阳、顾炎武等,清代的袁枚、康有为、乾隆等。他们都创作了众多的山水名篇佳作,描绘中国秀丽壮美的山水景色。好的山水诗总是包含着作者深刻的人生体验,不单是模山范水而已。如"欲穷千里目,更上一层楼。"(王之涣《登鹳雀楼》) 以理势入诗,兼有教化和审美的双重功能,它表现出的求实态度和奋进精神,对读者无疑是有力的鞭策和激励。又如"蝉噪林愈静,鸟鸣山更幽。"(王籍《入若耶溪》) 除生动再现山林特有的幽静氛围,还揭示了矛盾的对立统一关系,有启迪智慧、拓展襟怀的作用。

3. 新诗体山水诗

五四运动以来,郭沫若、胡适、徐志摩等人开创的新诗体,开一代先河。新的诗人和诗作不断涌现,其中不乏山水诗的佳作。新中国成立以后,很多著名诗人也创作了众多的山水诗,如何其芳、贺敬之、郭小川、李季、徐迟、艾青、舒婷等。

2.3.3 旅游散文

中国古代为了区别于韵文和骈文,曾把所有不押韵不重排偶的文章都称作散文。随着文学概念的演变和文学体裁的发展,现代散文则是指与诗歌、戏剧、小说相并列的一种文学体裁。

1. 旅游散文的概念

旅游是人类社会政治经济文化活动的一部分,也是现代人追求的生活时尚。凡是旅游活动中,以散文为表达形式,截取生活的片段,或写景状物,或记人叙事,以抒发作者的感受,揭示事物本质的文章,都称之为旅游散文。

2. 旅游散文的产生发展

(1) 中国旅游散文的产生。中国最早具有旅游散文雏形的作品是《山海经》和《穆天子传》。但作为严格意义上的旅游散文,其萌芽阶段的作品应该是《庄子》和《史记》中的一些片段。《史记》虽然写的是人物传记、历史事件,但间或也有一些抒情写景的文字,虽然篇幅不长,但对后世游记的创作还是有一定影响力的。

魏晋南北朝时期,陶渊明的《桃花源记》首开游记的先河,南朝吴均等人的骈体书信,以描写山水景物见长。而北朝郦道元的《水经注》和杨炫之的《洛阳伽蓝记》不仅是学术著作,也是两部有名的旅游文学作品,其中《水经注》是中国游记文学的真正开创者。

(2) 中国旅游散文的发展。南北朝以后,唐朝韩愈大力反对浮华的骈体文,提倡作古文,一时从者甚众,后又得到柳宗元的大力支持,古文创作业绩大增,影响更大,成为当时文坛的主要风尚,文学史上称为古文运动。以韩柳为首的古文运动的胜利,树立了一种摆脱陈言俗套,自由抒写的新文风,大大提高了散文的抒情、叙事、议论、讽刺的艺术功能。特别是柳宗元,他致力于山水游记的创作并取得了巨大成就。他的《永州八记》标志着游记文学发展到了新的时期,使游记取得了独立的文学样式的地位。

到了宋代，欧阳修再一次掀起了古文运动，此后的王安石、曾巩、苏轼、苏洵、苏辙等人都在古文革新运动的影响之下取得了各自的成就，后人将他们与唐代韩愈、柳宗元（见图 2-10）合称为"唐宋八大家"。旅游散文也获得了巨大发展，著名作家几乎都有不少脍炙人口的游记作品，文笔轻松，描写生动，记述翔实，给人以丰富的社会知识和美的感受。如欧阳修的《醉翁亭记》，范仲淹的《岳阳楼记》，王安石的《游褒禅山记》，苏轼的《石钟山记》《游沙湖》《放鹤亭记》，曾巩的《墨池记》等。宋代旅游散文继承并发展了柳宗元因景立论，在游记中发议论的特点，几乎大部分游记在写景之后都要发一通议论，甚至通篇夹叙夹议。宋代不但写作旅游散文的作家多，作品多，而且还出现了游记专集（如陆游的《入蜀记》）。这既说明了游记获得了人们的广泛重视，又标志着游记文学在柳宗元山水游记之后有了重大的发展。

元代时间不长，写作游记的作家不多，李孝光的《大龙湫记》是颇为有名的一篇。

明清两代是中国古代旅游散文创作的高峰，作家最多，作品最多。明代早期，宋濂的《游钟山记》、薛瑄的《游龙门记》等是比较著名的作品。明代中期，公安派作家归有光写了很多个性强烈、朴素自然的山水小品，这是旅游散文的一个发展。明末的张岱，散文语言清新活泼，形象生动，《西湖七月半》《湖心亭看雪》是他的代表作。但明代旅游散文最杰出的作家是徐弘祖，他的《徐霞客游记》是中国古代最重要的旅游散文著作。徐霞客对山川名胜观察极其细致，真切地掌握了景物的方位、特征，写得形象生动，被公认为一部宝贵的地理科学文献和优秀的文学作品，清朝人推崇它"当为古今游记之最"。清代旅游散文作家很多，最有名的作家作品有全祖望的《梅花岭记》、龚自珍的《乙亥六月重过扬州记》、姚鼐的《登泰山记》、袁枚的《游桂林诸山记》等。刘鹗的《老残游记》是游记体的章回小说，为游记增添了新的品种。

在现代作家中，老一辈的作家几乎都或多或少写了一些游记，著名的有朱自清、郭沫若、郁达夫、叶圣陶、冰心等。当代文学中，游记被赋予了历史与人文内涵，其中以余秋雨的《山居笔记》、韩晗的《大国小城》最为代表。

【知识链接】

柳宗元

柳宗元（773—819 年），字子厚。唐代文学家、哲学家、散文家和思想家，与韩愈等人被称为唐宋八大家。祖籍河东（今山西永济）。代宗大历八年（773 年）出生于京都长安（今陕西西安）。柳宗元一生留诗文作品达 600 余篇，其文的成就大于诗。柳宗元的作品由唐代刘禹锡保存下来，并编成《柳河东集》。

2 中国历史与文化

柳宗元的游记最为脍炙人口,均写于被贬后,以永州之作更胜。典范之作为《永州八记》:《始得西山宴游记》《钴鉧潭记》《钴鉧潭西小丘记》《小石潭记》《袁家渴记》《石渠记》《石涧记》《小石城山记》,已成为中国古代山水游记名作。这些优美的山水游记,生动表达了人对自然美的感受,丰富了古典散文反映生活的新领域,从而确立了山水游记作为独立的文学体裁在文学史上的地位。这些作品,既有借美好景物寄寓自己的遭遇和怨愤;也有作者幽静心境的描写,表现在极度苦闷中转而追求精神的寄托。至于直接刻画山水景色,则或峭拔峻洁,或清邈奇丽,以精巧的语言再现自然美。《永州八记》作于元和四年以后。那时,柳宗元因政治改革失败被贬永州,即今湖南永州。文章写的都是当时永州附近的一些山水风景,文章短小、轻灵、朴实、顺畅,为历代所传颂。其中以《小石潭记》最为著名,作者通过他的笔向人们描述出了一个清幽宁静的小石潭风景。文章引人入胜,隽咏无穷。开头用"未见其形,先闻其声"的写法展示小石潭。以鱼写潭,则潭水之清澈可以想见;以鱼写人,则人美鱼乐之情溢于言表。作者状形、传神、布影、设色,笔墨经济,手法高超。结尾以清寂幽邃之境写凄寒悄怆之感,情景交融。

唐元和十四年(819年)柳宗元在柳州病逝。后一年,灵柩运回京兆万年县栖凤原(今陕西西安)。《柳州县志》记载:"宗元原厝于古州治,其榇虽扶归,而封土尚存。"这封土就是现在的柳宗元衣冠墓。原毛石砌墓是清代重建的,"文革"时墓被毁平。1974年修复,郭沫若题碑:"唐代柳宗元衣冠墓"。

图 2-10 柳宗元

2.4 中国绘画书法艺术及其鉴赏

2.4.1 中国绘画艺术及其鉴赏

中国画简称"国画",属于东方绘画体系。使用的工具和材料主要为毛笔、墨、国画颜料及宣纸、丝帛等。早在新石器时代,远古先民就用类似于毛笔之类的工具在陶器上画画了,从而创造了中国的彩陶艺术。战国时期的楚墓帛画,是中国早期的优秀绘画作品,画面上的线条准确、生动。

一般来说,中国绘画在唐代以前,主要是帛画和壁画,壁画非常发达,如汉代的宫殿、寺庙、墓室壁画,魏晋南北朝时期的佛教寺庙、石窟壁画,水平已经相当高了。国画最有代表性的是卷轴画。唐代以后,特别是元、明、清时期,卷轴画成为中国画的主要表现形式。

元代是中国画发展史上的一个重要时期,山水画达到最高峰,花鸟画依然是绘画的主要门类,特别是抒发个人情感、讲究笔墨趣味和文学意味的"文人画"占了主导地位，明清两代是文人画全面发展的时期。近现代绘画既坚持中国画的传统，又大胆创造出雅俗共赏的新型风格，在中国绘画史上写下光辉的一页。

中国画按技法可分为水墨、工笔、写意、勾勒、白描等。水墨画在中国画中占有重要地位，写意水墨更是传统中国画里令人赏心悦目的画种。就题材而言，中国画则大致包括人物、山水、花鸟三类作品，其中以人物画产生最早，但后来最为发达、艺术成就最高的则首推山水画，反映出中国人民热爱大自然，向往大自然的民族个性。

【知识链接】

帛　　画

帛画是指中国传统绢本画以前的以白色丝帛为材料的绘画。它不同于绢画或其他织物画，采用百分之百头道桑蚕丝，不浆、不矾、不托，运用工笔重彩的技法绘制而成。帛画的色彩用的是朱砂、石青、石绿等矿物颜料，丰富而鲜艳，如马王堆一号汉墓帛画（见图2-11）；也有用墨兼用白粉绘制的，如人物龙凤帛画，其描绘的是天象、神祇、图腾和人物，以表现茫茫天国中神人共处的神话世界。

图2-11　马王堆一号汉墓帛画

从考古学、历史学、文化学的角度综合分析，帛画起源于战国中期的楚国，消失于东汉。

楚国为春秋五霸、战国七雄之一，其势力遍及中国南方，版图、人口、兵甲、文化均居诸侯之首。于是，它观兵洛邑，问鼎中原，"天下大事尽在楚"。

楚怀王当政时，成为楚国命运的转变期。秦国已崛起于关西，得商鞅变法而强盛，乃与楚并为两霸，秦国远交近攻，对六国分别施以打击、拉拢、分化、瓦解等手段，使六国联盟徒有虚名。然而楚怀王忠奸不辨，刚愎自用，昏庸无能，使楚国国势每况愈下。他本人也最终受骗入秦，客死他乡。爱国诗人屈原追念尤甚。他虽在早年励图变法，得罪宠臣，遂遭诬陷，被楚怀王流放，但仍把楚国强大的希望寄托在楚怀王身上，鉴于楚国的危殆，更加追思怀王，因此写下著名诗篇《招魂》以招楚怀王之魂。帛画正是这种招魂习俗的产物，它一诞生就与楚文化牢牢拴在一起，马王堆1、3号墓T形帛画，几乎就是楚辞《招魂》的最好图解。

那么，中国画的艺术特色，该如何鉴赏？

首先，中国画十分讲究笔墨技巧。中国画主要用线条造型，线条能表现物体的体积和质感，也能表达丰富的情感。因此中国画勾画线条和画大块的墨色就有丰富的用笔技巧，中国画家认为"墨分五色"，墨就是颜色，加入水后形成的有浓淡变化的水墨，完全可以代替色彩。特别是在宣纸上渗化的浓、淡、干、湿的墨色，变化多端，非常具有艺术魅力。

其次，中国画追求形神兼备，以形写神，指的是无论是画人物、走兽，还是山水、花鸟，不仅外形要画得像，更重要的是通过对外形的描绘表现出其内在的神韵。所以，"神似"历来是中国画家孜孜以求的艺术境界。

此外，中国画在构图时常用的"散点透视"，表现画面效果和趣味的"虚""实"，具有民族特色的诗书画印的结合，以及独特的装裱形式等，也都是中国画的重要艺术特色。

2.4.2 中国书法艺术及其鉴赏

汉字书法是一种独特的线条造型艺术，汉字书法的美，主要是线条的美。汉字由笔画构成，而笔画是由线条来表现的，汉字书法凭借线条的曲直运动和空间构造，表现出种种的形体姿态、动势和情感、趣味。人们可以从线条和由线条组合的形体看出不同的书体和风格，获得不同的美感。

书法成为一种独立的艺术是从秦朝开始的。秦汉时期盛行的隶书，打破了古文字象形的特点，使汉字基本定型。隶书字形扁方，笔画从字的中心向外舒展，而且有了波势，线条能看出明显的粗细轻重的变化。隶书既庄重又活泼，表现的是波状线美。

东汉晚期，楷书出现了。据传创始人是汉末的钟繇，楷书字形方正工整，笔画丰厚美观，不再有波势，将书法艺术推向一个新的高度。唐代的颜真卿、柳公权、欧阳询和元代的赵孟頫，被称作四大楷书家。颜真卿的字笔画粗壮，柳公权的字笔画瘦硬，人们把他们两人不同的书法风格形象地说成是"颜筋柳骨"。楷书表现的是一种庄重美。

最能体现线条艺术美的是草书。线条飞舞，笔画相连，生动而有气势，能尽情抒发书法家的感情，体现书法家的性格。表现出的是一种飞动美。唐代的张旭被称为"草圣"。

行书相传是汉末刘德升创立的，是对楷书的快写，是平时人们最常使用的书体。晋代是行书最繁荣的时期。代表人物有东晋的王羲之、宋代的苏轼等。王羲之人称"书圣"（见图2-12），其行书清新秀丽，于妩媚中见劲健，代表作《兰亭集序》有"天下第一行书"的美誉。苏轼的行书苍劲豪放，代表作有《寒食诗》和《赤壁赋》等。

【知识链接】

王羲之

王羲之（303—361年，一作321—379年），字逸少，号澹斋，汉族，祖籍琅琊临沂（今属山东），后迁会稽（今浙江绍兴），晚年隐居剡县金庭，历任秘书郎、宁远将军、江州刺史。后为会稽内史，领右将军，人称"王右军""王会稽"。是东晋伟大的书法家。其子王献之书法亦佳，世人合称为"二王"。此后历代王氏家族书法人才辈出。东晋升平五年（361年）卒，葬于金庭瀑布山（又称紫藤山）。

东晋永和九年（353年）农历三月三日，王羲之同谢安、孙绰等41人在绍兴兰亭修禊（一种被除疾病和不祥的活动）时，众人饮酒赋诗，汇诗成集，羲之即兴挥毫作序，这便是有名的《兰亭集序》。此帖为草稿，28行，324字。记述了当时文人雅集的情景。作者因当时兴致高涨,写得十分得意,据说后来再写已不能逮。其中有二十多个"之"字,写法各不相同。宋代米芾称之为"天下第一行书"。

图2-12 王羲之

兰亭,越王勾践植兰于此,汉代在此建有驿亭,因此得名,但其名扬天下却因王羲之。353年右将军王羲之邀请谢安、孙绰等41位文豪雅士集聚兰亭,大家列坐在溪流涓涓的曲岸边,饮酒作诗,得诗37首,汇编成册,称之为《兰亭集》,公推王羲之作序,王欣然应许,一气呵成书文并茂的《兰亭集序》,被后人称为"天下第一行书",兰亭也因此成为书法圣地。现在的兰亭是明代重建的。

兰亭碑,碑亭修建于清康熙年间,碑上的"兰亭"二字为康熙御笔。亭后远山名为兰渚山,是勾践种兰之处。

鹅池,池形如鹅,池边立有三角形石碑,碑上的"鹅池"二字传说是出自王羲之、王献之父子二人之手。

中国书法成为一种独立的艺术,和使用的工具有直接的联系。笔、墨、纸、砚是中国书法独特的工具,书法工具决定着书法的表现形式、效果和特征,没有这些工具和材料,就不会有中国书法艺术。因此,强调书法工具的作用,正是强调中国书法的独特性。

实 训 应 用

1. 实训项目:参观博物馆或其他专项类型展馆(如摄影展、画展)。

2. 实训目的:通过组织学生参观当地博物馆,了解地域文脉的发展,熟悉旅游区域内的历史文化。

3. 实训步骤:按照本章介绍的历史文化的发展规律,介绍本区域内社会发展过程,文学艺术方面的成就及名人趣闻。

复习思考题

一、名词解释

楹联　旅游文学

二、简答

1. 简述楹联的特点和分类。

2. 简述中国旅游散文的产生和发展。
3. 旅游山水诗有哪些分类?
4. 列举书法中行书、草书的代表人物和代表作品。

三、思考题

中国画和西洋画有哪些不同?

3

中国民俗文化

学习目标

知识目标	技能目标
1. 了解民俗的基本概念 2. 掌握人生礼俗、岁时节日、崇拜禁忌的内涵与特征 3. 理解民俗文化与我国旅游业发展的关系	1. 理解民俗文化的旅游价值及其在保护开发中的真实性 2. 如何利用中国民俗文化的特色进行文化旅游开发

3 中国民俗文化

知识引例

第五届河北民俗文化节

2012年6月9日，参加"风情神韵·魅力河北"非遗系列演出的演员们在表演歌舞《唱不完的歌》。为庆祝第七个文化遗产日，当日，第五届河北省民俗文化节在省博物馆及省会文化广场拉开帷幕。

上午9时，省会文化广场上彩旗飘飘，由省文化厅、石家庄市人民政府主办，省非物质文化遗产保护中心、省群众艺术馆、省博物馆、石家庄市文广新局承办，第五届河北省民俗文化艺术节开幕式在省博物馆广场隆重举行。本届民俗文化节主要内容包括：开幕式、"风情神韵·魅力河北"非遗系列演出和"燕赵手艺"河北省传统手工技艺大展三个主题板块。活动围绕文化遗产日"活态传承，重在落实"的主题，通过多彩的节目、精美的展品、活态的演示，展示我省丰富绚丽的非物质文化遗产资源和丰硕喜人的保护成果。

据介绍，此次非遗系列演出共有四场，分别在6月9日、10日演出；手工技艺大展将持续到6月17日。观众可凭有效证件领票免费参观，每天展览的时间为上午9：00至下午5：00，周一闭馆。开幕式上，还举行了第四批省级非遗名录项目标牌颁发仪式、我省第三批省级项目代表性传承人证书颁发仪式。

资料来源：河北日报

3.1 民俗文化概述

3.1.1 民俗文化的定义

民俗文化是人类文化的重要组成部分。很早以来，人们就十分重视收集、研究民俗风情。在现实生活中，人们时时跟民俗打交道，正如鱼儿离不开水一样，人们也无法脱离民俗而独立存在。由于绝大多数人只是民俗生活的参与者，而不是民俗习惯的观察者或研究者，所以常常是对某一民俗事象只知其然，不知其所以然。在此情形下，了解一点民俗文化基本知识，对于人们更深切地体味民俗习惯的意义及其形成的原因，促进人们的交际生活，是很有裨益的。

"民俗"一词，是近代才出现的词。在中国古代将民俗称为"风俗""民风""习俗"等。孔子曾说："移风易俗，莫善于乐；安上治民，莫善一礼"。"民俗"一词在国外和中国现代学术界曾有过多种称呼。从中国情形看，"民俗"应理解为"民间的风尚习俗"，它表明民俗作为民俗学研究的对象，主要的方面是民间的习俗，而不是贵族的习俗。另一方面，民俗的另一要义是习，即传承习惯。凡一种事象成为民俗现象，必须具备一个条件，即人们的共同传承。它在群众生活中被人们反复遵照，无止境地重复出现。没有沿袭和传承，也不能成为民俗。

3.1.2 民俗的类型及内容

中国地域辽阔、民族众多，各民族各地区在长期历史发展中形成了鲜明而独特的民俗，也称风俗习惯或风俗民情。中国 56 个民族在居住、饮食、服饰、生产、交换、交通、婚姻、家庭、村落、结盟、岁时、节日、丧葬、信仰、风尚、礼仪、禁忌等方面的民间风俗习惯，统称为中国各民族的民俗。民俗现象按照内容可分为四大类：

（1）物质民俗。也称经济民俗，包括生产民俗（采集民俗、狩猎民俗、畜牧民俗、农业民俗和手工业民俗等）、消费民俗（服饰民俗、饮食民俗和居住民俗等）和流通民俗（市商民俗、交通运输民俗和通信民俗等）。

（2）社会民俗。包括家族、亲族民俗，村落民俗，民间社会经济政治组织民俗，个人人生礼仪习俗（诞生礼、成年礼、婚礼和葬礼等），岁时节日民俗。

（3）口承语言民俗。包括民间神话、民间传说、民间故事、民间歌谣、民族史诗、民间叙事诗、民间谚语、民间谜语、民间小戏等。

（4）精神民俗。包括俗信民俗（含民间宗教信仰、巫术迷信和礼俗禁忌等）、民间艺术民俗（含民间音乐、民间美术和民间舞蹈等）和民间游戏娱乐民俗（含民间游戏、民间体育竞技和民间杂艺等）。

下面介绍下中国各民族的主要民俗细类。

1. 巫术民俗

巫术民俗指利用虚构的"超自然"力量来实现某种愿望的法力。中国古代巫术很盛行。后世的门神，最早就是作为避邪出现的，这是巫术常用的手段。

巫术是中国民俗中一个重要门类，自古以来一直被传承着。巫术（见图 3-1）有仪式、咒语、符箓、法术等必不可少的因素，还经常使用替代物（替神物、替鬼物、替人物）、避邪物、厌胜物、镇物、巫术用具（神衣、神鼓、神刀、神箭），有正巫、副巫、巫的禁忌、巫的活动场景，巫的师承与特殊生活等。不管什么形式，不管用羊、鸡、草人，都出于对灵魂可以离于体外的认识，而且拟作的草人或命意的猪、羊、鸡等又都可代表要除的鬼祟或人。由于这种联系，便产生许多巫法，这就是中国常流行的巫术。它的荒诞，自然十分明显，但在过去却长期为人们所崇信，造成种种愚昧和欺骗。因此，巫术信仰是民俗中最落后的部分。各地巫术，除专业（职业）巫师外，大量地采取多种方式进行，无一定的规程。但是，性质和心理却是一致的，其消极性很大。当然，在人们无力征服自然，消除病患、治服敌手的时候，巫术成为一种常用的手段是不足为奇的。

3 中国民俗文化

图3-1 民族巫术表演

2. 信仰民俗

信仰民俗是以信仰为核心的反映在心理上的习俗，是具有信仰观念且有崇拜的心理。它分为原始信仰和后世信仰。原始信仰主要是自然崇拜、图腾崇拜和祖先崇拜；后世信仰主要有佛教、道教、城隍土地神、门神、灶神、喜神、龙王、马王、药王、关帝、鲁班、海神、窑神及后来传入的天主教等。

在崇拜中，出于敬仰，希求庇佑的占大多数，人们信仰它们，除了恐惧它们发怒会带来灾厄之外，更多的是希望通过崇拜，获得庇佑和帮助，得到美好的结果，或使已经得到的结果不再被破坏。例如古人对日神、月神的崇拜，即是信仰习俗的结果。清朝时，北京的坤宁宫还有祭日、祭月的仪式，并在京城东西设有日坛和月坛，就是今日的日坛公园和月坛公园。

【知识链接】

北京日坛

日坛又名朝日坛，是北京市著名文物古迹"五坛"之一，位于北京朝阳门外东南，是明清两代帝王朝拜太阳神的地方。坛西向，白石砌成一层方台，坛面明代为红琉璃，以象征太阳，清代改为方砖墁砌，四周有谴墙（矮围墙），正西有白石棂星门三座，其余三面各一座。公园主要景观有圆坛、西天门、北天门、神库神厨、宰牲亭、具服殿等。西棂星门正对的外坛至西天门为神路，是帝王祭日的必经之路。

中国古时有"皇帝视天地为父母，视日月为兄弟"的说法，历代帝王都对祭祀天、地、日、月极为重视。祭日（见图3-2）是中国古代重要的祭礼之一，在规模上虽比不上祭天，但仪式也颇为隆重。现存下来的祭日坛始建于明嘉靖九年，是明、清两代皇帝祭祀"大明神"（也就是太阳）的地方。据史料记载，"祭日"于清朝道光二十三年后逐渐消亡，至今已中断了160多年。

新中国成立前古建大部分被毁，文物被盗，使日坛变为一片废墟。1951年北京市政府决定将日坛扩建，占地21公顷，开辟为公园。修建了南、北大门。20世纪八十年代起逐年修建了牡丹园、清晖亭、曲池胜春园、"祭日"壁画，并将被拆毁的祭台修复一新，使日坛公园初具规模，具有趣、幽、静、雅、美之特色。2006年5月25日，日坛作为明至清时期古建筑，被国务院批准列入第六批全国重点文物保护单位名单。

从1990年开始，北京市陆续恢复"天、地、日、月"四大祭祀活动。1990年，地坛在文物专家的指导下根据史料复原清朝祭地表演，在春节庙会期间举行。2002年，天坛在春节期间复原清代的祭天仪仗表演，2004年又恢复祭天乐舞表演。2010年，月坛于中秋节前夕复原了中秋祭月乐舞表演。

图3-2　北京日坛春分祭日表演

3. 服饰民俗

服饰是人类物质和精神文化的重要表现。由于时代习尚、民族风气、地方色彩，以及民族气质、生产生活方式的不同，决定了服饰习俗的差异和变化。服饰不仅具有实用价值，而且反映着时代的风尚和民众的心理倾向以及时代的政治色彩。

服饰民俗有历史的变革，也有民族间的影响与融合。服装样式变化最为频繁，变化均以遮体护身为基本原则。在其发展改革与变化中，遮体护身的要紧处很少变化，而多在领、襟、扣、兜、肩、袖、裤脚，及长短肥瘦上变化。这就基本上保证了它的适用性。服装装饰以经济条件为基础，也服从于个性与喜好。对质料、色彩、样式的选择，在同一生活水平的人群中也各有不同，唯有官服、军服有统一的样式和规定。在服饰民俗中，除日常服饰外，还有特殊的服饰，即婚服与丧服。婚服为结婚的新人在喜庆佳期所穿的服装（主要是新娘服装），它服从于婚俗的要求，具有更广阔的民俗意义。丧服，一是服丧送葬人的服装；一是死者的寿衣。前者为孝服，后者为寿服。孝服有近亲、远亲及一般邻舍朋友之分，有重孝和轻孝之分。寿服也有男女长幼之分，北方无论死者死于暑夏还是严冬，寿服都是棉衣，以便使死者能在阴司过冬。一般在人生的两重要时刻里，都要里外换新，一是结婚，一是临终。

3 中国民俗文化

【知识链接】

秀 禾 服

秀禾服（见图3-3）是服饰的一种。秀禾服还有一个称呼叫龙凤褂，是中式新娘礼服的一种，源自满洲人的服饰。

秀禾服的"褂"是指上身的对襟衣，"裙"则是下身长裙。随着时代改变，裙褂的款式也有不少变化。二十世纪七十年代以前，裙褂是"黑褂红裙"，之后演变为"红褂红裙"。以前的褂是唐装剪裁，直髀、衫身阔大、扣花钮；现在流行的款式，已经改良为西装髀、修腰、中袖、拉链设计，变得更时尚及舒适。中袖的设计，除了突出新娘子的体态美外，也为了可以看到新娘子所佩戴的手链、手镯等金器饰物，表示对亲友们送的礼物的感谢。

以前，以绣龙凤、鸳鸯、花草等吉祥图案为主，二十世纪五十年代，兴起珠片、珠石裙褂，图案以龙凤为主，取龙凤"呈祥"与"情长"的同音寓意，俗称"珠仔褂"；到六十年代则开始有金银线刺绣，图案除龙凤外还绣上五只可爱的小蝠，寓意"五福临门"，这样的裙褂俗称"五福褂"。时至今日，裙褂上的图案以龙凤为主，以"福"字、"喜"字、牡丹花、鸳鸯、蝠鼠、石榴等寓意吉祥、百年好合的图案点缀。

秀禾服的长度刚到脚踝，所以红鞋的搭配还是很重要的。跟秀禾服一样是刺绣而成的绣花鞋无疑最相衬之物。如果在婚礼上新娘穿秀禾服，新郎总不能穿西装，但穿长衫马褂又太夸张。中山装改良而成的上衣，相近的暗花和刺绣，和新娘的裙褂"天生一对"。（见图3-4）

图3-3 中式秀禾服

图3-4 中式婚服

4. 饮食民俗

饮食民俗包括饮和食两个方面的习俗。中国的饮食文化有主、副食之分，而且岁时节日饮食最为丰富多彩，从年饭开始，直到次年年底，每遇岁时节日，必有特殊之食品，如春饼、元宵、粽子、月饼、雄黄酒、腊八粥等几乎成为全国通行的食品。再有寒食节的冷食，二月二吃猪头，尝新节吃新谷，在除夕晚上多吃鱼等也是。在结婚嘉庆中还有子孙饽饽、交杯酒、喜面等。寿宴上有寿桃、寿面、寿糕等。

在这些饮食习俗中，属于日常生活的，在饮食次数与时间安排上，也根据人们作息活动的情况形成惯例，如一日三餐，为全国通例。

围绕饮食发展了烹调工艺。土灶、陶灶、煤炉、煤气灶、炒锅、蒸锅和烤炉蒸笼、饼甑、刀、砧、勺、瓢……各式炊具亦因饮食之不同而有变化。在饮食民俗里，还伴以各种饮食方法上的习惯。如用筷箸、刀叉、或勺羹以至手扒、手抓等。有的习惯于吃碎肉，有的习惯吃整肉，西北有手抓饭，上海的糍饭（糯米饭中裹油条）也全用手攒。

【知识链接】

吃寿面的由来

第一种说法

图3-5 寿面

民间有生日吃寿面（见图3-5）的习俗，其由来可有漫长的历史了，这个习俗源于西汉年间。

相传，汉武帝崇信鬼神又相信相术。一天与众大臣聊天，说到人的寿命长短时，汉武帝说："《相书》上讲，人的人中长，寿命越长，若人中1寸长，就可以活到100岁。"坐在汉武帝身边的大臣东方朔听后就大笑了起来，众大臣莫名其妙，都怪他对皇帝无礼。汉武帝问他笑什么，东方朔解释说："我不是笑陛下，而是笑彭祖。人活100岁，人中1寸长，彭祖活了800岁，他的人中就长8寸，那他的脸有多长啊。"众人也大笑起来，看来想长寿，靠脸长长点是不可能的，但可以想个变通的办法表达一下自己长寿的愿望。脸即面，那"脸长即面长"，于是人们就借用长长的面条来祝福长寿。渐渐地，这种做法又演化为生日吃面条的习惯，称之为吃"长寿面"。这一习俗一直沿袭至今。

另一种说法

唐明皇即位后，渐渐冷落原来患难之妻王皇后，有一天，王皇后对唐明皇说："三郎你忘了当年我脱下新做的紫色背心换了一斗面，为你做汤饼过生日的事吗？"这故事反映了唐代人过生日是吃"汤饼"的。汤饼又叫做"水引"，也就是汤面，可见过生日吃汤面的习俗由来已久。

后代因为它是过生日祝寿用的，所以称作"寿面"。因为中国食品中面条最为绵长，寿日吃面，表示延年益寿。做寿一定要吃寿面，寿面要求三尺，每束须百根以上，盘成塔形，用红绿镂纸拉花罩上作为寿礼，敬献寿星，必备双份，祝寿时置于寿案之上。吃寿面是过生日时最要紧的饮食。

5. 居住民俗

居住民俗是人们物质生活方面的习俗，人类的居住形式是人类物质文化的反映。从原始时代的穴居野卧，到今天的高楼大厦，无不反映出民族文化的发展进程，也无不是民俗习惯之表现。中国古代窖空式的房舍（如半地穴式，坑穴上有屋柱、屋顶）对更原始的利用天然山洞穴居来说是一大进步，它既是人工结构房屋的开始，也是人类物质文明进程的开始。经过世代人民的创造，不仅有了正规的房屋，而且还有各种宫殿斋堂、楼轩馆厦，以及亭阁榭廊等。中国各民族居住习惯也各个不同。蒙古族习惯住蒙古包，苗族习惯住吊脚楼，北京的四合院是很有特色的一种居住形式。而平房是最通行的一种居住形式，另外在建房的选地、选材、选日、立柱、落成祝贺等每个环节，都各有其习俗。

6. 制度民俗

制度民俗是指社会或家庭中明显的具有持久性的一套社会惯例，即一个社会中某些群体或阶级所承认、制定的行为准则。由于历史的发展而自然形成的制度民俗，如：氏族制度（母系氏族、父系氏族）、奴隶制度、封建制度、资本主义制度及社会主义制度。就家庭和个人方面的习俗讲，也有些具有制度民俗性质，如各种形式的婚姻制度、成丁冠礼制度、分家制度以及仪礼方面的许多惯例等，也都有制度性。如：成丁冠礼有时很严格，要族长及全家族在场，要面向神牌，在神圣的火塘边进行。云南永宁纳西族，儿童满十三岁，即谓成丁，要正式举行成丁礼仪式。女的换上百褶裙，男的改穿短衣长裤。成丁礼后，即要从事一些主要的劳动生产，可以进行成人的社交活动，如结交阿注等。

7. 生产民俗

生产民俗是指狩猎生产、农业生产、手工艺生产等生产活动传行的习俗。这类民俗伴随物质生产的进行，多方面地反映着人们对生产的民俗观念，在历史上对于保证生产的进行有一定的作用。中国生产民俗的方面比较广，大体可以分为狩猎生产，农耕生产，手工艺生产及其杂项生产等。

生产民俗是围绕人们的直接生产活动而进行的。其中有不少成分是为了保证生产的进行和收获的丰富。但由于思想的局限，一些祭祀、崇拜、禁忌等民俗也与之结合在一起，呈现出复杂的状态。

8. 岁时节令民俗

岁时节令民俗指岁时节令所遵循的习俗，它紧密地伴随着人们的生产活动和社会历史的发展而不断形成和发展着，如春节、端午节、乞巧节（七月七）、重阳节、傣族泼水节、彝族的火把节等，都有各种各样的习俗活动。其中有不少习俗是与中国长期的农业社会紧密相关的，农业生产的季节及时令节气，每年都周而复始地进行着，人们对它有着深刻的观察与感受，随着一年到头的气候变化，农作物的种植收获及人民生产、生活的需要，逐渐形成了一系列的民俗习惯。它们是人们关心生产，希望人寿年丰的愿望和心理反映,这些习俗,还关系到农时、种植、天文、气象、水利、作物保护、占候、卜丰、祈发展等一系列民俗现象。一般以春夏秋冬四时为序,记述春俗、夏俗、秋俗、冬俗及一年之中的重要农时农节。

岁时节令习俗,在少数民族当中,多表现为各种习惯性的节日。如壮族的三月三,白族的三月街,傣族的泼水节,藏族的藏历年,苗族的苗年、赶秋节,水族的端节,瑶族的达努节,侗族的花炮节,彝族的火把节,高山族的丰年祭等。表现形式各有不同,但大多都是以喜庆欢跃为特点。

9. 人生礼仪民俗

人生礼俗是指贯穿于人一生的生死婚丧整个过程的礼俗,主要包括民间礼仪和人生礼俗,如生育习俗、成年礼、婚娶嫁俗、生日祝寿、死丧葬礼及祭祖等。民间礼仪是社会交际的礼节。迎来送往,宴请接风,日常见面等都有礼节。

人生礼仪民俗贯穿于人们生活过程之始终,它的礼俗成分最浓,虽有落后迷信的因素,但是,它在人们心目中的位置是重要的,对人们的影响也是较深的。在今天的广大农村,它也还有现实的表现。结婚礼仪从议婚、行聘、过庚、迎娶直到合卺,整套礼仪是较为完备,较为讲究的。祝寿过生日,也是中国民俗中一项礼俗,从出生时的诞生礼(童礼)以及四十岁以上,以十为整数的庆贺活动,如五十、六十、七十、八十等。丧葬礼仪有多种表现,因民族不同而不同,如,藏族有天葬、水葬、土葬、火葬、塔葬等,以天葬为最流行。葬俗为人生仪礼中最后一个程序,但人死了以后,宗祠祭祀便又接上来,为清明之添坟扫墓,夏至、中元、除夕之祭礼,死者周年之祭礼等。

10. 商业贸易习俗

商业贸易习俗是商业活动中传行、遵循的习俗。如店铺开市礼,店铺的招牌与幌子,都是一种重要的民俗现象,在人民生活中起着重要作用。民族贸易集市,最盛大的为白族的三月街和蒙古族的那达慕大会,以及莲花山花儿会等,千百家临时商棚划地展售,吸引众多游客去赶场。商俗与各民族的节日习俗密切结合,成为节日性的交易活动。

11. 文艺技艺民俗

文艺技艺民俗是富有活力的民俗活动。文艺民俗主要是世代相传的民间口承文艺。技艺民俗包括竞技、游艺、游戏、体育、工艺等方面的内容,它往往充分表现在民间游艺和各种庙会、集市的表演上,民间春节期间举办的身歌会、高跷会、小车会、龙灯、旱船(见图3-6)、太平鼓、大头娃娃、哨子会、幡会、大鼓会、气功、杂耍和武术等,都是民间艺术民俗的表现。少数民族的地戏、歌舞等也是技艺民俗的重要表现。

以上几类,并不是民俗的全部。随着研究的深入,医药民俗、教育民俗、社交民俗、宗教民俗,也进入民俗研究的行列中。可以说,民俗的范围是无限广阔的。

3 中国民俗文化

图 3-6 旱船

3.1.3 民俗的主要特性

民俗作为文化,除了具备一般文化现象的共性之外,还具有自己的独特个性。社会民俗现象虽然千差万别、种类繁多,但作为一种人类社会文化现象,大体具有社会性和集体性、类型性和模式性、相对稳定性和变异性、传承性和播布性、规范性和服务性五大特性,以区别于其他文化现象。尤其在"民"和"习"这两个字上,将它跟其他社会文化事象区别开来。所以,可以通俗地说,民俗就是民间风俗习惯的简称,也就是民间生活文化。

3.1.4 民俗的功能作用

民俗事象是适应一定的社会生活,是为物质的生活和相应的心理需要而产生、传播、继承的,同样它也要为产生它的母体发挥相应的"反哺"作用。各种民俗事象的性质、结构不一样,其社会功能也不一样。同一个民俗事象,由于所处的社会形态及历史阶段不同,其功能也会有一定变化。但总的来说,民俗事象的功能主要集中在历史、教育、娱乐三个方面。民俗不仅是人民群众的智慧结晶和创造,它同时也供人民群众享受和利用。所以传承于民间的大部分民俗活动,都带有极其浓厚的娱乐性质,其中以节日民俗和游艺民俗最为突出。民俗事象的娱乐功能还和各民族人民的审美意识结合在一起,常常体现出积极、健康、向上的进取精神和审美情趣。

3.1.5 民俗的性质和移风易俗

社会民俗事象中既有精华也有糟粕。那些在历史上有进步意义,对人们的身心健康有利,对今天的生产、生活有利,对发展科学文化事业有利的社会民俗事象,被称之为良俗,应发扬光大;那些严重摧残或伤害人身、毒化思想的反动、愚昧、原始、封建、迷信的习俗,是社会民俗事象中的糟粕,被称之为陋俗,应予以革除。

移风易俗要在认真贯彻执行"各民族都有保持或改掉自己风俗习惯的自由"的政策下,积极稳妥地进行。必须在各民族自愿的前提下,自己动手,改掉那些不良的风俗习惯。任何政府部门、其他民族，都不能越俎代庖、仓促行事。

介于良俗与陋俗之间的被称为中性民俗。这种民俗现象在实际生活中大量存在。对待中性民俗，应持不干预、给予照顾和保障物质、保障供应的态度，特别是对少数民族节日用品和食品的需求、节日放假和节日活动等，政府有关部门要注意安排，满足其要求。

3.2 人生礼俗

3.2.1 人生礼俗的基本功能

人生礼俗，即民俗活动中体现出来的各种人生礼仪，这是一般人生活中的礼仪实践。

一个人从出生到死亡可以划分为许多不同的重要阶段。在人生的不同阶段，个人必须接受与其地位、职责相关的价值观念和行为准则，从而确定人们的身份、角色及与之相应的权利和义务。每个人的人生历程都是从一个阶段走向另一个阶段的过程。人生礼俗就是整个人生历程的实际见证和标志。

人生礼俗的基本功能如下所述。

1. 标记功能

礼俗具有明显的标记功能。在人的一生中，有许多仪式活动，是为了标记人的不同的生活阶段。例如，在中国古代，幼年时期的男女都不结发，多为垂发。到了一定阶段，女子要行"笄礼"，即用簪子把头发盘起来。笄礼是女性进入成年时期的标志，也就是说可以到了谈婚论嫁的年龄了。此后，如果女性已经订婚，那就还要系缨。缨是一种五色丝绳，凡女子许嫁，都用它来束发，以表示确定了婚配的人家。到了成婚之日，这条丝绳须由新郎亲手取下，标志女性已成为人妇。现代婚礼，还有结婚戒指等礼俗。

2. 社会功能

在仪式中人们可以实现自己在社会中角色的转换。如成年礼的功能实际上是使一个人告别自己的童年时代，而进入到成年人的阶段。因此成年礼的主要功能之一在于使一个人的身份通过仪式活动得到社会的承认，从而可以享受应有的权利和必须要承担的责任与义务。又如中国传统的丧葬礼仪在很大程度上说不是为了死者，而是为了生者。人们举行的一系列仪式活动，以及通过穿插于其中的饮食、服饰、祭祀等活动，都是为了通过丧葬礼仪重新强化和整理家族或宗族之间的关系和秩序，并期待社会的认可。家族中的人身份不同，在丧葬里扮演的角色也不同，为亲人守孝的时间也不同，有三年的，有三个月的，有几日的。

3. 心理功能

人生礼仪的另一个重要功能是在协助人们实现角色转换的同时，实现心理转换，安抚人们在角色转换时期不安的心理状态。例如，在中国很多地方，新娘子出嫁时要唱《哭嫁歌》。在四川宜宾地区，一套《哭嫁歌》主要包括女儿开口哭、娘哭女、哭爹娘、哭弟弟、哭外公外婆、哭舅舅、哭哥嫂、骂媒等。《哭嫁歌》的内容之一是表达女儿与父母、亲人之间难分难舍的亲情，以及女儿对父母养育之恩的感激之情。还有一个重要内容是母亲对女儿出嫁以后的告诫，比如"对公婆要恭敬，对小姑要细心，妯娌之间要和气"，表达了父母对女儿角色变换的担心。中国有句俗话："嫁出去的女儿，泼出去的水"。结婚，对女性与其家庭来说，就是一种生离死别。女性出嫁时，心理活动很复杂，既有对父母的依恋感激，又有对未来的担忧恐惧。《哭嫁歌》从某种意义上讲，就是情绪宣泄的一种途径，帮助女性完成心理转换。

在中国传统的人生礼俗中，影响最大的莫过于诞生礼、成人礼、婚礼、丧葬礼等。

3.2.2 诞生礼

诞生礼是个体人生的开端礼。一个婴儿的出生，只有通过为其举行的诞生礼，才由生物的存在获得社会的意义，为家庭、为亲属所认可。从中国重视子嗣的实际情况看，诞生礼包括婴儿出生之前及后来成长过程中的一些礼俗活动，大体可分为求子礼俗、孕期礼俗和贺诞礼俗三个阶段。其中又以贺诞礼俗最为重要。

1. 求子礼俗

农业文明，宗法社会，讲究多子多福，"不孝有三，无后为大"。

湖南长沙，元宵舞龙灯活动送子。当龙灯到达家门时，请求龙身绕妇人一次，又让男孩骑在龙身上，在堂前绕圈，称作"麒麟送子"。后以该图案刺绣或剪纸送妇人，表示"早得贵子"（见图3-7）。

《岁时广记》卷一记载："俗号正月二十日为天穿日，以红缕系煎饼饵置屋上，谓之补天穿。"天穿节至今仍在四川等一带流行，时间不一，有的在正月初七、十九、二十等，一般以正月二十为多。这是信仰女娲遗风。女娲为人之母，司生殖，又曾经炼石补天。天穿节摸石求子，由此而来。

2. 孕期礼俗

孕妇禁忌：忌食生姜，以免孩子多指；忌食兔肉，以免孩子豁唇；忌食公鸡，以免孩子夜啼；忌食螃蟹，以免胎横难产。这些都源于过去对孕妇流产、难产及生残缺儿等不能作出科学解释。但某些禁忌有合理性，比如少去公共场所等。

图3-7 麒麟送子

孕期馈送：各地在产期临近时有催生习俗。如杭州旧时送催生礼时要携带一具笙，吹着进门，以"吹笙"寓意"催生"。

3. 贺诞礼俗

（1）产妇"坐月子"：产妇在生产的一个月内不能做事、不能出门，精心调养。"产翁制"，模拟生育，产翁坐褥。丈夫代替产妻坐月子，假装疼痛，受人护理。

屈原《楚辞·天问》：伯禹愎（腹）鲧，夫何以变化？

《太平广记》：南方有獠妇，生子便起，其夫卧床褥，饮食皆如乳妇。

人类学家认为产翁制是由母系氏族向父系氏族过渡的标志。男人借此表示："生孩子的是我，孩子要随我的姓。"也有人认为是巫术风俗，以保孩子平安。

（2）"洗三"，生命的降生礼俗。婴儿出生第三天举行庆贺仪式，称为"洗三"或"三朝"。这是家庭庆贺增添人丁的仪式，也是标志新生儿降临的人生大礼。"洗三"馈送：外婆家及亲朋以红鸡蛋、衣帽、鞋袜等相赠贺，主人家则设酒款待，共吃红鸡蛋。宋《梦粱录》记载：三日，女家送冠花、彩缎、鹅蛋，以金银缸儿盛油蜜，顿于盘中……并以茶饼鹅羊果物等合送去婿家，谓之送三朝礼也。

婴儿沐浴：请老妇人给婴儿洗浴，边洗边唱祝福辞，如"毛毛洗了三，身子壮如山；毛毛洗了三，骑马做高官"（侗族）。又如"长流水，水流长，聪明伶俐好儿郎"；"先洗头，做王侯；后洗腰，一辈更比一辈高；洗洗蛋，做知县；洗洗沟，做知州。"此外，洗三时还要给孩子起乳名。中国人以前都是唤着乳名、小名长大，《暖春》电影中儿子都娶媳妇成家了，他老父亲还叫他小名"娃"。还有铁蛋、阿狗、阿猫，名字越"贱"越容易养活。

图3-8 抓周

（3）"满月"，进入人群的礼俗。婴儿出生一月叫"满月"，父母发帖宴客庆贺，亲友携衣物、食品或摇篮等礼祝贺"剃满月头"。"剃满月头"很有讲究。比如北方地区不是将胎发全部剃光，在其脑后留一撮毛，俗称"百岁毛"，认为这样可以长命百岁。南方如义乌男孩顶发剃成方形，据说是乌纱帽翅形状，长大可以当官；女孩剃成桃形，长大美丽如仙桃。剃下的胎发不能随意丢弃，有的将胎发搓成团，用彩线挂在堂屋高处，据说这样小孩将来会有胆有识。有的将胎发用红纸包好，挂在门后以压邪。

（4）"抓周"，预卜前程的礼俗。婴儿满一周岁时，要举行抓周（见图3-8）仪式，即让不懂事得婴儿随意抓取预先摆放好得物件，来预兆小孩的人生志趣、喜好、职业和前途。这是一种占卜性的礼俗，实际上寄托了长辈对儿孙的期望。

抓周预兆前途的礼俗由来已久，南北朝颜子推在《颜氏家训·风操》中已记载江南地区新生儿满一周岁时"试儿"风俗，"观其发意所取，以验贪、廉、愚、智"。抓周试儿习俗历朝沿袭，至近代仍在全国流行。抓周仪式时，小孩洗澡后穿上新衣，将糕点果品、文房四宝、书籍玩具、剪刀秤尺等放置席上，让小孩坐在当中，任他伸手去抓，小孩抓到的第一件东西就代表了他日后的志趣和职业。比如抓到笔墨，说明爱读书，会金榜题名；抓到算盘，说明有能力经商，会发家致富；抓到点心，说明喜欢吃喝；等等。

3.2.3 成人礼

成人礼又称"成丁礼"，是男女青年步入成年时举行的礼仪。成人礼宣告了年轻人迈入社会的开始，表示从此能够独自承担社会赋予的权利和义务。中国古代成年礼，男的称作"冠礼"，女的称作"笄礼"。成年礼也是对青年男女的约束，表示他们应该成为品德完美的人，故意义重大。古有子路"正冠"而死。一般来说，古代男子二十岁举行冠礼，女子十五岁举行笄礼。

根据《仪礼·士冠礼》记载，冠礼是由主持仪式者在宗庙给青年男子戴三次帽子，称"缁布冠""皮弁""爵弁"，分别象征男子从此有了治人的权利、服兵役的义务和参加祭祀活动的资格，并可择偶婚配。女子的笄礼规模要小一些，主要由家长为女儿改变发式，将头发绾成一个髻，插上簪子（即笄），俗称"上头"，表示从此结束少女时代，可以嫁人结婚。古代冠礼由于程序繁琐，至明清以后在民间逐渐泯灭，但类似成年礼的习俗一直影响到今天。

近代上海松江县流行"庆号"礼俗，即年满十八的青年，举行废除乳名小名，另取大名，为拥有成人资格的名字而互相庆贺。这一礼俗正源于古代冠礼。冠礼时要在"名"外再取字，"冠字者，人年二十有为人父之道，朋友等类不可复呼其名，故冠而加字"。

少数民族成年礼，如纳西族成年礼，男子"穿裤子礼"，女子"穿裙子礼"（13岁之前不穿裤子，男女同装，只穿麻布长衫。13岁以后才穿裤子，作为成年的标志）。黎族、高山族有文身习俗。傣族、布朗族等有漆齿、凿齿习俗。

3.2.4 婚礼

婚姻是维系人类自身繁衍和社会延续的最基本的制度和活动。在人生礼俗中，婚礼是继成年礼后举行的一项非常重要非常神圣的仪式，所谓"婚姻大事，不能儿戏"，它标志着青年男女组建新家庭的开始。

中国各地区、各民族的婚姻形态多种多样，贯穿于婚姻过程中的礼俗也各有差别。以汉族传统婚礼而言，中国古代就有"六礼"的说法，即婚礼过程前前后后分为纳采、问名、纳吉、纳征、请期、亲迎六个步骤。"六礼"大约肇始于周代，完备于汉代，本来是士大夫阶层的礼仪，后来普通百姓的婚姻也渐渐遵行"六礼"。

1. 纳采

纳采是婚姻程序的开始，是男家请媒人带着礼物到女家求婚。先秦时纳采礼物往往是大雁。

传统包办婚姻是"父母之命，媒妁之言""男女授受不亲""无媒不成婚"。

《礼记》：男女非有行媒，不相知名。

《战国策·秦策》：处女无媒，老且不嫁。

《白虎通·嫁娶》：男不自专娶，女不自专嫁，必由父母须媒妁。

而自结良缘为"私奔"，如西汉司马相如和卓文君。

2. 问名

问名是求婚后男方托请媒人问女方姓名、八字，准备合婚的仪式。

当女家接受男方的求婚意向后，男方就写信遣请媒人打听女方姓名，女家出具名氏、排行及生辰八字。问名并不专对女方，男方同时也向女方出具其子的姓名等。有个故事：国学大师章太炎给女儿娶了生僻名字，等女儿到了适婚年龄，却没人提亲，原因是想提亲的人不懂读她们的名字，不敢提亲。后章太炎借宴会场合作了解释，才得以解决。四个工（㠭，同展）、四个×（叕，同丽）、四个又（叕，同辍），确实难认。

3. 纳吉

纳吉是男家得女子的姓名及生辰八字后，放在家庙占卜婚姻吉凶，或直接请卜卦者排比测算。若占卜成功，八字相合，男家就"下帖"告知女家，女家若接下帖子，就表示议婚告成，答应该门婚事。"纳吉"婚俗，一方面表示在传统家族势力影响下，诸如婚姻大事必须求取祖先神灵的认可和保佑；另一方面也暗示着"姻缘前定""天作之合"，以求吉利完满。

4. 纳征

纳征也叫"纳币""纳成"，是男家向女家赠送聘礼，也就是后世所说的"下彩礼""下茶礼""过礼""定聘"，是正式的订婚仪式。因此，纳征可谓是婚礼之前最重要的环节。订婚聘礼原本多用大雁，宋以后风行用茶。"种茶下子，不可移植，移植不可复生也。故女子受聘，谓之'吃茶'。又聘以茶为礼者，见其从一之义"。故古代称明媒正娶为"三茶六礼"。

《红楼梦》第二十五回，王熙凤笑着对林黛玉说："你既吃了我们家的茶，怎么还不给我们家做媳妇儿？"

聘礼在汉以前象征意义重于物质价值，而南北朝以后风气一变，"嫁娶必多取资"，索取重聘颇为流行。唐五代以后"门当户对"的观念更加淡薄，缔结婚姻时家资财产成为重要考量因素。所谓"自五季以后，取士不问家世，婚姻不问阀阅"。

5. 请期

请期是由男家卜得迎娶吉日，告知女家，选定双方都满意的大好日子。后世称为"下日子""送日子""定日子""下婚书"和"探话"。

6. 亲迎

亲迎是婚礼的高潮，礼数也最为周全。"六礼"中的前面五礼都是为亲迎做准备工作，可成为"议婚"礼俗，亲迎则是成婚礼俗。近代人们称为婚礼的往往就是指传统的"亲迎"。亲迎礼仪，通常是男方迎娶而女方相送。整套礼仪相当繁杂，主要有如下程序：

(1) 花轿迎娶。

(2) 女子出阁哭嫁，辞亲之礼。

(3) 进门拜堂，一拜天地，拜了天地祖宗，才成为家庭中的正式成员；二拜高堂，拜了父母诸亲，才成为儿媳；夫妻对拜，夫妻之间交拜，最终缔结了婚姻（见图3-9）。

图3-9 古代拜堂礼

(4) 结发礼，唐以后新郎新娘各剪一绺头发绾成同心结式样的发髻以为吉祥信物。故人们把原配夫人称"结发妻"或"发妻"。如杜甫《新婚别》："结发为君妻，席不暖君床。暮婚晨告别，无乃太匆忙！"

(5) 交杯酒，宋之前为一起用餐，共食合瓢；宋以后用双杯，两杯以彩丝相连，夫妇共饮，表示同心同德，相亲相爱。

(6) 闹洞房，汉代以后，娶亲纳妇，必有亲朋围坐新房之中，戏谑百端，称作"闹房""闹洞房"。这种习俗尤其流行于民间中下层。人们认为"越闹越发，不闹不发"，又说"新婚三日无大小"。由于取闹无度，传统士大夫对这种习俗诟病很多。

(7) 回门，婚后一月夫妻双双回娘家，探望女方父母，又称"成婿礼"。六礼是西周所规定的婚姻成立条件，婚姻解除的条件则是"七出三不去"。其中，"七出"是解除的具体条件，"三不去"则是对"七出"的限制。"七出"是：一是无子，二是淫，三是不顺父母，四是口多言，五是盗窃，六是妒忌，七是恶疾。但是，无子是在妻子五十岁以后才有效，即过了生育期，而此时男方一般有妾生的子女，休妻很难出现，况且还有"三不去"的限制条件。妒忌实际是指自己不生育又不许丈夫纳妾的那种妒忌。"三不去"是对七出的限制，一是有所取无所归，二是与更三年丧，三是前贫贱后富贵。第一是指结婚时女方父母健在，休妻时已去世，原来的大家庭已不存在，休妻等于是无家可归。二是和丈夫一起为父亲或母亲守孝三年的不能被休。三是结婚时贫穷，后来富贵的，"贫贱之妻不可弃"。

3.2.5 丧葬礼

葬礼简称丧礼或葬礼，是人结束了一生后，由亲属、邻里、朋友等进行哀悼、纪念、评价的仪式。丧葬礼仪既包括埋葬亡者的一整套程序，也包括生人为死者服丧守孝的各项礼仪。

中国各民族古老的葬礼有多种类型，大致分为土葬、火葬、水葬、天葬以及他们的变异形式"悬葬""洞穴葬"等，还有先火葬后水葬、先火葬后土葬的复合类型，简单介绍如下。

一是土葬：中国古代通用形式。不仅汉族多采用土葬，古代匈奴、突厥、回纥及苗族都以土葬为主要葬式，方法是用棺木盛尸，挖葬穴，深埋土中，以土丘为标记。苗族中有的采取多次"复葬"方法，即一次土葬后，待棺木朽烂后再备新棺，装骨复葬，俗称"翻尸"，直到捡不出骨尸为止。瑶族中也有三年内举行复葬的习俗。回族因宗教信仰，至今沿用土葬。

二是火葬：在中国已传袭年久，先行于少数民族中，这一习俗与中国西北西南高原地区的佛教影响有一定关联。《宋史·礼志》载：有人上书建议禁止火葬，提倡收尸葬于荒闲之地，但是在绍兴二十八年，有些开明官吏提出反驳，认为"从来率以火化为便，相习成风，势难遽革"，主张贫民及客旅"若有死亡，姑从其便"。佛教僧侣多取火葬。

三是水葬：康藏古俗中有用此葬法的。多是死后由喇嘛诵经，然后投入河中。水葬习俗各代力求革除，因有些盗杀案也投尸入河，不易分辨，又因河水污染，妨害居民饮用，所以逐渐摒弃此葬法。沿海各省也有置棺海滩，利用涨潮冲入大海实行水葬的。

四是天葬：又名露天葬或鸟葬、风葬。在少数民族中这种葬法较多。据《隋书·契丹传》记："父母死，以其尸置于小树之上，经三年后，乃取其骨而焚之"。东北地区鄂温克人用柴裹尸悬于林中的风葬，西南地区有的悬棺山崖，或放置岩洞，都是天葬的一些演变形式。

五是复合葬法：是先后采用多重形式做葬仪式的。《北史·林邑传》记："王死七日而葬，有官者三日，庶人一日，皆以函盛尸，鼓舞异从，舆至水次，积薪焚之，收其余骨。王则收金釜中，沉之于海，有官者以铜釜，沉之海口，庶人以瓦，送之于江。"这是先火葬后水葬的复合类型。凡有火葬习俗的民族或地方，又多采用先火葬而后土葬的复合形式，如土族、藏族多用。

六是药物存尸：不属于葬法，是处理尸体的古法。埃及"木乃伊"如此，中国西藏高僧也多用此法，即以特制香料涂抹遗体，存于瓮中，俗称"肉身喇嘛"。有的民族地区还有"尸盐"擦体以制"干尸"的方法。近代多用防腐剂。

在中国，葬礼以汉族为代表，都是从古代周礼演变而来。古代有"生有所养，死有所葬"的原则，把处理死者看做重大的庄严事情。在传统丧礼发展过程中，大致形成下列几项程序。

一是停尸：人死后的第一个仪式，便是把尸体安放在规定的地方。现代中国广大农村仍有停尸仪礼，如北方人死在炕上，一律用木板停尸地上，东北地区甚至不死在炕上，要在临死前迅速抬到地上准备的木板上。死者口内多放有含物，名叫"含口"，源于古代"含玉"习俗，后世多发展成含铜币，东北满族人死后多口含乾隆制钱，拉祜族多含银或银元。在停尸时，有些地区根据宗教仪礼采取浴尸礼，同时修剪发指甲，裹尸等。停尸过程中通常举行的俗信仪式有供饭和点灯。

二是招魂：古代招魂仪式有专司人员，名叫"复者"，"复"是返还的意思。按古俗，招魂自前方升屋，手持寿衣呼叫，死者为男，呼名呼字，共呼三长声，以示取魂魄返归于衣，然后从后方下屋，将衣敷死者身上。

三是吊丧：丧礼的公开，首先由死者家属进行报丧，汉、满族多由死者近亲晚辈到亲族家门口"叩报丧头"，通知死讯。西南少数民族中，常有用吹竹号报丧的仪式，村中死了人，用吹竹号多少声标明死者的身份。来宾吊丧，主人哭拜谢礼。吊丧期间，家属亲友禁忌颇多，通常非丧事不谈，面垢禁洗，女忌脂粉、食米粥淡饭，不食菜果，以示哀恸。

四是殡仪：又称"入殓""大殓"。有饰尸仪式，洗尸，更衣，盛殓后，设灵堂举行奠礼，是丧葬阶段的大礼，是正式追悼亡人的仪礼。

五是送葬：又称下葬，是全部丧葬礼的最后程序。

3.3 岁时节日

3.3.1 岁时节日民俗的定义和发展

1. 岁时节日民俗的定义

岁时节日民俗实际上包括两个部分的内容，一是岁时民俗，一是节日民俗。这两个部分是有紧密联系的。岁时民俗是一种极其复杂的社会文化现象。一般是指一年之中，随着季节、时序的变化，在人们生活中所形成的不同的民俗事象和传承。而节日民俗是岁时民俗的一种独特的表现形式。不同的季节，有不同的岁时节日。在不同的岁时节日中，同样传承下来的是不同的民俗事象。据此，编者认为，岁时节日民俗是指在一年之中的某个相对阶段或特定的日子，在人们的生活中形成了具有纪念意义或民俗意义的社会性活动，并由此所传承下来的各种民俗事象。一般有周期性，有特定的主题，有群众的广泛参与。

2. 岁时节日民俗的形成和发展

岁时节日民俗在精神民俗内容中是最丰富的一种民俗。它的最初形成和古代科学技术的产生有着密切的关系。特别是古代天文、历法知识，直接导致了岁时节日民俗的形成。

人们对天文知识的认识，是来源于生产实践经验的总结和对自然现象的科学观察。另外，随着社会的不断发展，生产水平和人们认识能力的不断提高，历法产生了。有了历法，人们从事各种生产和安排生活就方便多了。中国古代劳动人民，正是根据天文、历法知识来划定一年中的时序节令，将生产活动和日常生活纳入自然规律之中，逐步形成不同的风俗。

随着社会的发展，人们的日子越过越好，为感谢"上天"的恩赐，人们在特定的日子里（一般在农闲时候）举行祭祀仪式，开展各种文娱活动，这样，节日就产生了。不过，不同的地方、不同的民族有不同的节日，就是相同的节日在不同的地方、不同的民族其内容也不尽相同。因此，节日及其民俗的形成是一个历史累积的过程，它受到多种因素的影响。

(1) 节日所处的时空位置的影响。"时"是指节日在历法中的日期；"空"是指节日流行地区的地理条件。它们是影响节日民俗构成的基础。

(2) 社会生产和生活的影响。以生产性民俗来说，从事农业生产的民族的节日习俗受农事活动的影响，如春季有迎接春耕的节日典礼，秋季有庆贺丰收的节日典礼。

社会生活对节日民俗形成的影响是多方面的。在中国古代社会，鬼神迷信思想盛行，求神拜佛、问卜占卦是社会生活的重要内容，因而在中国传统节日中有大量这方面的习俗。另外，中国长期以来受儒家思想的影响，重视人际交往，每当逢年过节都会走亲访友，登门贺岁，这些都显示了社会生活在节日民俗形成中的重要影响。

(3) 历史事件与传说的影响。历史事件与传说也是影响节日民俗形成的因素之一，如端午节的来历，有纪念屈原说、纪念伍子胥说、纪念东汉孝女曹娥说。种种传说多数是后人添加上去的，在民间流传最广的是纪念屈原的说法，于是在端午节就形成了祭祖屈原、赛龙舟的风俗，它显然受到历史传说的影响。

(4) 文化传播的影响。一种是通过自然的文化传播形成的节日民俗，如汉族有春节、清明节、端午节、中秋节，许多少数民族也有这些节日。另一种传播是人为的，主要是宗教性的节日传播。在中国，通过人为途径传播的宗教节日主要是小乘佛教节日和伊斯兰教节日。

以上节日民俗的形成原因在实际情况下往往互相渗透、互相影响，共同对节日民俗的形成发生作用。

3.3.2 岁时节日民俗的分类

1. 宗教性节日及民俗

宗教性节日包括两类：一类是原始宗教节日；一类是现代宗教节日。这两类节日都是宗教性质的，但它们的产生时代及民俗表现形式却是不同的。

2. 生产性节日及民俗

生产性节日，一般是指在农业、林业、牧业、饲养业、渔业、手工业等生产中，伴随岁时变换和生产习俗所传承的群众性活动。首先，它有固定的时间（也有的日期不确定）；其次，生产性节日是在生产实践基础上产生的，并表达人们的美好愿望；再次，它带有祭祀、纪念等意义。其中以农事生产节日及民俗最有特色。农事节日的最初形成，大约是和农业生产中的祭祀活动有关。农业比较发达的地区和民族，农事节日的原始信仰成分逐渐减少，变为庆祝丰收、祈求丰年。有些节日还成了农忙季节的生产动员。如藏族的"望果节"（见图3-10、图3-11），是藏族人民预祝农业丰收的节日。"新果节",又叫"吃新节"或"尝新节",是许多民族中流行的庆祝农业丰收的节日。日期各地不一,一般都在谷子成熟的时候举行。

图3-10 藏族望果节喝青稞酒

图3-11 藏族望果节赛牛

【知识链接】

藏族望果节

"望果"是藏语译音,意为"绕地头转圈"。藏语"望"指农日,"果"即转圈的意思、"望果"节可译为"在田地边上转圈的日子"。

望果节已有1500多年历史,是藏族农民欢庆丰收的传统节日,流行于西藏自治区的拉萨、日喀则、山南等地。时间在每年藏历七、八月间,具体日期随各地农事季节的变化而变化,一般在青稞黄熟以后、开镰收割的前两三天举行,历时一至三天。

这天人们会穿上古代武士的服装,请出吉祥的神灵开始了在本村土地上的绕行,农民们世世代代以这种古老的方式祈求神灵保佑,粮食丰收。转田地是望果节最主要的形式,浩浩荡荡的队伍穿行在房舍土地间,融会在一片碧绿与金黄的色调中,构织出一幅瑰丽的高原风情图。全村老少汇集村头,献上一杯浓香的青稞酒,迎接转田地的勇士凯旋。

最初的"望果"活动是一种祭祀神灵以祈祷丰收的仪式。后逐渐增加诸如赛马、射箭、歌舞、藏戏等民间活动。辛勤了一年的农人们都希望在节日里玩个痛快,他们跑马射箭、彻夜狂欢,在歌与舞的旋律中尽情享受节日的快乐。节日一过,紧张的秋收便开始了。

3. 年节及民俗

年节,在各民族中普遍受到重视,其形成一方面有祈求来年丰收的含义,另一方面,更重要的是迎接新一年的来临。春节是中国绝大多数民族通行的节日,时间是在正月初一。春节,最重视的是除夕,在除夕之夜,合家团圆,共庆佳节。

4. 文娱性节日及民俗

文娱性节日,大都具有联欢性质,目的在于加强个人和社会团体的社交和友好往来,有时还加入民间的竞技活动。在文娱性活动中,较有特色的是各民族的歌会、歌节。在这些活动中除娱乐内容外,还为未婚青年男女提供社交场所和物资交流场所,深受各民族人民的欢迎。

3.3.3 中国岁时节日民俗的特征

长期以来，农业就在中国占据主要地位，大量的岁时节日都是为祈求或庆祝农业丰收而形成的；同样，由于中国长期以来受儒家思想的影响，因而儒家思想在岁时节日中也有大量的表现。岁时节日民俗具有以下几个特征。

1. 鲜明的农业文化特色

中国的传统节日是农业文明的伴生物。许多节期的选择，便是农业社会生产、生活规律的一种特殊表现形式。与春种、夏伏、秋收、冬藏的生产性节律相应，民间节日中，也就有了春祈、秋收、夏伏、冬腊的岁时性生活节律。

所有节日，井然有序地分布在一年四季，顺应岁时节候的变化，应和着农业生产的节奏，张弛有度、自然和谐。

2. 浓厚的伦理观念与人情味

中国是一个贵人伦、重亲情的国度，有许多节日都是为祭祀祖先而设的，如除夕之夜祭祖、清明节上坟等。可以说岁节祭祖，几乎是所有节日不可或缺的内容。另外，中国是一个非常重视团圆的国家，每当节日来临时，一家之主都希望家人能和和气气地、团团圆圆地坐在一起吃饭、聊天。只有在这个时候，天伦之乐表现的格外充分。千百年来，传统节日也成为维系中国社会人际关系重要的感情纽带。

3. 节俗的内容与功能由单一性向复合性发展

节日风俗的缘起，与各种原始信仰有关。最早的节俗活动，意在敬天、祈年、驱灾、避邪。后来，节日逐渐从避忌、防范的神秘气氛中解脱出来，而成为人神共欢的日子。随着经济的繁荣、文化的昌盛，节日风俗也以极快的速度向娱乐方向发展。大量的体育活动也出现在节日里。每逢重大节日，城乡还多有盛大的社火、庙会活动。这样，传统节日就集信仰、经济、社交、娱乐等多种功能于一身，成为中国广大民众生活必不可少的组成部分。

3.3.4 中国汉族岁时节日民俗

1. 汉族岁时民俗

汉族岁时民俗的最初来源与古代天文、历法知识有紧密联系。自古以来，中国民间就传承着仰视天象以观测寒暑季节并为衣食住行做准备的习俗。如农谚所说："天河朝东西，收拾穿冬衣；天河朝南北，收拾把麦割"。由此可见，季节时序与人们的生产、生活关系极为重大。

人们对天文、历法的认识经过了一个漫长的过程。在殷周时代，历法尚疏，农事活动主要靠观察日月星辰来进行。到了春秋时代，用土圭测日影以定冬、夏至，置闰月以定四时成岁的制度逐渐完善，农事活动有了更可靠的依据。另外，中国古代关于天象的记述，有七政、二十八宿、四象、三垣之说。而识别天象，根据天象推算时序节令的变化是一种古老的习俗。有些古俗一直延续至今。如根据北斗辨方向、定季节。人们常根据斗柄所指的方向来确定季节；斗柄指东，天下皆春；斗柄指南，天下皆夏；斗柄指西，天下皆秋；斗柄指北，天下皆冬。

历法的产生与人们对天象的观测有关系，太阳的出没，月亮的盈亏规律，最早被人们作为制定历法的依据。如昼夜交替的周期为一"日"，月相变化的周期为一"月"，以寒暑交往，禾谷成熟为周期，则称为"年"。至今，中国使用的历法（现在通用阴历和阳历）可以说是来源于古代的历法。

由于季节变换和气候变化有一定的规律，为了反映四季、气温、降雨（雪）、物候变化，中国古代将一年分为四季十二个月，并把周岁太阳年分为立春、雨水、惊蛰、春分等二十四节气，它与农业生产习俗的形成有着直接的关系，许多农业谚语反映了这方面的内容。

中国岁时和岁时民俗的形成和发展，经历了十分漫长的历史时期，它实际上是人们生产和生活经验的体现，也是民族文化发展史的重要组成部分。

2. 汉族传统节日

（1）春节。春节又称过年，是汉族最隆重的传统节日。从农历正月初一开始，至正月十五结束。古代的春节叫元旦、元日、新年。新中国成立后，将正月初一正式定名为春节。各地民间过年有守岁、吃年饭、贴灶公、贴"福"字、贴对联、贴年画、拜年、放鞭炮、放焰火、走亲戚、点蜡烛、包饺子、点旺火、剪纸、赠送贺年片、耍社火、游春等习俗。人们以此来驱邪消灾，祈望五谷丰登、六畜兴旺。

（2）元宵节。正月十五元宵节，又称上元节、元夕节、灯节，是汉族传统的节日。每年农历正月十五日举行。元宵节起源于汉朝。在这一天活动很多，有吃元宵、打太平鼓、观花灯、耍社火、猜灯谜、踩高跷、小车会、舞狮子、扭秧歌、唱大戏等。节日里，除吃元宵外，各地还有许多不同的饮食习惯，如陕西人吃"元宵菜"；河南洛阳、灵宝一带吃枣糕；云南昆明人多吃豆面团等，它寄托着人们祈求新一年圆满顺遂的心愿。

（3）清明节。清明节属中国历法中的二十四节气之一，节期在公历每年的四月五日前后，它也是汉族传统节日。古时候，清明这天，人们有禁火寒食、上坟扫墓、踏青春游的习俗。凡坟茔都于这天拜扫，剪除荆草，供上祭品，焚化纸钱。如今，在南方一些地区，清明前还把井沟搞得干干净净，并在井边插上杨柳枝。此外，各地在节日中还有斗鸡、荡秋千、作假花、放风筝、拔河等活动。

（4）端午节。农历五月初五，是为"端午"或"重五"。古代，"五"与"午"相通，因此，"端五"亦称为"端午""重午"；又古人有当日用兰草汤沐浴的习俗，故又称"沐兰节"。唐宋时，此日又叫"大中节""端阳节"。明清时北京人称其为"五月节""女儿节"。道教称此日为"地腊节"。端午节是中国民间夏季最重要的传统节日。这天，人们会举行各项活动，如吃粽子、躲午、赛龙舟（见图3-12）、迎火船、戴艾蒿、挂菖蒲、带香包、挂葫芦、驱五毒、饮雄黄酒、悬钟馗（见图3-13）等习俗。

中国旅游文化

图 3-12 赛龙舟

图 3-13 钟馗像

（5）中秋节。农历八月十五为中秋节。八月为秋季第二个月，故亦称"仲秋节"。又因此日恰值中秋之半，且月色倍明，故又称"秋节""月夕""月节"。在中国人心目中，中秋是一个象征团圆的传统节日。中秋节的起源，与古代秋祀、拜月习俗有关。如今，每当中秋之夜，一轮皓月当空，亮如明镜，圆似玉盘。家家户户设供桌于庭、上留西瓜、香瓜、葡萄、枣子、苹果、石榴等各样时鲜果品，合家团坐，一边赏月，一边分食月饼。人们借助各种象征团圆的节物与活动，表达一个共同的心愿，祈愿家人团圆、生活美满。"每逢佳节倍思亲"，这是中国人特有的传统情感。对于炎黄子孙来说，即使远在天涯海角，中秋节的明月，也能带去亲人的缕缕相思与祝福。

【知识链接】

中秋节的习俗

"中秋"一词，最早见于《周礼》。根据中国古代历法，一年有四季，每季三个月，分别被称为孟月、仲月、季月，因此秋季的第二月叫仲秋，又因农历八月十五日，在八月中旬，故称"中秋"。到唐朝初年，中秋节才成为固定的节日。因中秋节的主要活动都是围绕"月"进行的，所以又俗称"月节""月夕""追月节""玩月节""拜月节"；在唐朝，中秋节还被称为"端正月"。

习俗一：观潮

"定知玉兔十分圆，已作霜风九月寒。寄语重门休上钥，夜潮留向月中看。"这是宋代大诗人苏轼写的《八月十五日看潮》诗。在古代，浙江一带，除中秋赏月外，观潮可谓是又一中秋盛事。中秋观潮的风俗由来已久，早在汉代枚乘的《七发》大赋中就有了相当详尽的记述。汉以后，中秋观潮之风更盛。明朱廷焕《增补武林旧事》和宋吴自牧《梦粱录》也有观潮条记载。这两书所记述的观潮盛况，说明在宋代的时候中秋观潮之事达到了空前绝后的巅峰。

3 中国民俗文化

习俗二：吃月饼

吃月饼以示"团圆"。月饼（见图3-14），又叫胡饼、宫饼、月团、丰收饼、团圆饼等，是古代中秋祭拜月神的供品。到了宋代，月饼有"荷叶""金花""芙蓉"等雅称，其制作方法更加精致。宋以后，制作月饼不仅讲究味道，而且在饼面上设计了各种各样与月宫传说有关的图案。饼面上的图案，起初大概是先画在纸上然后粘贴在饼面上，后来干脆用面模压制在月饼之上。满月形的月饼也跟十五的圆月一样象征着大团圆，人们把它当作节日食品，用它祭月，用它赠送亲友。这无疑是汉民族的一种民族心理的反映。

图3-14 月饼

习俗三：玩月

中秋玩月，今人称之为赏月，这是古人雅俗同好的一件快事。究其玩月的形式，富者多自搭彩楼，贫者多寄圩酒楼，好游者则或登于山、或泛于水，而又必备佳肴酒浆，文人赋诗，俗士讲古，往往通宵达旦。除了贵族和民间玩月外，还有赏游型的玩月。唐李涉《中秋夜君山台望月》诗："大堤花里锦江前，诗酒同游四十年。不米中秋最明夜，洞庭湖上月当天。"这是登山玩月的佐证。

习俗四：燃灯

中秋之夜，天清如水，月明如镜，可谓良辰之美景，然而对此人们并未满足，于是便有燃灯以助月色的风俗。在湖广一带有用瓦片叠塔于塔上燃灯的节俗。在江南一带则有制灯船的节俗。在近代中秋燃灯之俗更盛。中秋是中国三大灯节之一，过节要玩灯。当然，中秋没有像元宵节那样的大型灯会，玩灯主要只是在家庭、儿童之间进行的。早在北宋《武林旧事》中，记载中秋夜节俗，就有将"一点红"灯放入江中漂流玩耍的活动。

习俗五：玩兔儿爷

兔儿爷（见图3-15）的起源约在明末。明人纪坤的《花王阁剩稿》："京中秋节多以泥抟兔形，衣冠踞坐如人状，儿女祀而拜之。"到了清代，兔儿爷的功能已由祭月转变为儿童的中秋节玩具。制作也日趋精致，有扮成武将头戴盔甲、身披戢袍的，也有背插纸旗或纸伞、或坐或立的。坐则有麒麟虎豹等。也有扮成兔首人身之商贩，或是剃头师父，或是缝鞋、卖馄饨、茶汤的，不一而足。

图3-15 兔儿爷

3.4 民俗禁忌

民间的各种风俗习惯，大多带有不同程度的心理信仰成分。因此，信仰风俗有其独特的地位，它渗透在生产、生活、礼仪、节日、娱乐等活动之中，主要表现为崇拜遗风、敬神拜佛、祭祀礼俗、先兆遗俗、占卜迷信、禁忌等方面，这是原始思维方式和心理信念的长期积淀和遗承，显得神秘有加。阐述信仰禁忌风俗，将无可回避地触及过去民间存在的封建陋习恶俗。尽管许多已被时代所摒弃，但让人们对昨天的"丑陋"有所了解，有所领悟，感受其精神病状，能防止它在现代社会"旧病复发"，死灰复燃。

3.4.1 饮食禁忌

民俗礼仪中的饮食禁忌，大多数是具有一定积极意义的。而且流传至今的这类习俗，保留、变异程度不同，因而往往还具有独特的民族风格和浓重的地方特色。习俗不同，饮食方式亦不同。饮食方式中的禁忌也反映出一定的民俗信仰。

过去，人们在获得丰收或捕猎到食物后常常是先祭祀祖先神灵，感谢神明的保佑，然后再自己食用。佤族习俗，不举行迎谷神、棉神、小米神和瓜神的仪式，就禁忌吃食任何新熟的庄稼和瓜果；景颇族认为谷子是有灵魂的，打谷时谷魂被吓跑了，必须举行叫谷魂的宗教仪式把谷魂再叫回来，这样谷子才能吃。

中国人讲究尊重当地的习俗，所谓"入乡随俗"。因而到某地某人家中做客，要明白当地的饮食习俗，了解当地饮食方式上有何禁忌，切莫犯了人家的忌讳。不然的话，就会闹出笑话，或者发生误会。例如到信奉伊斯兰教的民族地区做客，要尊重其宗教信仰，饮食时禁忌提及猪肉。在维吾尔族家中做客，吃饭时，禁忌随便拨弄盘中食物，禁忌随便到锅灶前面去。如吃抓饭，食前要洗手。通常是洗三下，然后用手帕擦干，禁忌不擦手乱甩手上的水，俗以为这样是对主人的不尊敬。共盘吃饭时，禁忌将自己抓起的饭粒再放进盘中。吃饭时忌让饭粒掉落地上，如不慎掉落地上，要拾起放在自己近前的"饭布"上。吃饭时忌擤鼻涕、吐痰、放屁，否则，会被认为是失礼。

汉族人讲究敬宾客，在吃饭前要给客人递上热毛巾，请客人洗脸擦手，把客人让到首席座位上。山东一带，客人进门的第一顿饭忌吃水饺，因为水饺是送行的食品，俗称"滚蛋包"，意味着客人不受欢迎。河南郸城一带待客忌三盘菜、八盘菜，说是"三个盘子待鳖，八个盘子待王八"。一般是菜多为好，豫北一带有"七个碟子八个碗"的说法，表明菜肴丰盛、待客心诚。吃饭时，主人要亲自给客人布菜、敬酒。盛饭时忌勺子往外翻。一说这是犯人牢食的舀法；一说是为了避免财水外流。宴客席间主人始终陪坐，忌讳提前离席。吃饭时，忌讳将空碗空碟收走，忌讳席未散抹桌扫地，俗以为这是"赶客"的举动。

3.4.2 服饰禁忌

服饰有社会文化的特征，风俗的不同可以直观地从服饰上表现出来。俗语说"十里认人,百里认衣",正是表达了这层意思。在服饰方面,不同的民俗文化有着不同的禁忌规约。

中国自周代以来,强调以礼治国,礼的实质是"别",就是要区别君臣父子男女,区别亲疏贵贱。服饰是人们日常交往中最直观的表征,因而首先成为这种区别的重要标志,"锦衣与布衣"是完全不同的等级,丝绸与葛麻是贫富的标志。比如满人入关前,满族的富人多穿麻布衣服,而穷人只能穿狍皮鹿皮做成的衣服。满人入关后,只有富人才穿得起绸衣,平民百姓则穿布衣。"一介布衣"早已成了一般百姓服饰的专称。在中国古代,是不能用帷帐的布料来做衣服的。因为在葬礼中,死者牌位和棺材要用帷帐罩起来。

在特殊情况下,服装更有讲究,比如汉族给死者穿的寿衣,其衣料以绸料居多,而忌缎料,这是出于"绸子"与"稠子"音同,可庇佑子孙兴旺;"缎子"则音同"断子",有断子绝孙之嫌。

汉族有的地区忌新嫁娘的衣服缝有口袋,以免带走娘家的财产和福气,并且礼服要用整块布裁制,忌两块布拼接,以表"从一而终"。在中国很多少数民族中,服饰禁忌更多,比如不同的打扮可以表示一个女子婚嫁与否,绝不可混淆。维吾尔族未婚少女将头发扎成无数条小发辫,细密如春柳,直到结婚"开脸"时,才将众小辫拆散,扎成两条大辫,这是已婚与未婚的重要界限。按照苗族旧俗,男子未婚者,要把金鸡羽毛插在头上,女子未嫁者,要把海螺串成珠子,挂于颈上,以为标志。

颜色在中国人的心目中是有明确的象征意义的。表现在服饰方面,不同颜色,寓示着高低贵贱、好坏吉凶。因此,许多颜色在一定的环境场合、一定的身份人格方面是禁忌使用的。

中国人以黄色、紫色、香色等为贵色。这些颜色曾经一度是皇室或权贵人士的专用色,民间百姓禁忌用于服饰。黄色常令人联想到金子的颜色,因此有尊贵的寓意。历代皇帝大都喜尚黄色,俗称登基做皇帝为"黄袍加身"。民间就禁忌有黄色的衣服了,否则视为"要造反"。民间常以为绿色、碧色、青色为"贱色",元、明、清时只有娼妓、优伶等"贱业"中人才用于服饰。

浓妆艳抹、穿着华丽,在中国民间也是犯忌讳的。俗以为服饰的色彩是应当与人的年龄、相貌、品行、德才相符合的。女人艳妆过分被视为轻浮下贱之人,男人穿着鲜亮过头,被视为浪荡好淫之辈。

不同民族、不同社群对某种颜色的好恶,也是不尽相同的。这一点尤其在族徽、国旗等集体意识的标志中最易得到显示。据说中国历代服饰"夏尚黑、商尚白、周尚赤、秦复夏制尚黑,汉复周制尚赤;到了唐代服色尚黄,旗帜尚黑,宋沿袭,元尚黄,明改制取法周、汉,用唐宋旗色而服色尚赤,清又复典。"

3.4.3 言行禁忌

旧时,中国的家庭都是世代生活在一起的大家庭,要使大家庭能够和睦相处,就必须家有家长,族有族规,而其他人则要尊敬家长、族长以及宗族中年高望重的人,

这体现在一个家庭中就是尊重父母。

一般父母健在的时候,忌子女擅管家务,即所谓的"父在堂,子不能专",此外还有"父在子不得留名""父在没子财"等说法,这都是尊敬父母的表现。在与父亲的相处中,有的地方忌父子同桌、同席,否则就是"没大没小"。这种禁忌不仅在汉族中年深日久地继承着,在很多少数民族中也有表现。如彝族忌父子同凳同床坐,朝鲜族忌晚辈在长辈面前吸烟,景颇族忌在父母面前蓄长发、留胡须,忌在长辈面前开玩笑、做鬼脸等。

现代社交场合要求每个人都要遵循一些必需的礼俗,举止得体、行为规范。

待客方面,以尊重客人为基本原则。递烟、酒、茶都要双手,忌单手;要主动给客人点烟,点烟时忌用一根火柴连点三支烟;酒以敬客多次为荣,忌自饮不敬客;宴客席间主人要始终陪坐,忌讳提前离席;宴客时,禁忌子女上桌共餐,尤忌媳妇、女儿,否则以为待客不诚、不敬。待客一般菜忌单数,喜用双数,取意"好事成双"。

交往中人们常常互相馈赠礼物,有些礼物含有一定的象征意义,所以赠物中也存在一些禁忌。忌以剪刀送人,以免有伤。

行为禁忌是年节禁忌中的重要内容,甚至也可以说它是传统年节活动的一项重要内容。例如过年期间的行为禁忌就有很多方面。正月初一忌扫地、倒脏水、倒垃圾、洗衣服,谓之"聚财",水、土为"财气",垃圾、大小便为"肥水",倒之恐把"财气"扫掉、倒掉,致使"肥水"外流;忌拿刀动剪;忌"刮鼎";忌向人家讨债务;忌吵架、骂人,说不吉利的话;忌婴儿啼哭,啼哭就"无头彩"。拜年时,忌拜于床前;有丧事的人家,忌到别人家拜年,当然也忌别人到他家拜年。

【知识链接】

过节不舞狮

节日喜庆期间,舞狮舞龙是民间流行的习俗,其主要目的在于活跃节日气氛,丰富节日文化生活,让百姓在祥和欢乐的气氛中开心地乐一乐。然而,在普宁军埠石桥头村,自明末建村几百年以来,把舞狮作为乡里的一大禁忌。其缘由是石桥头村民姓"杨","杨"与"羊"同音。石桥头的老祖宗认为,狮子是凶猛的大兽,而羊则是驯顺善良。狮和羊两者不能共处,否则对羊不利,故此,一直禁忌在乡里舞狮。如果舞狮人不知此忌,进该村舞狮,不但不受欢迎,甚至会遭到驱逐。

实 训 应 用

1. 实训项目:撰写导游词。
2. 实训目的:通过组织学生分组调研,有条件可到实地参观,利用图书及网络资源查阅与本章内容相关的素材资料，增加学生对民俗文化的感性认识，培养学生的兴趣，引导学生发现素材，理解并能够归纳成文。

3. 实训步骤：设计考察路线，实地参观调研，记录重点信息，之后进行二手资料的补充，撰写简单的民俗文化导游词。

复习思考题

一、名词解释

民俗

二、简答题

1. 简述民俗文化的主要特征。
2. 中国传统的人生礼俗最重要的都有哪些？

三、思考题

1. 如何理解民俗文化和民族文化的关系？
2. 为什么说民俗旅游能带给旅游者一种全新的文化体验和高级的精神享受？

4

中国宗教文化

学习目标

知识目标	技能目标
1. 了解各类宗教文化的一些基本概念和知识内涵 2. 熟悉主要的文化旅游名胜古迹	1. 掌握各类宗教的起源、建筑艺术、宗教礼仪及节日的内容 2. 能够灵活运用所学的宗教文化知识有针对性地进行讲解

4 中国宗教文化

知识引例

秦岭：中国宗教旅游知名目的地

"中国人的中央森林公园""中国的南北气候分界线""黄河长江流域的分水岭"……大秦岭，一个拥有无数地理意义的地方，人们在关注这些自然地理意义的同时，千万不能忘记这里还是中国宗教文化的重要诞生地，里面蕴含着丰厚的宗教文化资源，是难得的宗教旅游资源富集地。

大秦岭宗教文化历史源远流长，从老子开始，这里就备受历代思想家青睐，他们纷纷来到云雾笼罩的茫茫秦岭之中，放弃对尘世的眷恋，开始自己的隐修生涯，深思生命的价值。他们在秦岭中修习的场所，许多到后来都成了重要的宗教活动中心。终南山中的楼观台，相传老子曾经在这里讲解《道德经》，后被尊为道教祖庭。老子的思想深厚，影响深远，对后世治国思想及诸多功成名就者影响巨大。在大秦岭脚下的长安城，汉王朝的建立者刘邦吸取了秦灭的教训，采纳"黄老学说"为治国思想，与民休息，保障了国家的稳定。此后，历代统治者在政权建立之初，都向"黄老学说"取经，均不约而同地采取休养生息政策，为日后他们政权的稳固打下坚实的基础。汉名臣张良在辅佐刘邦打下天下后，来到陕南隐居，后世为纪念他，于紫柏山下修建张良庙，这里遂成为道教"十大洞天"中的"第三洞天"。药王孙思邈自幼修习道教学说，朝廷屡次召他做官却被他拒绝，他只愿隐于秦岭之中。说起道教，还有一个熟悉的名字不得不提，那就是王重阳，金庸小说的热销使得全真教与"中神通"王重阳为人们所熟知，但许多人并不知道王重阳就出生在陕西，曾在终南山中修行，并留下了重阳宫这座道教圣地。

秦岭深厚的宗教文化可不只道教，它还拥有大量的佛教文化资源。汉时，佛教从印度传向中原大地，而长安是当时全国的政治、经济、文化中心，对于佛教在中华大地生根、发芽、壮大有着重要意义。从后秦开始，道安、鸠摩罗什等高僧来到长安，他们组织译场，翻译佛经，促进了佛教在中国的传播。至唐代，名僧玄奘从印度取回经文，在大慈恩寺开始讲经译经生涯，而后他又来到翠华山中的翠微宫，继续对佛教思想进行钻研。他的一连串壮举，为中国的佛教思想注入了新的源泉。在终南山中，佛教与本土的道教等思想相互碰撞、融合，使得佛教最终在这里完成本土化，促进了中国佛教各主要派别的诞生，走进秦岭就会发现佛教八大派的祖庭有六座就矗立在茫茫秦岭之中。而在秦岭西段的宝鸡，有一座法门寺，存放有佛祖释迦牟尼的指骨舍利，吸引各地的朝圣者络绎不绝前来参拜。此外，历代文人雅士也是喜欢与宗教和秦岭结缘的，当他们厌倦了无休止的政治争斗后，纷纷来到秦岭，参禅论道于深山之内，寄真情于山水之间，在这里洗尽他们原有的躁气，使得他们焕发了创作的第二春，写下了一篇篇饱含禅机的山水田园诗。

资料来源：中国旅游报

4.1 宗教文化概述

宗教在适应人类社会长期发展过程中形成了特有的宗教信仰、宗教感情和与此种信仰相适应的宗教理论、教义教规，有严格的宗教仪式，有相对固定的宗教活动场所，有严密的宗教组织和宗教制度，所以宗教本身就是一种文化。宗教在其形成和发展过程中不断吸收人类的各种思想文化，与政治、哲学、法律、文化包括文学、诗歌、建筑、艺术、绘画、雕塑、音乐、道德等意识形式相互渗透、相互包容，逐步形成属于自己的宗教文化，成为世界丰富文化的成分。如道教经典之集大成者《道藏》，内容宏富，包罗万象，既有道教经典论著、科仪方术、仙传道史，又有医药养生、天文史地、诸子百家；既是研修道教的经书宝典，也是探讨传统文化的珍贵资料，对于研究中国古代哲学、历史、文艺思想以及医药、化学、天文、地理等具有重要的文献价值。宗教作为一种文化现象与旅游关系极为密切，是一种重要的旅游资源。不同区域、不同种类的宗教形成不同特征的宗教文化景观。

4.1.1 宗教文化的表现形式

文化在人类生活中的表现形态和方式也是多种多样的，人类创造宗教的过程是一种更为高级而复杂的精神文化过程，它与文化一样，给人类提供了一整套生活方式。宗教文化通过哲学思想、伦理道德、法律、教育、生活习俗、文学艺术、音乐、建筑、绘画、雕塑、旅游、诗歌等方面进行渗透。

1. 宗教政治

宗教神学把万物的起源归因于神，自然把政治的起源也归因于神，因而导致以宗教为政治的支柱，用精神现象说明政治现象的唯心主义，也必然把政治权力神圣化。政治与宗教一样，在原始社会起源于该社会的经济基础，二者之间有着密切的关系，几乎浑然一体，表现为宗教与政治高度结合的神权政治。宗教既是观念性上层建筑，又是体制性上层建筑，既可作为思想观念去影响群众，又可作为社会组织去统辖群众，从而容易为社会政治斗争的各方利用。宗教成为政治斗争和阶级斗争的工具，表现在它往往被统治阶级利用作为巩固统治秩序的精神支柱。

2. 宗教哲学

智慧深邃的宗教哲学影响着民族文化。中国宗教哲学思想源远流长，博大精深。中国佛教哲学主张明心见性、自识本心、顿悟成佛，极力张扬人的主体意识。佛教哲学圆融的智慧和道家哲学庞博的哲理，为儒家文化所融摄，对形成天人合一、以人为本、贵和尚中、刚健有为的中国文化的基本精神有重要影响。

3. 宗教伦理

深刻完备的宗教伦理，强化了某些道德规范的功能。宗教伦理是宗教文化中对社会文明的演进最有影响力的部分。各种传统宗教都具有完备的伦理观，如宣扬善恶报

4 中国宗教文化

应的伦理法则，重视清规戒律的约束作用，追求寡欲无为的人生境界，强调超凡脱俗的机会均等。宗教伦理借神圣意志的名义，将某些世俗道德的内容纳入其神圣的领域，使普遍的伦理规范成了神的诫命和宗教戒律，平凡的道德准则变成了超凡的道德律令，这种伦理道德的神圣性对于信徒就具有了很强的约束自律作用，对其他社会成员也产生了一定影响。

4. 宗教建筑

宗教文化的影响反应在世界各国的建筑中的例子是数不胜数，如中东的伊斯兰清真建筑，欧洲的哥特式建筑等，无不给外人留下深刻的印象。宗教建筑也成为世界上最优秀的建筑遗存，如科隆大教堂、罗马圣彼得大教堂、巴黎圣母院等，往往会被列为"世界文化遗产"，它们被看做全人类共同的财富，受全世界人民的爱护和欣赏。

大体上说，中国宗教建筑有四类：一是佛教建筑，它是在中国文化和印度宗教文化的影响下形成的；二是伊斯兰教建筑，它是中国传统建筑艺术和经新疆传入中亚西亚的伊斯兰教建筑艺术及经广州、泉州入境的东南亚伊斯兰教建筑相融合的产物；三是道教的道观，它是完全的中国建筑艺术，以老子思想行为为其建筑的精神内涵，不求华丽，只求古朴，而且体现其清静无为的风格；四是名人寺庙，它是为纪念某个名人而修建的庙堂，是中国风格的建筑艺术。但随着迷信的演进，有些建筑物也随着人物的神化而神化了，朝拜之风日盛，庙内香火不断。

5. 宗教雕塑与绘画

宗教艺术品是信徒崇拜的象征物，信徒通过崇拜这些象征物来获取善业功德。宗教雕塑，是以宗教教义、故事、人物、传说为题材的雕塑。古代时期的雕塑在很长的一段时期主要是为图腾、魔法和宗教服务。西方中世纪时期形成了基督教美术，这一时期的雕塑，用抽象法式来处理，使作品每个部分都充满了生机。与此相同，佛教诞生在印度，佛教的诞生也带动了佛教艺术特别是佛教雕塑的发展。中国古代宗教雕塑以佛教雕塑艺术成就最高。现存佛教雕塑以石窟寺雕塑为代表，分布于新疆、甘肃、宁夏、山西、河南、河北、山东、江苏、浙江、四川、广西、云南等地百余处。

宗教和绘画的关系极深。原始宗教的自然崇拜、精灵崇拜、图腾崇拜、祖先崇拜、神灵崇拜，往往产生朴素的符号和简单的图像，由于宗教形式的不同，各宗教绘画所表现和反映的具体内容也不同。在佛教、基督教中，分别重视以释迦牟尼、耶稣基督言行为中心的佛典、圣经的图像化，而占据其中心位置的是佛或基督的形象，他们自身也成为礼拜的对象，其他如神殿、寺院、教堂及各种宗教道具也都围绕这一中心。但伊斯兰教认为：唯一绝对的神，不可能作图像表现，故伊斯兰教美术以清真寺及其装饰纹样为中心。

【知识链接】

拈花一笑

图 4-1　瓷画作品——拈花一笑

有一次大梵天王在灵鹫山上请佛祖释迦牟尼说法。大梵天王率众人把一朵金婆罗花献给佛祖，隆重行礼之后大家退坐一旁。佛祖拈起一朵金婆罗花，意态安详，却一句话也不说。大家都不明白他的意思，面面相觑，唯有摩诃迦叶破颜轻轻一笑。佛祖当即宣布："我有普照宇宙、包含万有的精深佛法，熄灭生死、超脱轮回的奥妙心法，能够摆脱一切虚假表相修成正果，其中妙处难以言说。我不立文字，以心传心，于教外别传一宗，现在传给摩诃迦叶。"然后把平素所用的金缕袈裟和钵盂授予迦叶。这就是禅宗"拈花一笑"（见图 4-1）和"衣钵真传"的典故。中国禅宗把摩诃迦叶列为"西天第一代祖师"。

佛祖所传的其实是一种至为祥和、宁静、安闲、美妙的心境，这种心境纯净无染、淡然豁达、无欲无贪、无拘无束、坦然自得、不着形迹、超脱一切、不可动摇、与世长存，是一种"无相""涅槃"的最高的境界，只能感悟和领会，不能用言语表达。而迦叶的微微一笑，正是因为他领悟到了这种境界，所以佛祖把衣钵传给了他。

6. 宗教圣地

风景秀丽的宗教圣地，积淀为旅游文化的重要资源。自古以来，一些著名的佛教寺观都建筑在风景秀丽的山水之间，蒙宗教之神奇，钟灵毓秀，名山胜迹，珠联璧合，成为旅游胜地，观光佳处。如被称为"四大佛教名山之首"的五台山，素有"峨眉天下秀"美誉的峨眉山，被誉为"东南第一山"的九华山，有"海天佛国"之称的普陀山等胜境，古寺名刹与奇山秀水浑然一体，成为朝圣访古、探幽览胜的绝好去处。道教的洞天福地（有十大洞天、三十六小洞天、七十二福地之说）同样是游人们心驰神往的人间"仙境"，如道教圣地武当山被宋代米芾誉为"天下第一山"，享誉中外；道教正一派的发源地——江西龙虎山，素有"神仙洞府"之美称，为人们所向往；江苏茅山因被称为道教"第八洞天、第一福地"而驰名，诸如此类的宗教圣地胜境，经过历代僧道的营造，成为中国宝贵的旅游文化资源。

7. 宗教礼仪

所谓宗教礼仪，是指宗教信仰者为对其崇拜对象表示崇拜与恭敬所举行的各种例行的仪式、活动，以及与宗教密切相关的禁忌与讲究。在社会生活里，宗教礼仪不仅是各种宗教之间相互区别的显著标志，而且也是各种宗教用以扩大宗教组织、培养宗教信仰的重要的常规性手段。

内涵丰富的宗教礼仪，演变为民族风情的习俗文化。以祭献、崇拜、祈求、节庆等为内容的宗教礼仪，是人类文化活动的产物。随着历史的发展，宗教礼仪与世俗相融流变，逐渐成为民族或区域文化传统的一部分。如原为纪念释迦牟尼在十二月初八日"成道"，而以米和果物煮粥供佛的"成道节"，逐渐演变为腊八节吃"腊八粥"的汉地传统习俗。古代道教在七月十五日这天举行祭祀活动，逐渐演变为民间祭祀祖先的习俗。至于基督教的圣诞节、伊斯兰教的"古尔邦节"，原有的宗教含义都已退居次要地位，而具备了喜庆、社交等多种功能，融于社会生活中，成为民俗文化的一部分。

4.1.2 宗教文化与旅游

现代旅游是一种大规模的各种文化的交流，它所产生的社会影响，对宗教文化所起的作用，随着旅游业的发展，已越来越受到有关方面的关注。

在当代，二者的完美结合就形成了宗教旅游资源文化。宗教旅游资源文化，是指能展示各类宗教文化事象的文化实体和内在的文化意蕴，具有一定旅游价值和旅游功能，其中一部分成为吸引人们前往游览、观赏、体验的宗教旅游资源，展现出一种宗教旅游资源文化形态。

宗教旅游资源文化内容丰富，形式各异。宗教旅游资源文化类型，可按宗教文化类型、宗教文化结构和宗教文化内容划分。

1. 按照宗教文化类型划分

按照宗教文化类型划分，宗教旅游资源文化可以分为基督教旅游资源文化、伊斯兰教旅游资源文化、佛教旅游资源文化、道教旅游资源文化等类型。

2. 按照宗教文化结构划分

按照宗教文化结构划分，宗教旅游资源文化可分为宗教物质旅游资源文化、宗教行为旅游资源文化和宗教精神旅游资源文化。

（1）宗教物质旅游资源文化。宗教物质旅游资源文化，是指一切看得见的宗教外在物质实体所展现的文化内涵，如：佛寺建筑。中国佛寺殿堂带有明显的民族特色，由四合院组成，具有中轴线，两偏殿对称，大型的寺院还有廊院。一般常见的殿堂有山门（或三门）、钟楼、鼓楼、天王殿、大雄宝殿、东西配殿、法堂（亦称讲堂）、罗汉堂、方丈室、藏经楼。

（2）宗教行为旅游资源文化。宗教行为旅游资源文化，是指各种宗教信徒，按照各自的宗教文化教义的要求开展的宗教行为规范活动，其中成为吸引人们前往游览、观赏、感受、体验的旅游资源时，所展现的一种宗教行为旅游资源文化形态，如宗教旅行、宗教仪式、宗教音乐以及与宗教有关的一些民俗活动。例如伊斯兰教信徒穆斯林的宗教行为规范，有五项宗教功课：念功、礼功、斋功、课功、朝功。

（3）宗教精神旅游资源文化。宗教精神旅游资源文化，是指宗教最深层的文化内容，包括宗教的基本教义，宗教美学思想等所展现的文化内涵，其中成为吸引人们前往游览、观赏、感受、体验的旅游资源时，所展现的一种宗教精神旅游资源文化形态。例如伊斯兰教教义中有六个基本信条，这也是信徒行为的规范信条：一信真主阿拉、二信天使、三信无知、四信经典、五信后世、六信前定。

3. 按照宗教文化内容划分

按照宗教文化内容划分，宗教旅游资源文化可分为宗教艺术、宗教名山、宗教圣地、宗教建筑、宗教礼仪等类型的旅游资源文化。

（1）宗教艺术旅游资源文化。宗教艺术文化，是指各类宗教信徒根据各自的宗教文化理念创作的艺术作品所展现的一种宗教艺术文化形态。这种宗教艺术文化，成为吸引人们前往游览、观赏、感受、体验的旅游资源客体时，所展现的文化内涵，便是宗教艺术旅游资源文化。在艺术的参与下，神仙的无形形象随着造神运动的结束，便在绘画雕塑等形式中转化为有形的静态现象。例如敦煌莫高窟的壁画（见图4-2），造型优美，色彩鲜明，体态形象生动。同时，无形的神行与神灵，又在语言、技艺等形式中转化为动态的显现。例如大型的宗教仪式，表达宗教文化的舞蹈等。这样，就形成了宗教艺术。

图4-2　敦煌莫高窟的壁画——飞天

（2）宗教名山旅游资源文化。宗教名山，是指传播宗教场所的名山胜地，如佛教四大名山有"金五台、银普陀、铜峨眉、铁九华"之称，是传播宗教文化的重要场所。道教名山有江西龙虎山、四川青城山、湖北武当山等。随着宗教文化的广泛传播，作为传播文化的名山胜地也名声大振。这些旅游资源不仅数量多、分布广，而且文化内涵深刻、意蕴丰富。

（3）宗教圣地旅游资源文化。宗教圣地是指宗教建筑密集、规模宏大、历史悠久、辐射范围广、八方信徒仰慕的大型宗教活动场所。例如佛教圣地蓝毗尼、伊斯兰教圣地麦加、天主教圣地梵蒂冈、基督教和伊斯兰教共同圣地耶路撒冷。

（4）宗教建筑景观旅游资源文化。宗教建筑景观旅游资源文化，主要有石窟、庙宇、塔、亭、楼、阁、台等。这类资源在中国数量多、分布广、造型特殊、结构奇特、保存完整，在宗教旅游资源文化中首屈一指，也是游客游览、观赏、学习的重要的内容。

（5）宗教礼仪旅游资源文化。宗教信仰者的宗教文化活动，总是通过一定的礼仪形式表现的。宗教礼仪的类型有巫术仪式、禁忌仪式、献祭仪式和祈祷仪式。宗教礼节包括佛教的合掌、绕佛、五体投地、宗教斋礼、宗教修行等。

4.2 中国佛教文化

4.2.1 佛教的起源

在世界三大宗教中，起源最早的是佛教，已经有 2500 多年的历史。佛教起源于公元前 6 世纪左右的古印度，创立人名悉达多，姓乔达摩。因为他出身于释迦族，所以后来人们尊称他为"释迦牟尼"，意思是"释迦族的贤人"。

在公元前 7 世纪到公元前 6 世纪的古印度，存在着一百多个种族部落，相互之间发生连年不断的战争。剧烈的社会动荡，使古印度的社会等级制度也发生着变化。

释迦牟尼出身于刹帝利种姓，大约生活在公元前 566—公元前 486 年。他是古印度迦毗罗卫国的太子，其父是净饭王。当时的迦毗罗卫国只是一个小部落国。少年时代，他接受婆罗门教的传统教育。29 岁时，由于看到每个人都要遭受生老病死等各种痛苦，他便离家外出，寻师访友，立志探索人生的解脱之道。

释迦牟尼出家之后开始了长达 6 年的苦行生活，仍然没有发现什么人生的真理，他认识到苦行无助于解脱，就开始净身进食，坐在毕钵罗树（后称菩提树）下，沉思冥想。经过 7 天 7 夜，他终于悟出了"四谛"，就是四个真理，真正成道觉悟，因而被称为"佛陀"，或简称"佛"，意思是"觉悟者"（更准确说，"佛"意思是对宇宙人生的根本道理已经有透彻觉悟的人），这一年他 35 岁。

释迦牟尼得道之后，到鹿野苑（在今印度瓦腊纳西附近）为五比丘（五位苦行僧）讲说"四谛"的道理，由于从不同角度讲了 3 遍，佛教史上称为"三转法轮"。至此，有了成道的释迦牟尼（佛），有了他所证悟的真理（法），又有了信徒（僧），传统称为佛、法、僧"三宝"具足，标志着佛教真正建立。

【知识链接】

佛教在中国的传播与发展

中国古代佛教历史从汉代开始到清代总共经历了一千多年的时间，佛教在这段时间的发展分为不同的阶段。

1. 汉代佛教

佛教初传中国，应是在西汉末年，佛教传入中国后就开始受到汉代统治阶级的重视。但是在东汉初年佛教只是作为当时流行的重视祭祀的黄老方术的一种，受到统治阶级上层中极少数人的信奉，还未在民间广泛产生影响。因此汉代的佛教只是地主阶级精神文化消费，佛教的影响仅仅在汉代的上层统治阶级中。佛教的发展还处于萌芽阶段。

2\. 三国、西晋佛教

三国、西晋时期的佛教在中国的佛教历史上起着承载的作用，这段时期的佛教以佛经翻译活动为主，大量的佛教经典被译成汉文，这就为佛教在社会上层和社会下层的全面传播奠定了坚定的物质基础。

三国是中国历史上的分割时期，这时的佛教又可分为曹魏佛教、东吴佛教、蜀地佛教。各地方的佛教各具特色。其中曹魏的昙柯迦罗译所译《僧祇戒心》和首创的受戒度僧制度，对中国佛教的发展产生了深远影响。西晋时期，佛教有了进一步发展，突出表现在佛教寺庙的发展并形成了一定的规模。

3\. 南北朝时期的佛教

南北朝时期是中国大动荡的时期，在这一段时期战乱频繁、民不聊生，现实中的苦难使普通的民众希冀在佛教中得到解脱，同时统治阶级为维护其统治大力发展佛教，虽然这一段时期战乱频繁，但是封建经济有了进一步发展，南方地区得到开发，这是佛教在这段时期长期繁荣的社会条件和经济条件，另外三国和西晋时期大量佛教经典的翻译也为这段时期佛教的发展创造了一定的条件。因此，南北朝时期是中国佛教发展的一个重要阶段。佛教在这段时间的繁荣主要体现在佛教发展的南北差异、佛教对外交流、佛教石刻的兴建、寺院经济的发达、三教合流。

4\. 隋唐时期佛教

经过南北朝数百年发展的佛教，到隋唐时又达到了新的高峰。以儒家思想为主体，以佛、道思想为辅的思想文化格局逐渐形成。唐朝在隋代复兴佛教的基础上，当代佛教达到了中国佛教的顶峰，与儒、道一起形成了三教鼎足而立的新格局。

5\. 五代十国宋元明清佛教

隋唐以后，中国佛教被宋明理学吸收、改造而渐失光环，满足社会各方面需要的理学已难以容纳佛教繁盛的局面，佛教再也难以占据中国社会的主流文化之列。于是，中国佛教就表现出了每况愈下的衰败景象。

4.2.2 佛教的基本教义

1\. 四谛说

"四谛"学说形成于释迦牟尼创教时期，以后不断被充实完善。"谛"有"实在""真理"的含义，是印度各派哲学通用的概念。"四谛"也称"四圣谛"，意思是"四条真理"，即苦谛、集谛、灭谛和道谛。

"苦谛"是列举苦的种类或表现形式，最常讲的是四苦和八苦。四苦是指生、老、病、死；八苦是在四苦之外再加上怨憎会、爱离别、求不得、五阴盛。在八苦中，前四种苦是讲人生的自然过程是苦；第五至第七种苦是讲在处理各种社会关系中主观愿望得不到满足的苦；第八种苦是讲人的存在本身就是苦。

"集谛"探索"苦"产生的根源。在佛教看来，人生之苦都是由贪欲、嗔怒、愚痴引起。特别是人们的种种渴求和欲望，人们的愚昧无知，会直接引起生死轮回之苦。

"灭谛"描述消除苦难之后的境界，即涅槃的妙乐境界。这是超脱生死轮回，达到解脱的最高境界。

"道谛"指出消除苦难、达到解脱的八种正确方法和途径，一般称为"八正道"：正见（正确的见解）、正思（正确的思考）、正语（正确的语言）、正业（正确的行为）、正命（正确的谋生方式）、正精进（正确而不懈怠的修行）、正念（正确的忆念）、正定（正确的禅定）。

2. 三法印

"三法印"指衡量是否真正佛教教义的三条标准。即"诸行无常"，指世界上的万事万物都是变化的，没有什么东西是永恒不变的；"诸法无我"，一切事物或现象都是因缘和合（各种因素和条件聚合）而形成，没有独立的实体和主宰者；"寂静涅槃"，超脱生死轮回的涅槃境界是永恒清净、没有烦恼的。如果符合这三条标准，就是真正的佛教思想。

3. 十二因缘说

"十二因缘说"，也叫"缘起说"，是佛教用以解释人生现象及世间没有任何孤立存在的现象，也没有任何永恒不变的现象；一切现象的产生和变化都因一定的条件，叫做"缘起"。

涉猎过去、现在、未来三世的因果链条，现世的果必有过去成的因，现世的因必将引出未来的果。十二因缘就是从无明到生死彼此成为条件或因果联系的12个环节：无明、行、识、名色、六入、触、受、爱、取、有、生、老死。

4.2.3 佛教供奉的对象

1. 佛

（1）三身佛。据天台宗说法，佛（释迦牟尼）有三身，即法身佛毗卢遮那佛，代表佛教真理（佛法）凝聚所成的佛身；报身佛卢舍那佛，指以法身为因，经过修习得到佛果、享有佛国（净土）之身；应身佛（又称化身佛）释迦牟尼佛，指佛为超度众生，来到众生之中顺缘应机而呈现的各种化身，特指释迦牟尼之生身。

（2）三方佛。又名横三世佛，三方佛体现净土信仰。佛教称世界有秽土（凡人所居）和净土（圣人所居佛国）之分，每个世界有一佛二菩萨负责教化。世界十方都有净土，但最著名的净土为西方极乐世界、东方净琉璃世界和上方的弥勒净土。中国佛徒大多愿往生西方极乐世界。"三方佛"正中为婆娑世界（即我们人类现住"秽土"，"婆娑"为"堪忍"之义）教主释迦牟尼佛，其左胁侍为文殊菩萨，其右胁侍为普贤菩萨，合称"释家三尊"。

（3）三世佛。又名竖三世佛，三世佛从时间上体现佛的传承关系，表示佛法永存，世代不息。正中为现在世佛，即释迦牟尼佛，左侧为过去世佛，以燃灯佛为代表。

佛经上说，约3900亿年以前，释迦牟尼前世未成佛时曾借花献给燃灯佛，燃灯佛为他"授记"（预言他将来要成佛接班）。在有的寺院中，过去佛为（释迦牟尼前一任佛）迦叶佛。右侧为未来世佛，即弥勒佛。弥勒现在还是菩萨，据佛经说，他还在兜率天内院中（即弥勒净土）修行，释迦牟尼预言弥勒将在56.7亿年以后降生印度，在华林园龙华树下得道成佛接班，并分批超度一切众生，故称未来世佛。寺院中弥勒造像有佛像、菩萨像（天冠弥勒）和化身像（大肚弥勒）三种。

2. 菩萨

所谓菩萨，即指自觉、觉他者。寺院中常见的菩萨有：文殊菩萨、普贤菩萨、观世音菩萨、地藏菩萨、大势至菩萨。他们又分别组合为"三大士"（文殊、普贤、观世音）、"四大士"（文殊、普贤、观世音、地藏，又称"四大菩萨"）和"五大主"（文殊、普贤、观世音、地藏、大势至）。

图4-3 文殊菩萨

（1）文殊师利菩萨。简称文殊菩萨（见图4-3），意译为"妙德""妙吉祥"，专司智德（即佛教认识论）。手持宝剑（或宝卷），象征智慧锐利；身骑狮子，象征智慧威猛，人称大智菩萨。相传其道场在山西五台山。

（2）普贤菩萨。专司理德（即佛法）。手持如意律，身骑六牙大象（表示六度），人称大行菩萨（见图4-4）。相传其道场在四川峨眉山。

（3）观世音菩萨。也称为观自在、光世音等。为避唐太宗李世民讳，故又称观音。其左手持净瓶，右手持杨柳枝，因其大慈大悲，救苦救难，人称大悲菩萨。观音作为菩萨本无性别，但在南朝后，为更好体现大慈大悲和方便闺房小姐供奉，产生女身观音像（见图4-5）。常见的还有海岛观音，又名渡海观音，此观音普度众生解脱苦海，其左胁侍为善财童子菩萨，其右胁侍为龙女菩萨。相传观音菩萨的道场在浙江普陀山。

图4-4 普贤菩萨　　　　图4-5 观世音菩萨

（4）地藏菩萨。因其"安忍不动犹如大地，静虑深密犹如地藏"（《地藏十轮经》),所以称地藏王菩萨。又因其决心"众生度尽,方证菩提,地狱未空,誓不成佛",所以人称大愿菩萨。他手持锡杖,或手捧如意球(见图4-6)。相传其道场在安徽九华山。

(5)大势至菩萨。《观无量寿经》载,他"以智慧光普照一切,令离三涂(指地狱、饿鬼、畜生'三恶趋')得无上力",因此称为大势至菩萨。他头顶宝瓶内存智慧光,让智慧之光普照世界一切众生,使众生解脱血火刀兵之灾,得无上之力(见图4-7)。相传其道场在江苏南通的狼山。

图4-6 地藏菩萨

图4-7 大势至菩萨

3. 罗汉

全称为阿罗汉,即自觉者。称已灭尽一切烦恼、应受天人供养者。他们永远进入涅槃不再生死轮回,并弘扬佛法。寺院中有十六罗汉、十八罗汉和五百罗汉。还有民间传说的济公也列在罗汉之中。

(1)十六罗汉。据玄奘译《法住记》,释迦牟尼令十六罗汉常住人间普济众生。

(2)十八罗汉。由十六罗汉发展而来。唐五代时张玄、贯休二和尚,在十六罗汉后加画两个罗汉,而后苏城又作《赞十八罗汉》《十八罗汉颂》,故宋以后寺院大多供奉十八罗汉。其中前十六罗汉与"十六罗汉"同;另外两名,说法不一:一说是宾度罗跋罗度图和《法住记》作者庆友;一说是迦叶、军屠钵叹;一说是庆友和《法住记》的译者玄奘;一说是达摩多罗和布袋和尚;一说是降龙和伏虎;一说是摩耶夫人和弥勒。

(3)五百罗汉。一说释迦牟尼涅槃后,其弟子迦叶召集众多比丘在王舍城共同忆诵佛教经典,系第一次结集;后由沙腻色沙王按胁尊者比丘建议,在迦湿弥罗(今克什米尔)召集五百罗汉,以世友为上座,论释经、律、论三藏,这是第四次结集(见图4-8)。

4. 护法天神

本是古印度神话中惩恶护善的人物,佛教称之为"天",是护持佛法的天神。著名的护法天神有四大天王、韦驮、哼哈二将(密迹金刚)、伽蓝神关羽等。

(1)四大天王。佛经称,世界的中心为须弥山,须弥山四方有四大部洲(现代佛

图4-8 彩塑罗汉

教界也有人认为指四个星球），即东胜神洲、南赡部洲（即我们所居世界）、西牛贺洲、北俱卢洲。四大天王住须弥山山腰的犍陀罗山，其任务是各护一方天下，故又称"护世四天王"。四大天王是：东方持国天王，名多罗吒，身白色，穿甲胄，手持琵琶（他原为印度乐神，表明用音乐来使众生皈依佛教）；南方增长天王，名毗琉璃，身青色，穿甲胄，手握宝剑（保护佛法不受侵犯）；西方广目天王，名毗留博叉，身红色，穿甲胄，手缠龙或蛇（他原为"天龙八部"中群龙的领袖，"龙"为梵文"蛇"的汉译），或持绳索（用索捉不信佛的人，使其皈依佛教），有的另一手持宝珠（取龙戏珠之意）；北方多闻天王，名毗沙门，身绿色，穿甲胄，右手持宝伞（又称宝幡，用以制服魔众，保护人民财富，他原为印度财神），有时左手握神鼠。

（2）韦驮。原为南方增长天王手下神将。韦驮曾亲受佛祖法旨，周统东、西、南三洲巡游护法事宜，保护出家人，护持佛法，故称"三洲感应"（佛经称，北俱卢洲人不信佛教）。汉化韦驮为身穿甲胄的少年武将形象，手持法器金刚杵，或双手合十将杵摘于肘间（表该寺为十方丛林，接待寺），或以杵拄地（表该寺为非接待寺）。通常置于天王殿大肚弥勒像背后，脸朝大雄宝殿。

（3）哼哈二将。在印度原为密迹金刚，是释迦牟尼五百执金刚（即金刚杵）卫队的卫队长。在中国因小说《封神演义》的影响，他被汉化成两个金刚力士，专门把守山门，即世俗所称"哼哈二将"。伽蓝神关羽——在古印度伽蓝神有18位之多，地位相当于寺院的土地神。关羽是最著名的汉化伽蓝神。

【知识链接】

哼哈二将的来历

提起哼哈二将，他们的来历是这样的：他们两位原来都是佛国里的金刚力士。据《大宝积经》记载，哼哈二将手拿金刚杵（是一种十分坚固而又锋利的古代作战武器），本是保卫佛国的夜叉神，通俗地讲，就是把守山门的两位警卫大神，或者叫两位把门将军。他们原来都是有名有姓的：

哈将（见图4-9），名叫陈奇，他腹内有一道黄气，如果遇到敌人，只要张口哈出一口黄气，就可以吸敌人的魂魄，使敌人呆若木鸡，束手就擒，置敌人于死地。

哼将（见图4-10），原名郑伦，原是商纣王的大将，是度厄真人的弟子，他拜度厄真人为师。由于郑伦虔诚拜师，认真学法，因此深得度厄真人的钟爱，于是度厄真人很快授他一种法术，这就是"窍中二气"。他在"警卫"中如遇盗贼，只要鼻子一哼，就会响如洪钟，并随响声喷出两道白光，可吸敌人魂魄，所以，任何敌人在他面前都会失败。

图4-9　哈将

图4-10　哼将

佛教界还有一种说法，在远古时代，有一个国王的夫人生了一千个儿子，个个都成了佛。最小的两个儿子，一个叫青叶髻，一个叫楼至德。他们两兄弟为了保卫兄长们成佛，同时也为了保护佛法，便自觉自愿做了佛国的佛法神。他们两个，手拿武器，腹怀"窍中二气"，怒目而视，威武雄壮，尽职尽责，把守山门，保卫佛国与佛法永远不受侵害。

4.2.4　佛教建筑艺术

佛教建筑包括佛寺、佛塔和石窟。

1. 佛教寺院

寺院是指安置佛像、经卷，且供僧众居住以便修行、弘法的场所，略称寺，又名寺刹、僧寺、精舍、道场、佛刹、梵刹、净刹、伽蓝、兰若、丛林、檀林、清净无极园等。寺，其本义是指古代官署名。在汉代，寺原为中央与地方的政事机关，如太常寺、鸿胪寺（招待诸侯及四方边民之所）。后因西域僧东来，多先住鸿胪寺，待移居他处时，其所住处仍标寺号。从此遂称僧侣的居所为寺。"院"则本是周围有垣之意，引申为周围有垣或有回廊的建筑物，亦指官舍。至于将佛教建筑称为"院"，则始自唐代在大慈恩寺所建的翻经院。至宋代，官立的大寺亦多称院。

中国早期佛寺建筑的布局，大致沿袭印度形式。后因融入固有的民族风格，遂呈现新貌。其建材以木为主，多设于平地（如府城市街）或山中。故后世寺院除寺号、院号外，亦附加山号。又有以年号名寺者，如北魏之景明寺、正始寺，唐之开元寺。此外，寺院若依创设者而分，可分成官寺（由官府所建）、私寺（由私人营造）。若依住寺者而分，乃有僧寺、尼寺之别。若依宗派，则分为禅院（禅宗）、教院（天台、华严诸宗）、律院（律宗）或禅寺（禅宗）、讲寺（从事经论研究之寺院）、教寺（从事世俗教化之寺院）等类。

殿堂是寺院中重要屋宇的总称。殿是供奉佛像供瞻仰礼拜祈祷的地方，堂是僧众说法行道和日常生活的地方。一般的营造原则，是把主要建筑建在南北中轴线上，附属设施安在东西两侧。寺院的主要建筑是：山门、天王殿、大雄宝殿、法堂还有藏经阁（楼）。这些都是坐北朝南的正殿。东西配殿有伽蓝殿、祖师殿、观音殿、药师殿等。寺院的主要生活区常集中在南北中轴线左侧（东侧），包括僧寮（僧人宿舍）、香积厨（厨房）、斋堂（食堂）、库房（办公室）、客堂（接待室）等。旅宿区则常设在中心轴线右侧（西侧），主要是云水堂（上客堂），以容纳四海来者。

2. 佛塔

在公元一世纪佛教传入中国以前，中国没有"塔"，也没有"塔"字。当梵文的Stupa与巴利文Thupo传入中国时，曾被音译为"塔婆""佛图""浮图""浮屠"等，由于古印度的Stupa是用于珍藏佛家的舍利子和供奉佛像、佛经之用的，亦被意译为"方坟""圆冢"，直到隋唐时，翻译家才创造出了"塔"字，作为统一的译名，沿用至今。

中国的佛塔按建筑材料可分为木塔、砖石塔、金属塔、琉璃塔等，两汉南北朝时以木塔为主，唐宋时砖石塔得到了发展。按类型可分为楼阁式塔、密檐塔、喇嘛塔、金刚宝座塔和墓塔等。塔一般由地宫、基座、塔身、塔刹组成，塔的平面以方形、八角形为多，也有六角形、十二角形、圆形等形状。塔有实心、空心、单塔、双塔，登塔眺望是中国佛塔的功能之一。

（1）阁式塔。这种塔的形式来源于中国传统建筑中的楼阁，这种塔在中国古塔中历史悠久，形体最高大，保存数量也最多。早期楼阁式塔应为木结构，最早的楼阁式塔见于南北朝的云冈石窟和敦煌石窟的雕刻中。隋唐以后，多用砖石为建塔材料，出现了以砖石仿木结构的楼阁式塔。它们的特征是：每层之间的距离较大，塔的一层相当于楼阁的一层，各层面大小与高度，自下而上逐层缩小，整体轮廓为锥形。楼阁式塔的平面，唐代为方形，宋、辽、金时代为八角形，宋代还出现过六角形，明、清时代仍采用八角形和六角形。

早期著名的楼阁式塔如西安大小雁塔、杭州六和塔、银川海宝塔、四川泸州报恩塔、河南卫辉市镇国塔等。

（2）覆钵式塔。又称喇嘛塔或藏式塔，这是因为喇嘛教建塔常用这种形式。这种塔的塔身是一个半圆形的覆钵，这当然是源于印度佛塔的形式。覆钵上是巨大的塔刹，覆钵上建一个高大的须弥座。这种塔在元代开始流行，明清时期继续发展，这是和喇嘛教在当时盛行相联系的。元代设两层须弥座，明代袭之，但比例增高，清代多数只用一层须弥座。元代比例肥短，清代则较瘦高，正面增设"眼光门"，内置佛像。塔身与基座之间，元代多施莲瓣一层，其上为小线道数层，线道内或夹以莲珠。明代仍沿此制。清初则改为金刚三层，不用莲瓣。这类塔的代表有北京永安寺白塔（见图4-11）和五台山显通寺白塔（见图4-12）等。

图4-11 永安寺白塔

图4-12 五台山显通寺白塔

【知识链接】

北京永安寺白塔

永安寺白塔在清代又称"乌斯尼哈塔"，占地1650平方米，高达35.9米。白塔全部为砖、木、石结构。为防塔内木架潮湿糟朽，塔身周围设有306个通风孔。

这座覆钵式大白塔位于琼华岛中心最高处元代广寒殿的遗址上。白塔塔基为高大的方形素面须弥座，由条石垒砌而成。须弥座上为三层半径逐渐收缩的圆形基座，再上为巨大的钵形塔瓶。瓶身饱满硕大，曲线内收较为平直，肩部较高，具有16世纪以后晚期佛塔的特征。

塔身的正南面有"时轮金刚门"，俗称"眼光门"，门上绘有红底金字组成的藏文图案，有"吉祥如意"的意思。据说这组字是由清代藏传佛教著名领袖章嘉国师亲手书写的。

塔瓶上为塔刹，塔刹基座为素面十字折角形刹座，上安仰莲托起的十三个叠在一起的轮盘所组成的塔刹，又称"十三天"；下部轮盘半径比刹座宽度略大，这是清代大菩提塔较为通行的做法。

"十三天"的上面为白塔的最上端，称为宝顶，上为铜铸镏金华盖。华盖自上而下由燃烧的心、太阳、半月、天盘、地盘几部分组成。天盘、地盘造型别致，图案精美，比例协调。天盘直径约3米有余，重约1500公斤。地盘则更大更重，2000多公斤。天、地盘上均铸有镂空的莲瓣宝珠结带图案。天盘之上还铸有浮雕的轮、螺、伞、盖、花、瓶、鱼、结，这8种宝物图案有吉祥如意寓意。

天盘中间成半球形圆顶，圆顶的上端有矩形底座，在矩形底座之上托有铸铜镏金半月，月上为太阳，日上为倒卷莲花须弥座，托有巨大的桃心，心的四周为熊熊燃烧的火焰，整个宝顶金光灿烂。

> 地盘的下面铸有4个预埋的铁环，悬挂着4根粗大的牵杆，牢固地将整个华盖与塔身连在一起。华盖下面挂有16个铜制风铃，每个铜铃重约8公斤，铜铃成六角形，外面铸有六字箴言，风铃内挂着十字悬垂，下面坠有十字交叉的风叶，风吹铃响，悦耳动听。
>
> 清顺治八年（1651年），因皇帝信佛，特别崇信西藏喇嘛诺门汗，根据诺门汗的建议，在琼华岛山南建白塔寺，按前寺后塔的原则，在寺后的山顶明代广寒殿旧址上建了白塔。乾隆年间，改白塔寺为"永安寺"。据记载，白塔在康熙十七年（1678年）、雍正八年（1730年）两次因京师地震毁坏而重修；1976年受唐山大地震余震波及，相轮发生移位，后修复。

（3）密檐式塔。密檐式塔的第一层特高，以上各层骤变低矮，高度面阔亦渐缩小，且愈上收缩愈急，各层檐紧密相接，故名。整体轮廓呈炮弹形。现存最古的砖塔河南登封县的嵩岳寺塔即属于密檐式塔。此塔也是中国现存古塔实物中年代最早的，修建于北魏永平二年（509年）。嵩岳寺塔是由木结构向砖石结构过渡的早期实例。

（4）金刚宝座塔。源于印度菩提伽耶的金刚宝座塔，塔的下部是一个巨大的金刚宝座，座的下部有门。宝座上建五个小塔，供奉着佛教密宗金刚界五部主佛舍利。这种塔在中国从明代以后陆续有修造，但是数量很少，全国现存十多处。著名的有内蒙古呼和浩特慈灯寺金刚宝座舍利塔（见图4-13）、北京真觉寺金刚宝座塔（见图4-14）等。其中内蒙古慈灯寺的金刚座舍利塔，俗称五塔。

图4-13　内蒙古慈灯寺的金刚座舍利塔

图4-14　北京真觉寺金刚宝座塔

3. 石窟

石窟原是印度的一种佛教建筑形式。佛教提倡遁世隐修，因此僧侣们选择崇山峻岭的幽僻之地开凿石窟，以便修行之用。印度石窟的格局大抵是以一间方厅为核心，周围是一圈柱子，三面凿几间方方的"修行"用的小禅室，窟外为柱廊。

中国的石窟源自印度的石窟寺，约在南北朝时期传入中国，与中华传统文化融合，沿路留下了大量的石窟文化遗产，到魏晋至唐这一阶段进入鼎盛时期。早期的石窟大体上是沿着佛教从印度传入中国的路线分布的，这也是汉代通西域的路线，由西向东进入河西走廊，再流传到中原及南方地区，和著名的"丝绸之路"的走向非常类似。

中国最著名的"四大石窟"有：甘肃敦煌的莫高窟，山西大同的云冈石窟，河南洛阳的龙门石窟，甘肃天水麦积山石窟，其中以莫高窟为主体的敦煌石窟规模最大，延续时间最长，内容最丰富，保存也最完好。

【知识链接】

龙门石窟

龙门石窟（见图4-15）是中国四大石窟之一，位于洛阳市城南6公里的伊阙峡谷，这里香山和龙门山两山对峙，伊河水从中穿流而过，古称"伊阙"。隋炀帝迁都洛阳后，将皇宫的正门正对伊阙，从此，伊阙便被人们习惯的称为龙门。龙门自古为险要关隘，交通要冲，为兵家必争之地。因山清水秀，环境清幽，气候宜人，被列入洛阳八大景之冠。

图4-15 龙门石窟卢舍那大佛

龙门石窟开凿于北魏孝文帝迁都洛阳之际（公元493年），之后历经东魏、西魏、北齐、隋、唐、五代、宋等朝代400余年的营造，其中北魏和唐代大规模营建有140多年，从而形成了南北长达1公里、具有2300余座窟龛、10万余尊造像、2800余块碑刻题记的石窟遗存。在龙门的所有洞窟中，北魏洞窟约占30%，唐代占60%，其他朝代仅占10%。龙门石窟中最大的佛像卢舍那大佛，通高17.14米，头高4米，耳长1.9米；最小的佛像在莲花洞中，每个只有2厘米，称为微雕。

1961年国务院公布龙门石窟为全国第一批重点文物保护单位。1982年龙门风景名胜区被公布为全国第一批国家级风景名胜区。2000年11月，联合国教科文组织将龙门石窟列入《世界文化遗产名录》，世界遗产委员会评价："龙门地区的石窟和佛龛展现了中国北魏晚期至唐代（公元493—907年）期间，最具规模和最为优秀的造型艺术。这些翔实描述佛教宗教题材的艺术作品，代表了中国石刻艺术的最高峰。"2006年1月龙门石窟被中央文明办、建设部、国家旅游局联合授予"全国文明风景旅游区"。2007年4月，被国家旅游局评定为全国首批"5A级旅游景区"。2009年，龙门石窟被中国世界纪录协会收录为中国现存窟龛最多的石窟，创造了现存窟龛数量中国之最。

4.2.5 佛教礼仪

1. 入寺

在庙里按顺时针方向行走拜佛，入寺门后，不宜中央直行，进退俱当顺着个人的左臂靠边行走。进庙前尽量不要走中间，沿阶梯边沿而上，男左女右，进门时尽量不要走正门，因为方丈们朝晚课时都是从正门进的，而沙弥等从偏门进，所以为了和寺院一致，大家都尽量应该从偏门进，男左女右，女人进去时尽量跨右脚，出门时也从偏门出，不要踩在门槛上（一般寺院门槛做得很高）。进庙门的时候，千万不要踩门槛（据说门槛是神的肩膀，踩了就是不敬），入殿门里，帽及手杖须自提携，或寄放为佳，万不可向佛案及佛座上放。

2. 拜佛

大殿中央拜垫是寺主用的，不可在上礼拜，宜用两旁的垫凳，分男左女右拜用，凡有人礼拜时，不可在他的头前行走。

【知识链接】

拜佛礼仪

动作解说

1. 肃立合掌，两足成外八字形，脚跟相距约二寸，脚尖距离约八寸，目光注视两手中指尖。
2. 右手先下，左手仍作合掌状，腰徐徐下蹲，右臂向前下伸，右掌向下按于拜垫的中央（或右膝前方），左掌仍举着不动，两膝随即跪下。跪下后，左掌随着伸下，按在拜垫中央左方超过右手半掌处。礼佛时，两脚尖勿移动或翻转。
3. 右掌由拜垫中央右方（或右膝前方）向前移动半掌，与左掌齐，两掌相距约六寸，额头平贴于地面。
4. 两掌握虚拳，向上翻掌，手掌打开，掌心向上，掌背平贴地面，此名为"头面接足礼"。当头着地时，系以"额头"接触地面，并非"头顶"去着地。
5. 起身时，两手握拳翻转，手掌打开，掌心向下贴地，头离地面或拜垫，右手移回拜垫中央（或右膝前方）。

---

3. 阅经

寺中若有公开阅览的经典，方可随便坐看，须先净手，放案上平看，不可握着一卷，或放在膝上。衣帽等物尤不可加在经上。

4. 拜僧

见面称法师，或称大和尚，忌直称为"出家人""和尚"。与僧人见面常见的行礼方式为两手合一，微微低头，表示恭敬，忌握手、拥抱、摸僧人头等不当礼节。向

4 中国宗教文化

他顶礼时,假若他说一礼,不可再继续强拜,凡人礼佛、坐禅、诵经、饮食、睡眠、经行、入厕的时候,俱不可向他礼拜。

5. 法器

寺中钟鼓鱼磬,不可擅敲,锡杖衣钵等物,不可戏动。

6. 听经

随众礼拜入座,如己后到,法师已经升座,须向佛顶礼毕,向后倒退一步,再向法师顶礼,入座后,不向熟人招呼,不得坐起不定、咳嗽谈话,如不能听毕,但向法师行一合十,肃静退出,不得招手他人使退。

4.2.6 佛教重要节日

佛教的节日,在不同教派、不同地区都有所不同。

1. 佛诞日

即释迦牟尼诞生日。由于说法不一,世界各国佛诞日期也不相同,中国汉族地区和日本均以农历四月初八为佛诞日;蒙、藏族地区为四月十五日;傣族地区为清明节后十天。佛诞日各佛寺一般都举行诵经法会,并根据"佛生时龙喷香雨浴佛身"的传说,教徒要以香水洗释迦佛像,故又称为浴佛日。

2. 佛成道日

即释迦牟尼在菩提树下悟道成佛的日子。一般在农历十二月初八,届时佛寺要举行纪念仪式,并煮"腊八粥"以供佛。相传释迦牟尼在成佛前,曾苦行多年,饿得几乎死去,后遇一牧女送他乳糜,得免于死。释迦牟尼成佛后,人们在腊月初八这一天,用米和果物煮粥供佛,称"腊八粥"。后来民间也逐渐形成吃"腊八粥"的习俗,用以庆贺五谷丰登,驱逐鬼邪瘟疫。

3. 佛涅槃日

即释迦牟尼逝世的日子。一般在农历二月十五日。但是释迦牟尼逝世的年代,南传佛教与北传佛教相差59年。南传佛教认为是公元前545年;北传佛教认为是公元前486年,后者是中国公认的年代。

4. 其他佛或菩萨的纪念日

在藏传佛教盛行的中国藏蒙地区,除了以四月十五日为佛的诞生日、成道日、涅槃日外,西藏拉萨"三大寺"僧众及各地佛教徒,还在藏历正月初三至二十四日举办"传大召"(意为大祈愿)法会。法会期间进行辩经,考选藏传佛教最高学位——格西。并于二月下旬举办规模略小的"传小召"法会,选拔二等格西。此外,还有晒佛节(见图4-16)、浴佛节、燃灯节等。

汉传佛教最大的节日,在一年之中有两个,一是四月初八佛诞日的"浴佛法会",一是七月十五自恣日的"盂兰盆会"。这两天都叫做"佛欢喜日"。此外,还有诸佛菩萨的圣诞及纪念日。遇到以上节日,僧人将在有关殿堂作法事,念佛号或举行其他纪念仪式。

图 4-16 晒大佛

4.3 中国道教文化

4.3.1 道教的起源

道教通常被认为源于古代的巫术与道家思想的结合。道教以古易太极图为"教徽"。历代道教无不以老子为教主，尊为太上老君、道德元君，并奉《老子五千文》（即《道德经》）为道教经典之首，称为《道德真经》。道教一般以东汉汉安元年（142年）为创教之始。自张道陵在鹤鸣山（四川崇庆）倡导"五斗米道"，道教由此定型，后人称其为"天师"。东汉末，张鲁的五斗米道、张角的太平道成为农民起义的旗帜。南北朝嵩山寇谦之制订乐章诵戒新法，称新天师道。庐山陆修静整理三洞经书，编著斋戒仪范，道教从此完成其形制。唐宋时，道教各宗派逐渐合流，到元代归并于正一派。同时，王重阳于金大定七年（1167年）在山东宁海（今牟平）创立全真派，此后，道教分为两大派：正一派可以不出家，全真派则须出家。

道教的名称来源，一则起于古代之《易经》，一部既古老又新奇，既陌生又熟悉，既高深莫测，又简单容易，解开宇宙人生密码的宝典；二则起于《老子》的道论，首见于《老子想尔注》。道教奉老子为教主，因为道家哲学思想的最早起源可追溯到老庄。

【知识链接】

道教的发展

道教的发展一般分为汉魏两晋的起源期、唐宋的兴盛期、元明期间全真教的出现和清以后衰落期四个阶段。

两晋南北朝时期，随着炼丹术的盛行和相关理论的深化，道教获得了很大发展。东晋建武元年，葛洪（284—363年），字稚川，号抱朴子（以示抱朴守质，不为物欲所诱惑之志），人称葛仙翁，丹阳句容（今属江苏）人，对战国以来的神仙思想进行了系统论述，证明神仙长生的实存性，在道教历史上有极其重要的意义。著作《抱朴子》，是道教理论的第一次系统化，丰富了道教的思想内容。

　　南北朝时，寇谦之夙好仙道，有绝俗之心，后在北魏太武帝的支持下建立了"新天师道"（也称"北天师道"）。他对早期道教的教义和制度进行了全面的改革，建立了比较完整的道教教理、教义和斋戒仪式，并改革道官职位的世袭制度，主张唯贤是授，信守持戒修行，为后世道教斋仪奠定了基础，世称寇天师。

　　到了唐宋，唐高祖李渊认老子李耳为祖先，宋真宗、宋徽宗也极其崇信道教，道教因而备受尊崇，成为国教。此时出现了茅山、阁皂等派别，天师道也重新兴起。

　　金朝时，在北方出现了王重阳创导的全真道。后来，王重阳的弟子丘处机为蒙古成吉思汗讲道，颇受信赖，并被元朝统治者授予主管天下道教的权力。而同时，为应对全真道的迅速崛起，原龙虎山天师道、茅山上清派、阁皂山灵宝派合并为正一道，尊张天师为正一教主，从而正式形成了道教"北有全真、南有正一"两大派别的格局。

　　明代时，永乐帝朱棣自诩为真武大帝的化身，而对祭祀真武的张三丰及其武当派大力扶持。此时，道教依然在中国的各种宗教中占据着主导的地位。

　　清代开始，满族统治者信奉藏传佛教，并压制主要为汉族人信仰的道教。道教从此走向了衰落。

4.3.2 道教的基本教义

1. 仙道贵生

仙道贵生的教义思想是道教信仰的核心宗旨，体现了道教的鲜明特色。所谓"仙道"，即道教追求的成仙得道。道教相信神仙的可学和实有，神仙生活是逍遥无碍、长存不亡的，他们都是得道的真人，是学道悟道之人学习和信仰的人格形象。而成仙得道的重要内容，就是通过自我的修行，达到长生久世。

2. 三洞宗元

三洞宗元，是以"三元"为宇宙混沌之始。概括来说，"道"气衍化为三元，三元分别是，第一混洞太无元；第二赤混太无元；第三冥寂玄通元。由三元变化为三气，三气分别是始、元、玄三气，再由三气化生万物。其造化开辟的过程是，混沌之前，元气之始也；元气运行，而后天地始立；再由始、元、玄三气化生万物。三洞宗元作为"道"化万物的信仰宗元，还有其更重要的一面，就是三元（即三宝君）。三宝君、三清，道教全称玉清元始天尊、上清灵宝天尊、太清道德天尊（太上老君），为道教最高尊神，乃神明之宗、造化之祖，同时还是经教之教主，为道教传下了三洞三十六部真经。

3. 清静寡欲

学道修道应做到乐好清静，这样才符合"道"的体性。道以其清静的本性来化生和养护万物，从无想过自己应该得到什么回报或想得到什么，无欲以待万物。而人类

社会，若亦以"清静"的思想来治世修身，人们则会得到更好的休养和生息，生命也将得到升华。

4. 自然无为

自然和无为是两个既不同又有着密切联系的教义名词。所谓自然，《道德经》中说："人法地，地法天，天法道，道法自然"。河上真人注曰："道性自然，无所法也"。说明"道"的本性就是自然，道之自然的法则既是天所效法的，也是地所效法的。

5. 柔弱不争

柔弱不争是道教修养自我、处世生活的教义。老子从对自然界的观察思考和分析中，深刻阐述了"柔之胜刚，弱之胜强"和"人之生也柔弱，其死也坚强"的道理。所以"道"以柔弱为用，道教徒信道学道，以柔弱的教义思想规范和修持自己，是非常必要的。

6. 返璞归真

道教学道修道，其目的就是要通过自身的修行和修炼，使生命返复到始初的状态，道教称之为"返璞归真"。道教认为，人原初的本性是纯朴和纯真的，是近于"道"的本性的。由于随着年龄的增长，思虑欲念不断萌生，再加上社会环境的不同影响和情色财货的诱惑，不断地消耗掉人原有的生命元真，也蒙迷了原有的纯朴天性。

4.3.3 道教供奉的对象

道教是崇拜多神的宗教。道教崇奉的神灵种类繁多，下面只能介绍一些地位较高且较有影响者。

1. 三清

三清指元始天尊、灵宝天尊、道德天尊。它们是道教的最高主神，实是"道"的一体三位。"三清"的说法始于六朝，但此时"三清"多是指"三清境"，即太清境、玉清境和上清境，分别为神宝君、天宝君、灵宝君三位大神居住。后来，"三清"才逐渐作为元始天尊、灵宝天尊、道德天尊的通行代称，而"三清境"亦成为其居住地。

2. 四御

四御为道教天界尊神中辅佐"三清"的四位尊神，所以又称"四辅"。他们的全称是：紫微北极大帝、南极长生大帝、勾陈上宫天皇大帝、承天效法后土皇帝地祇。

3. 三官大帝

三官即天、地、水"三官"，有关其来历说法颇多，或说起源于中国古代宗教对天、地、水的自然崇拜，或说起源于五行中金（主生）、土（主成）、水（主化）三气，或以为即尧、舜、禹等。南北朝时期，"三官"又与"三元"相配而成为"上元天官紫微大帝""中元地官清虚大帝""下元水官洞阴大帝"。据称，天官能赐福、地官能赦罪、水官能解厄，分别诞生于正月十五日、七月十五日、十月十五日。各地的人们为了祈福、拔罪和禳灾，多分别在这三个日子举办"上元会""中元会"和"下元会"。

4. 玉皇大帝

玉皇大帝在普通民众的心目中似乎是天界最高的神灵，有人以为其乃是由殷商时期最高的天神"帝"或"上帝"发展而来。在早期道教的《真灵位业图》中，有"玉皇道君"和"高上玉皇"之名，但其阶位却并不高，仅排在玉清三元宫右位的第十一及第十九位。宋代，真宗皇帝称其远祖赵玄朗得玉皇之命而降授天书于赵宋，故特上玉皇大帝号曰"太上开天执符御历含真体道玉皇大天帝"，后徽宗又再加封为"太上开天执符御历含真体道昊天玉皇上帝"，从而大大提高了玉皇在民间的威望。

4.3.4 道教建筑艺术

由于道教继承和发展了老、庄美学思想，将道家美学观念演化成自己的指导思想，因此对文学艺术起了不可估量的浸染和辐射作用。就建筑艺术而言，道教"崇尚自然""师法自然"、以"自然为美"等观念，对中国传统建筑艺术产生了重要影响，并在建筑美学中占有重要地位。

道教对中国传统建筑艺术的影响，包括思想和形式两方面，其主要表现为：其一，注重建筑物与自然环境的联系。"自然美"是道教的最高境界。为了体现"以自然之为美"的"自然之道"，道教宫观建筑十分注重与大自然的联系，许多宫观建在依山傍水的山峦之中，楼台池榭，山石林苑，与自然环境融合为一，以追求自然虚静和人在云端的艺术效果。这一审美情趣，对陵墓、宫廷祭祀、园林、民宅等所有古代建筑，都产生了深远影响。

道教祀神和做法事的处所，称作道宫或道观。道教宫观的建筑形式和布局与佛教寺院的建筑大体相仿，也采用中轴线，院落式布局，只是殿堂的名称与所供奉的神像不同而已。道观从山门开始，先后依次排列着龙虎殿或灵宫殿、三清殿或玉皇殿、四御殿、纯阳殿、重阳殿或老律堂。

道教建筑的装饰，鲜明地反映了道教追求吉祥如意、延年益寿和羽化登仙的思想。如描绘日月星云、山水岩石以寓意光明普照、坚固永生；以扇、鱼、水仙、蝙蝠和鹿作为善、（富）裕、仙、福、禄的表象；用松柏、灵芝、龟、鹤、竹、狮、麒麟和龙凤等分别象征友情、长生、君子、辟邪和祥瑞。

【知识链接】

道教建筑的建筑规格

道教宫观的建筑规格与其所供奉神仙的神阶及封建帝王对道教是否崇奉有着密切的关系。道教是多神教，有着庞大的神团体系，神仙中的长幼尊卑区别也是十分严格的。早在南朝梁时，著名道教学者陶弘景撰写的《真灵位业图》，就是专门记述道教神仙排列次序的。根据《真灵位业图》所记，神仙世界分为7个等级，每阶设有一中位主神，左右，配有若干诸神,道教认为这些等级不同的神仙居处,也与人间帝王将相居住在不同等级的宫殿、王府、官邸是一样的,故道教宫观建筑也有等级差别。在世俗世界中,中国古代建筑可分为殿式建筑、大式建筑和小式建筑3个等级。殿式建筑即宫殿式样,是帝王后妃起居之处;大式建筑低于殿式建筑,不许用琉璃瓦,不许描龙画凤,其斗拱、屋顶、基座的使用也有一定的限制;小式建筑即普通民房建筑。奉祀道教的天神、帝君,或受到帝王敕封的庙宇多为殿式或大式建筑,一般供奉地方神或专用于修行的小庙,除少数庙宇为大式建筑外,多为小式建筑。例如供奉三清、四御、玉皇、五岳、真武等神仙的庙宇和殿堂多是殿式或大式建筑。奉祀东岳泰山神的岱庙(见图4-17、图4-18),"秦时作畤""汉时起宫",唐时增建,至北宋宣和年间,岱庙的规模已是"殿、寝、堂、阁、门、亭、库、馆、楼、观、廊、庑合八百一十有三楹",主殿黄瓦朱甍,回廊环绕,古柏参天,碑碣林立。其他四岳、主庙,都是红墙黄瓦,殿、寝、堂、阁、门、亭无所不有,与帝王宫殿无异。

图4-17 泰山岱庙坊

图4-18 泰山岱庙古建筑群

传统的道教大型宫观的建筑规制为:中路宫观前建影壁,然后是山门、幡杆、钟鼓楼、灵宫殿(有的背后为戏台)、玉皇殿、四御殿、三清殿,还有各自的祖师殿(并有献殿在其前)等。两侧有配殿、执事房、客堂、斋堂和道士住房等。大的庙宇有东西跨院。帝王敕封的大宫观前建棂星门、华表、石狮等。华表,上古称为"谤木",后又称"华表木",相传是尧舜时为纳谏而设。后世华表成为宫殿、陵墓的标志,偶尔也见于桥头。一般小庙是不得建华表的。帝王宫殿、陵墓的华表柱上雕有云龙,而道教宫观前的华表多为八角柱体,浮雕多为祥云或八卦图案。多数宫观山门前有一对石狮。狮为百兽之王,放在门前以示神威。东边为雄狮,左蹄下踏一绣球,俗称狮子滚绣球,象征混元一体和无限神权;西边为雌狮,右蹄下踏一小狮,俗称"太师少师",象征道门昌盛。现存多数宫观、道院的建筑体制是不完整、不严格的。也有不少宫观依山势而建,也不可能完全符合规制。

4.3.5 道教礼仪

道教礼仪是道士日常生活中的行为表现规范。其与戒律所不同之处是，戒律是用条文明确下来，违者必罚。而礼仪则是道士最起码的举止规范，违者则视为品行不端，属于道教仪范部分。道教的礼仪内容很复杂，小到日常称呼，大到出入行走，凡事都有一定的礼仪，同时，一个修道或奉道者的外在礼仪风范也是其道德修养的体现。

1. 宫观礼仪

道士与道士之间一般称道友、道长等，对年老道士一般称某爷。道人宿舍中须清洁素雅，不得华饰，要整齐，道人不得裸身而卧，不得在卧室内荤酒、神侃。

道众宿舍不得把俗人随便带入，更不能留宿。乾道、坤道不得在同院中居住，相互之间应保持距离，清心寡欲，不起邪念。乾道、坤道之间不得随意串门。

早上开静后，需立即起身洗漱，到各殿朝拜祖师，上早课，诵经聆听，持心修炼。

2. 穿戴礼仪

道士在庙都必须头上戴巾，身穿便服、白袜、布鞋。道人服饰，古有"羽服""羽衣"之称。道教服饰最早的统一定制是从南朝刘宋时的陆修静开始的。现代道人穿的服装，大小上衣皆为"大领"，是明代以前汉民族的服装样式。黄色黑边，受戒时用；法衣，指做道场"高功"穿的法服和行宗教大典时"方丈"穿的法服；花衣，是经师上殿念经、做道场穿的法服，也有素净不绣花的，通称"班衣"。大褂、道袍一般多用蓝色，以象征天色和东方青阳之气；法衣则多红、黄色，也有蓝色、绿色；方丈穿的法衣多为紫色；班衣以红、黄居多。

3. 迎接礼仪

道侣相逢或道俗相逢时，须行拱手礼或作揖礼。

拱手礼即抱拳拱手。两手相抱（左手抱右手，寓意为扬善隐恶，盖以左手为善，右手为恶之故），举胸前，立而不俯。

作揖礼即躬身稽首。一面躬身，一面双手于腹前合抱，自下而上（不过鼻），向人行礼。因举手伴以屈身（躬身）故亦称"打躬"。又因身体弯曲成月牙状，故又称"圆揖"。向人作揖行礼时不要过分屈身，以免臀部突出不雅观。作揖礼较拱手礼为敬，对长者多行此礼。

4. 言语礼仪

进入法堂以及上宴席，不应高声言语，也不应大声咳嗽；不得多言，不得与师辈争话，不言人过失，不说俗人家务，不言为媒保事，不与妇人低声密语；质疑询道当礼拜致敬，如问家常事，不必礼拜；不与人说符咒幻术及一切旁门小术。道教称以上这些为"净口"。

【知识链接】

拱手礼

拱手礼又称作揖（见图4-19），是中国古代相见或感谢时常用的一种礼节。拱手礼始于上古，有模仿带手枷奴隶的含义，意为愿作对方奴仆。后来拱手逐渐成了相见的礼节。

图4-19 拱手礼

正确手势是：男子右手握拳，左手成掌，对右拳或包或盖，女子反之，这样的作揖手势是"吉拜"，反之，"男子右手成掌，左手握拳"或"女子左手成掌，右手握拳"则为"凶拜"，一般用于吊丧。而在贺岁广告中经常出现的，正是这样的"凶拜"。

拱手礼已经有两三千年的历史了，从西周起就开始在同辈人见面、交往时采用。古人通过程式化的礼仪，以自谦的方式表达对他人的敬意。国人是讲究以人和人之间的距离来表现出"敬"的，而不像西方人那样喜欢肉体亲近。这种距离不仅散发着典雅气息，而且也比较符合现代卫生要求。所以很多礼学专家都认为，拱手礼不仅是最体现中国人文精神的见面礼节，而且也是最恰当的一种交往礼仪。

4.3.6 道教节日

道教以与自己信仰关系重大的日子和所奉神灵、祖师之诞辰日为节日。某些重大节日，将举行盛大斋醮，以示庆祝。

1. 三会日

三会日为农历（下同）正月七日、七月七日、十月五日。据称，此三日为"三官考核（道民）功过"的日子，也是早期正一道（即五斗米道和天师道时期）道民聚会的三个日子。在此三日里，道民须赴本师治所，申报家口录籍，听道官宣讲科戒，接受三官考核功过，以定受箓之等次。此制盛行于张鲁统治汉中时期，此后由于条件的变化，制度逐渐废弛。

2. 三元日

又称三元节。三元指天、地、水三官，是五斗米道初创时信奉的主要神灵。三张时的"三官手书"，即上章给此三神。魏晋南北朝时，此信仰盛行不衰，出现了所谓天官赐福、地官赦罪、水官解厄之说。

3. 五腊日

道教据古代"腊日"祭先祖、百神之制,创五腊日。称正月一日为天腊,是"五帝校定生人神气时限长短"之日;五月五日为地腊,是"五帝校定生人官爵、血肉衰盛"之日;七月七日为道德腊,是"五帝校定生人骨体枯盛"之日;十月一日为民岁腊,是"五帝校定生人禄科官爵"之日;十二月(缺日——引者注)为王侯腊,是"五帝校定生人处所,受禄分野"之日。

4. 三清圣诞

三清作为道教最高神,在唐初已经确立。其中的元始天尊、灵宝天尊本为"道"之化身,是无始无先的,本无所谓生日,但后世道教经过解释,仍给它们定了生日。

4.4 中国伊斯兰教文化

4.4.1 伊斯兰教的起源

伊斯兰教亦称回教、清真教,是阿拉伯各国和伊朗、阿富汗等国居民信奉的宗教。公元6—7世纪,阿拉伯岛上还没有建立统一的国家,居民多属于不同的部落,各自信奉着许多自然神。该地区很早就有商业活动。但公元7世纪初,由于东西商路改道,致使该地区的社会经济状况迅速恶化,为改善这种状况,夺取新的土地和通道,需建立强大的国家。伊斯兰教就是在这样的社会条件下创立的,创始人穆罕默德。伊斯兰是阿拉伯语,意为顺从。伊斯兰教信徒通称穆斯林,意为顺从者。伊斯兰教信奉"安拉",说天地万物都属于"安拉",它是唯一的"真主"。穆罕默德自称是"安拉"的使者,是"先知",是代表"安拉"向人们启示的。伊斯兰教在唐代传入中国。

【知识链接】

伊斯兰教的发展与传播

公元632年,穆罕默德逝世后,伊斯兰教进入"四大哈里发时期",随着统一的阿拉伯国家的对外征服,伊斯兰教向半岛以外地区广泛传播,史称"伊斯兰教的开拓时期"。公元661年起,伊斯兰教进入阿拉伯帝国时期,历经伍麦叶王朝和阿拔斯王朝,地跨亚、非、欧三大洲,伊斯兰教成为帝国占统治地位的宗教,经济和学术文化得到空前的繁荣和发展,史称"伊斯兰教发展的鼎盛时期"。13世纪中期随着异族的入侵,帝国境内东、西部诸多地方割据王朝的独立,阿拉伯帝国解体。中世纪晚期,伊斯兰世界并立着奥斯曼、萨法维、莫卧儿三大帝国,其中奥斯曼帝国版图和影响最大,史称"伊斯兰教第三次大传播的时期"。第二次世界大战后,各伊斯兰国家相继独立,大致形成当今伊斯兰世界的格局。伊斯兰教在各个历史时期的传播和发展有着不同的特点。

中国旅游文化

> 据史书记载，伊斯兰教传入中国是在公元651年，即唐高宗永徽二年，迄今已有1300多年的历史。在此更早以前中国和阿拉伯各国之间就互有往来，最早是在汉和帝——刘肇永元九年（公元97年）时，中国著名探险家甘英就曾奉命西使，游历过波斯等西域各国。唐至德二年（公元757年），阿拉伯人应唐肃宗李亨的邀请，派军队前来帮助平定安禄山之乱。后来这些人留居在中国，成了中国穆斯林来源的一部分。到了南宋末期，由于元太祖成吉思汗西征，相继又有大批被征服的伊斯兰信徒来到中国。这些被征服者中有一个较大的民族叫作花剌子模，这些人后来成了回族的主要来源。公元1271年蒙古灭了南宋建立元朝后，已有回、维等十个民族先后信仰了伊斯兰教。各地也随之建立了一些清真寺，如建于唐代的广州怀圣寺（亦称光塔寺）、西安的化觉寺、建于宋代的泉州清净寺和北京的牛街礼拜寺等。

4.4.2 伊斯兰教的基本教义

伊斯兰教基本信条为"万物非主，唯有真主，穆罕默德是安拉的使者"，这被中国穆斯林中视为"清真言"，是伊斯兰教信仰的核心内容。

1. 信安拉

伊斯兰教是严格的一神教，要相信除安拉之外别无神灵，安拉是宇宙间至高无上的主宰。安拉是独一无二、永生永存、无所不知、无所不在、创造一切、主宰所有人命运的无上权威。信安拉是伊斯兰教信仰的核心，体现了其一神论的特点。

2. 信天使

认为天使是安拉用"光"创造的无形妙体，受安拉的差遣管理天国和地狱，并向人间传达安拉的旨意，记录人间的功过。《古兰经》中有四大天使分别负责传达安拉命令及降示经典、掌管世俗时事、司死亡和吹末日审判的号角。

3. 信经典

认为《古兰经》是安拉启示的一部天经，教徒必须信仰和遵奉，不得诋毁和篡改。伊斯兰教也承认《古兰经》之前安拉曾降示的经典（如《圣经》），但《古兰经》是比其他一切经典优越的，包罗其他一切经典的意义，信徒即应依它而行事。

4. 信先知

《古兰经》中曾提到了许多位使者，其中有阿丹、努海、易卜拉欣、穆萨、尔撒（即《圣经》中的亚当、诺亚、亚伯拉罕、摩西、耶稣），只有安拉知道他们的数目，使者中最后一位是穆罕默德，他也是最伟大的先知，是至圣的使者，他是安拉"封印"的使者，负有传达"安拉之道"的重大使命，因为他是被安拉派遣到人神两类的使者，只要信仰安拉的人都应服从他的使者。

5. 信后世

伊斯兰教认为：整个宇宙及一切生命，终将有一天全部毁灭。然后安拉使一切生命复活，即复活日来临。复活日到来的时候，一切生命的灵魂都将复返于原始的肉体，奉安拉的命令而复活。伊斯兰教所提倡的两世兼顾，号召穆斯林要在现世努力创造美满生活，同时也应该以多做善功为未来的后世归宿创造条件，两者相辅相成。从某种意义上讲，相信后世可以制约人们今生的行为。

6. 信前定

就是认为世间的一切都是由安拉预先安排好的，任何人都不能变更，唯有对真主的顺从和忍耐才符合真主的意愿，而此"前定"非"宿命"，真主可以更改，只有通过虔诚的向安拉祈祷和努力，真主才会使其结果发生变化。

4.4.3 伊斯兰教供奉的对象

伊斯兰教信奉安拉为唯一之神，认为除了安拉再没有神，反对信多神、拜偶像。在中国，穆斯林也称安拉为"胡大"或"真主"。穆斯林都相信穆罕默德是"先知"，是"安拉的使者"，是奉安拉之命向人类传布伊斯兰教的。

4.4.4 伊斯兰教建筑艺术

中国伊斯兰教的宗教建筑，包括礼拜寺（清真寺）、教经堂、教长墓等几个类型。中国伊斯兰教建筑有两个体系：一是以广大内地的回族为主的礼拜寺和教长墓（拱北）为代表；二是以维吾尔族为主的礼拜寺和陵墓（玛札）为代表。

回族清真寺：是吸收汉族传统建筑的技艺而发展形成的。首先，它采用了汉族建筑的院落式布局原则，组合成封闭形的院落，并且有明确的轴线对称关系。如四川成都鼓楼街清真寺、天津大夥巷清真寺。其次，大量应用了中国特色小品建筑，如牌楼、影壁、砖门楼、屋宇式门房，甚至作为伊斯兰教的特色建筑邦克楼，亦做成亭阁式样。有些清真寺重复地应用上述小品建筑于总体布局中，更强调出中国的传统特色。如济宁东大寺在大殿前布置了四道门才达到主体建筑。再有，回族清真寺大殿的屋顶组合亦是一项有成就的艺术创造。此外，中国传统的砖雕、木刻，也在清真寺中大量应用，有些雕刻品几乎成为珍贵的艺术品。

维吾尔族伊斯兰教建筑以南疆地区最为典型。当地建筑多采用木柱密肋式平房或土坯拱及穹窿顶的建筑，与内地建筑有较大的不同。维吾尔族礼拜寺及礼拜殿是非对称式的布局，没有严格的轴线对位关系。寺院内皆有较大的庭院。其入口多建有高大的穹窿顶拱门及邦克楼，建筑华丽醒目，礼拜殿分为内殿与外殿，供冬季和夏季做礼拜时分别使用。维族礼拜寺装饰特点是大量运用几何纹样，采取并列、对称、交错、连续、循环等各种方式形成两方或四方连续的构图，著名的有喀什的艾提尕尔清真寺（见图4－20）。

【知识链接】

艾提尕尔清真寺

艾提尕（gǎ）尔清真寺始建于公元1442年，坐落于新疆维吾尔自治区喀什市的艾提尕尔广场西侧，占地25.22亩。它不仅是新疆规模最大的清真寺，也是全国规模最大的清真寺之一。这是一个有着浓郁民族风格和宗教色彩的伊斯兰教古建筑群，坐西朝东，南北长140米，东西宽120米，占地总面积为1.68万平方米，分为"正殿""外殿""教经堂""院落""拱拜孜""宣礼塔""大门"七部分。

1. 门前

清真寺大门用黄砖砌筑，白石膏勾缝，看上去线条清晰，非常醒目。正门高12.6米，两侧的塔高近18米，大门高4.7米，宽4.3米。门前有一个扇形13级台阶，走上台阶便是门厅，铜包的两扇木门，高大雄伟。

寺门上方的墙顶是一条长8米、距地面10.5米的巨大平台。每逢盛大节日，平台上就会传来通宵达旦响彻云霄的羊皮鼓和唢呐乐声，为云集于艾提尕广场的数万穆斯林制造节日的欢乐气氛，大规模的"撒满"群舞盛况空前，为全疆各地所罕有。这里既是宗教圣地，又是节日喜庆的场所。

图4-20　艾提尕尔清真寺门前

2. 庭院

进了大门就是巨大的圆顶拱拜孜，拱拜孜下面是多边形过庭，两边有两条通道通向庭院，两条通道之间夹着一个雕花窗户。拱拜孜高16米，直径10米。从过庭北侧的通道走出，是一条宽4.38米，长近80米的小路，路的北侧有一大一小两个水池。

院子南北两侧是教经堂，共有房屋24间，其中南部11间，北部13间。在教经堂房屋之间，还有南北两个侧门，也是平时供人们出入之用的。院落的后面有一排木栅栏，栅栏东侧，东西走向人行道的南北两侧，有两个宣礼塔。塔高6.5米，塔底长3米，宽2.2米。栅栏全长115米，共有5个木门通向正殿。从栅栏的5个门进入礼拜殿，有5个台阶可以上到礼拜殿，礼拜殿分为正殿和外殿，长140米，宽16米，加上向西突出的前廊部分，礼拜殿共2600平方米，从中间的8级台阶可直上正殿的前廊。正殿长36.5米，宽10.5米，高8.1米。寺内平时有两三千人做礼拜，"居玛日"（星期五）有六七千人；逢节日时在寺内外跪拜的穆斯林可达两三万人之多。

> 3. 正殿
> 正殿东墙两侧各有1个双扇大门，供人们出入，正中有一个宽1.8米，高近4米的米合拉普（墙壁上圆拱形图案），其中两侧各有两扇窗户。正殿西墙也有一个米合拉普，高4.3米，宽3.1米。在这里放有大毛拉讲经的坐台。米合拉普北侧有5个壁龛，南侧有4个。

4.4.5 伊斯兰教礼仪

1. 称谓

伊斯兰教注重称谓，反对在命名中使用吉利的词语，如"发财""得胜""高贵"等，喜欢用"天仆""天悯"等词语。宗教领袖、教长、清真寺的主持人、什叶派的政教领导人，尊称为伊玛目。主持清真寺教务者尊称为阿訇。教坊首领尊称为教长阿訇。经文大师尊称为开学阿訇。伊斯兰学者尊称为毛拉。

2. 饮食

伊斯兰教对饮食有严格的规定。不食猪和不反刍的猫、狗、马、驴、骡、鸟类、没有鳞的水生动物等。不食自死的动物、非穆斯林宰杀的动物、动物的血。穆斯林杀牲，要念经祈祷，采用断喉见血的方式，不用绳勒棒打、破腹等屠宰法。不食生葱、生蒜等异味的东西。伊斯兰教禁止饮酒。

3. 葬仪

按伊斯兰教义，穆斯林逝世后要实行土葬，并为亡人举行葬礼。这一葬制可以概括为3个字："土""速""俭"。人亡后要速葬，亡体停放一般不超过3天。

土葬时不用棺木，而是将尸体用水洗净、包裹白布（俗称"可凡布"）后直接埋入土中，尸位南北向，面朝西。中国穆斯林的坟穴，受传统文化影响，一是用椁，即将亡者置于长方形的椁中，椁用木竹制作或用砖、水泥砌成，上加3块盖板；二是在地面上大都有封丘，有的还在封丘前面立碑。还要俭葬或者说薄葬，即坟穴内不得有任何陪葬品。

4. 服饰仪表

伊斯兰教讲究衣着规矩，提倡衣着要符合自己的社会地位和身份。男子禁止穿纯丝织品制成的衣服、色彩鲜艳的衣服，禁止戴金银饰物。到清真寺做礼拜、参加葬礼等，则必须戴弁。弁是上小而尖、下大而圆的帽子。穆斯林妇女有戴面纱、盖头的习惯。

4.4.6 伊斯兰教节日

伊斯兰有三大节日，即开斋节、古尔邦节和圣纪节。

1. 开斋节

按伊斯兰教法规定，伊斯兰教历每年9月为斋戒月。凡成年健康的穆斯林都应全月封斋，即每日从拂晓前至日落，禁止饮食和房事等。封斋第29日傍晚如见新月，次日即为开斋节；如不见，则再封一日，共为30日，第二日为开斋节，庆祝一个月的斋功圆满完成。也就是说，从这个月的新月出来到下月的新月出来的一个月（30天）时间里，穆斯林都要封斋。从黎明到日落，白天不进饮食，不说脏话，不背谈他人，不干坏事，大家都要和睦相处，团结友爱。通过斋戒使人们尝到了饥饿和干渴的痛苦，用忆苦思甜的方法，磨炼意志，坚定信心，体会人生创业的艰难，鼓励人们用勤劳和智慧创造财富，教育子女做一个勤劳、善良、正直和守法的穆斯林。提倡穆斯林在生活富裕的情况下，施舍贫穷，接济骨肉，以照顾鳏寡孤独、老弱病残为己任，所以开斋节又是叫"济贫节"，而新疆穆斯林称"肉孜节"。

2. 古尔邦节

古尔邦节也叫"宰牲节"。"古尔邦"是阿拉伯语"尔德·艾祖哈"的音译，意为"献牲""献身"之意，是伊斯兰教三大节日之一。中国信仰伊斯兰教的各民族对宰牲节还有不同的称呼，如库尔班节、忠孝节、献牲节等，一般在开斋节后70天庆祝。这个节日属于穆斯林朝觐功课的最后一项活动仪式，均在伊斯兰教历12月10日举行。

3. 圣纪节

圣纪节，亦称圣忌节、冒路德节，为伊斯兰教的三大节日之一。相传穆罕默德诞辰和逝世都在伊斯兰教历的3月12日，穆斯林为了纪念伊斯兰教圣人（创始人）穆罕默德创建了伊斯兰教，在他诞辰和逝世的这天举行集会。以后，逐渐演进为伊斯兰教的节日。节日活动多由清真寺主持。届时，穆斯林要穿戴整齐，到清真寺沐浴、更衣、礼拜，听阿訇们念经，讲述穆罕默德的历史和创建伊斯兰教的功绩，然后休息、游玩一天。

4.5 中国基督教文化

4.5.1 基督教的起源

基督教起源于巴勒斯坦的犹太人中。在公元3年，住在该地的犹太人为罗马所征服。在罗马人的残酷压迫下，犹太人曾于公元66—132年多次发动起义，失败后遭到更残酷的镇压。由于起义的失败，被压迫的群众感到无能为力，他们把希望寄托于宗教，期待出现一个救世主，使天国降临地上，来拯救人们的苦难。据有关历史材料，在公元前后，在小亚细亚各地犹太下层居民中出现一种流传"救世主"将要来临的秘密教派。基督教实际上是从这种教派演变来的。基督教产生于公元一世纪的巴勒斯

4 中国宗教文化

坦,"基督"一词是古希腊语的译音,意为"救世主"。传说基督教的创始人是耶稣,他作为救世主,许诺穷人死后升入天堂,而富人要进入天堂比骆驼穿过针眼还难。由于拨动了社会下层人民的心弦,基督教逐渐传播开来。

【知识链接】

基督教的发展与传播

早期基督教:早期的基督教是作为群众运动产生的。随着基督教的传播,社会各阶层愈来愈多人加入教会。教会虽在第二、三世纪遭遇多次可怕的大逼迫,许多主教和信徒被烧死,但教会依然继续壮大,直到公元313年颁布的米兰敕令,罗马帝国终于承认了基督教的合法地位。

中世纪的基督教:自公元476年西罗马帝国被日耳曼人所灭之后,不少日耳曼人的部族开始皈依基督宗教。由于日耳曼人的文化水平比罗马人低,甚至连自己的文字也没有,于是教会便成了中世纪时期西欧的唯一学术权威。因为当时几乎只有教士和修士才能读书识字,所有的学者都是教会人士。

1054年,基督教分化为公教(在中国称天主教)和正教(在中国称东正教)。天主教以罗马教廷为中心,权力集中于教宗身上;东正教以君士坦丁堡为中心,教会最高权力属于东罗马帝国的皇帝。1096—1291年,天主教以维护基督教为名,展开了8次宗教战争(十字军东征)。16世纪,德国、瑞士、荷兰、北欧和英国等地发生了宗教改革运动,产生出脱离天主教会的基督教新教教会,领导人物是马丁·路德、加尔文等人。他们建立了新教和圣公会,脱离了罗马天主教。中国所称的"基督教",基本上都是这个时候产生的新教。

现今的基督教:基督教主要包括天主教、东正教、新教三大派别,还包括宣称跟其他教会有着不同历史渊源和信念的基督教派。

唐太宗贞观九年(635年),基督教开始传入中国,但当时传入中国的是当年一度被认为是异端的聂斯托利派(中国称景教,现称"基督宗教马龙派"),后来在唐朝会昌五年(845年)被禁止传播。元朝时基督教(景教和罗马公教)又再次传入中国,称为"也利可温"(蒙古语"有福缘的人"),元朝灭亡后又中断了。明朝万历十年(1582年),天主教耶稣会派来利玛窦,他被允许在广东肇庆定居并传教,曾一度成功地使天主教在中国得以立足。

清朝雍正五年(1727年),东正教开始在中国传播。1807年,新教派遣马礼逊来华传教,新教也开始在中国传播。鸦片战争以后,基督教以沿海通商口岸为基地迅速发展。

4.5.2 基督教的基本教义

早期基督教的教义主要来自《圣经》,以后随社会的发展,教派也不断涌现,各派的教义侧重点也各异,但基本的信条有以下内容。

1. 十诫

除了我(上帝)以外不可有别的神;不可为自己雕刻和敬拜偶像;不可妄称耶和

华你上帝的名;当守安息日为圣日;当孝敬父母;不可杀人;不可奸淫;不可偷盗;不可作假证陷害人;不可贪恋别人妻子和财物。

2. 三位一体

这是基督教的基本信条之一。相信上帝唯一,但有三个"位格",即圣父——天地万物的创造者和主宰;圣子——耶稣基督,上帝之子,受上帝之遣,通过童贞女玛利亚降生为人,道成肉身,并"受死""复活""升天",为全人类作了救赎,必将再来,审判世人;圣灵——上帝圣灵。三者是一个本体,却有三个不同的位格。

3. 信原罪

这是基督教伦理道德观的基础,认为人类的祖先亚当和夏娃因偷食禁果犯的罪传给了后代子孙,成为人类一切罪恶的根源。人生来就有这种原罪,此外还有违背上帝意志而犯种种"本罪",人不能自我拯救,而要靠耶稣基督的救赎。因而,原罪说以后逐渐发展为西方的"罪感文化",对欧美人的心理及价值观念影响深远。

4. 信救赎

人类因有原罪和本罪而无法自救,要靠上帝派遣其独生子耶稣基督降世为人做牺牲,成为"赎价",作了人类偿还上帝的债项,从而拯救了全人类。

5. 因信称义

人类凭信仰就可得救赎,而且这是在上帝面前成为义人的必要条件。

6. 信天国和永生

人的生命是有限的,但人的灵魂会因信仰而重生,并可得上帝的拯救而获永生,在上帝的国——天国里得永福。

7. 信地狱和永罚

人若不信或不思悔改,就会受到上帝的永罚,要在地狱里受煎熬。

8. 信末世

相信在世界末日之时,人类包括死去的人都将在上帝面前接受最后的审判,无罪的人将进入天堂,而有罪者将下地狱。

4.5.3 基督教建筑艺术

教堂的建筑风格主要有罗马式、拜占庭式和哥特式三种。

罗马式建筑是基督教成为罗马帝国的国教以后,一些大教堂普遍采用的建筑式样。它是仿照古罗马长方形会堂式样及早期基督教"巴西利卡"教堂形式的建筑。巴西利卡是长方形的大厅,内有两排柱子分隔的长廊,中廊较宽称中厅,两侧窄称侧廊。大厅东西向,西端有一半圆形拱顶,下有半圆形圣坛,前为祭坛,是传教士主持仪式地方。后来,拱顶建在东端,教堂门开在西端。高耸的圣坛代表耶稣被钉十字架的骷髅地的山丘,放在东边以免每次祷念耶稣受难时要重新改换方向。

4　中国宗教文化

拜占庭式建筑的主要成就与特征是穹顶在方形的平面上，建立覆盖穹顶，并把重量落在四个独立的支柱上，这对欧洲建筑发展是一大贡献。圣索菲亚大教堂是典型的拜占庭式建筑。其堂基与罗马式的一样，呈长方形，但是，中央部分房顶由一巨大圆形穹窿和前后各一个半圆形穹窿组合而成。东正教教堂的特征是堂基由长方形改为正方形，但在建筑艺术上仍保留拜占庭式风格。

哥特式建筑是以法国为中心发展起来的。在12—15世纪，城市手工业和商业行会相当发达，城市内实行一定程度的民主政体，市民们以极高的热情建造教堂，以此相互争胜来表现自己的城市。哥特式建筑的特点是尖塔高耸，在设计中利用十字拱、飞券、修长的立柱，以及新的框架结构以增加支撑顶部的力量，使整个建筑以直升线条、雄伟的外观和教堂内空阔空间，再结合镶着彩色玻璃的长窗，使教堂内产生一种浓厚的宗教气氛。教堂的平面仍基本为拉丁十字形，但其西端门的两侧增加一对高塔。著名的哥特式建筑有巴黎圣母大教堂，意大利米兰大教堂，德国科隆大教堂（见图4-21），英国威斯敏斯特大堂。

图4-21　科隆大教堂夜景

【知识链接】

科隆大教堂

科隆大教堂是位于德国科隆的一座天主教主教座堂，是科隆市的标志性建筑物。在所有教堂中，它的高度居德国第二（仅次于乌尔姆市的乌尔姆大教堂），世界第三。论规模，它是欧洲北部最大的教堂。集宏伟与细腻于一身，它被誉为哥特式教堂建筑中最完美的典范。它始建于1248年，工程时断时续，至1880年才由德皇威廉一世宣告完工，耗时超过600年，至今仍修缮工程不断。

科隆大教堂占地8000平方米，建筑面积约6000平方米，东西长144.55米，南北宽86.25米，面积相当于一个足球场。它是由两座最高塔为主门、内部以十字形平面为主体的建筑群。一般教堂的长廊，多为东西向三进，与南北向的横廊交会于圣坛成十字架；

中国旅游文化

> 科隆大教堂为罕见的五进建筑，内部空间挑高又加宽，高塔将人的视线引向上天。自1864年科隆发行彩票筹集资金至1880年落成，它不断被加高加宽，而且建筑物全由磨光石块砌成，共16万吨石头如同石笋般建筑而成，整个工程共用去40万吨石材。教堂中央是两座与门墙连砌在一起的双尖塔，南塔高157.31米，北塔高157.38米，是全欧洲第二高的尖塔。
> 　　大教堂内中央大礼拜堂穹顶高43米，中厅ådaptive跨度为15.5米，是目前尚存的最高的中厅。各堂排有整齐的木制席位5700个，圣职人员的座位有104个，全用极厚木板制成。其中世纪晚期风格的唱诗台是德国最大的，它的特别之处在于各有一个预留给教皇和皇帝的座位。
> 　　科隆大教堂里收藏着许多珍贵的艺术品和文物。其中包括成千上万张当时大教堂的设计图纸，现在仍保存第一位建筑师哈德设计教堂时用的羊皮图纸，为研究13世纪建筑和装饰艺术提供了重要资料。

4.5.4　基督教礼仪

1. 洗礼

洗礼为基督教的一种重要宗教仪式，分滴水礼和浸礼两种。基督徒认为洗礼是表示信仰皈依的仪式，是耶稣所立的圣事，表明赦免本人一切的"罪"，脱去旧人做新人。教会规定，愿受洗进教者，必须先在礼拜堂听道一年以上，然后申请参加慕道班，了解基督教的基本要道，最后经牧师或长老考问信德通过后，同意施洗。受洗礼后才成为正式信徒，并有资格领受圣餐。

2. 弥撒

弥撒亦称感恩祭，弥撒是圣教会最重要、举行得最多的礼仪。其目的是成圣体圣血、祭献天主，向天主表示钦崇、感恩、祈求和赎罪，用面饼和葡萄酒表示耶稣的身体和血来祭祀天主。教会的主要信仰活动都围绕着弥撒而进行。

3. 祈祷

也作"祷告"：信仰宗教的人向神默告自己的愿望。基督教特指向上帝（天主）和耶稣基督呼求、感谢、赞美等。天主教还包括吁请圣母玛利亚以及其他圣徒向天主和基督代求。有不出声的默祷和出声的口祷；个人单独进行的私祷和集体举行的公祷等。公祷时通常由牧师或神父领祷。

4.5.5　基督教节日

1. 降临节

Advent，意为"来临""到达"，指紧接着圣诞节前一段时间。四个周日为"降临节主日"到"降临节第四主日"。降临节意在关注耶稣的两次降临：第一次来是卑微地来到这个世界上，第二次来则是荣耀地为审判而来，即时间的末了。某些教会的教牧人员在这段时间内会穿象征忏悔的紫色服装。西方教会年历以降临节开始。

2. 圣诞节

Christmas，也称"耶稣圣诞瞻礼""主降生节"。从公元4世纪起为纪念耶稣基督诞生，西方教会规定于每年12月25日守此节。东正教和其他东方教会在1月6日或7日。

3. 主显节

Epiphany，源于希腊文"Epiphaneia"，原意是：一位神出现，使人肉眼可以看见；或是一位被当作神崇拜的皇帝，到他王国的某一城市拜访，使当地的居民能看见他。指"耶稣曾三次向世人显示其神性"。关于主显节最早的记载在三世纪。四世纪开始，罗马天主教会固定12月25日庆祝耶稣圣诞，并在1月6日庆祝主显节，纪念耶稣显示给世人的三个核心事件：贤士来朝、耶稣受洗、变水为酒。

4. 忏悔节

Shrove Tuesday，基督徒思罪忏悔的节日。大斋节首日（圣灰节）之前的星期二举行，以表示谢肉节的结束，人们应准备封斋。也称"忏悔火曜日"（Mardi Gras）。在英国习惯称为"煎饼星期二"（Pancake Tuesday），人们在这一天要将斋戒节期间禁止食用的肉、油用完。

5. 复活节

Easter，亦称"耶稣复活瞻礼""主复活节"。尼西亚公会议规定，每年春分月圆后第一个星期日（3月21至4月25之间）为"复活节"。东正教以及某些其他东方教会的复活节常比天主教和新教迟两个星期。

实训应用

1. 实训项目：参观当地一处宗教旅游景点。
2. 实训目的：通过组织学参观宗教旅游景点，加深对宗教旅游资源的认识，要求学生掌握宗教融合、宗教文化对当地旅游发展的影响及宗教艺术特点等重点知识。
3. 实训步骤：设计参观路线，现场模拟导游2~3分钟。

复习思考题

一、名词解释

宗教文化　开斋节　道观　洗礼

二、简答题

1. 宗教文化旅游资源的类型有哪些？
2. 简述佛教寺院的建筑特点。

3. 简述道教的起源。

4. 简述基督教的主要节日。

三、思考题

1. 思考宗教文化与发展旅游的关系。

2. 思考宗教节日对人民生活的影响。

5

中国的世界遗产

学习目标

知识目标	技能目标
1. 了解世界遗产公约的基本含义 2. 掌握世界遗产的分类 3. 理解世界非物质文化遗产的含义	1. 熟悉中国世界遗产名录 2. 分析申报世界遗产需具备的条件

中国旅游文化

知识引例

联合国教科文组织世界遗产委员会改选

根据联合国教科文组织 2013 年 11 月 20 日发布的消息,《保护世界文化和自然遗产公约》缔约方大会于 11 月 19 日至 21 日在教科文组织巴黎总部举行,会议首日选举产生了世界遗产委员会的 12 个新成员,任期 4 年。它们将和任期持续至 2015 年的阿尔及利亚、哥伦比亚、德国等一同组成新一届世界遗产委员会。

1972 年,联合国教科文组织颁布了《保护世界文化和自然遗产公约》。公约主要规定了文化遗产和自然遗产的定义以及对于这些遗产的保护措施等。由 21 个成员代表组成的世界遗产委员会是联合国教科文组织下设的重要机构,每年召开一次世界遗产大会,除审议成员提交的申报世界遗产名录项目外,还总结各成员对世界遗产的保护工作,并审议保护世界遗产的国际资金支持等事项。

截至目前,全世界共有 981 处遗产地被列入世界遗产名录,其中包括 759 处自然遗产、193 处文化遗产以及 29 处文化与自然双重遗产。中国已有 45 处遗产列入世界遗产名录。

资料来源:新华网,2013.11.21

5.1 世界遗产概述

5.1.1 世界遗产委员会与世界遗产名录

为了保护世界自然和文化遗产,联合国教科文组织于 1972 年 11 月 16 日在第十七次大会上正式通过《保护世界文化和自然遗产公约》(简称《世界遗产公约》),1975 年"公约"正式生效。该公约共包含了四部分内容:一是确定了文化遗产和自然遗产的定义及被列入世界遗产名录的条件;二是指出缔约国在确定潜在遗产项方面所负的责任,以及他们在保护这些遗产项时所起的作用;三是阐述世界遗产委员会的功能;四是解释如何使用和管理世界遗产基金。

1976 年,世界遗产委员会成立,并建立了《世界遗产名录》(以下简称"名录")。世界遗产委员会由 21 名成员组成,每届任期为 6 年,每两年改选 1/3 的成员。委员会每年在不同的国家举行一次大会,讨论和决策世界遗产保护问题,审核和批准新申报的项目。

> 【知识链接】
> **联合国教科文组织世界遗产委员会**
>
> 联合国教科文组织世界遗产委员会是政府间组织,由 21 个成员国组成,负责《世界遗产公约》的实施。每年召开一次会议,主要决定哪些遗产可以录入《世界遗产名录》,对已列入名录的世界遗产的保护工作进行监督指导。委员会内由 7 名成员构成世界遗产委员会主席团,主席团每年举行两次会议,筹备委员会的工作。

5 中国的世界遗产

世界遗产委员会承担四项主要任务：

（1）在挑选录入《世界遗产名录》的文化和自然遗产地时，负责对世界遗产的定义进行解释。在完成这项任务时，该委员会得到国际古迹遗址理事会（ICOMOS）和国际自然资源保护联盟（IUCN）的帮助；这两个组织仔细审查各缔约国对世界遗产的提名，并针对每一项提名写出评估报告。国际文物保护与修复研究中心（ICCROM）也对该委员会提出建议（例如文化遗产方面的培训和文物保护技术的建议）。

（2）审查世界遗产保护状况报告。当遗产得不到恰当的处理和保护时，该委员会让缔约国采取特别性保护措施。

（3）经过与有关缔约国协商，该委员会作出决定把濒危遗产列入《濒危世界遗产名录》。

（4）管理世界遗产基金。对为保护遗产而申请援助的国家给予技术和财力援助。

世界遗产委员会还设立了"世界遗产基金"，规定资金来源包括："缔约国义务捐款和自愿捐款""其他国家、联合国教科文组织、联合国系统其他组织、其他政府间组织、公共或私立机构或个人的捐款、赠款或遗赠""基本款项所得利息""募捐的资金和为本基金组织的活动所得收入""基金条例所认可的其他资金"。"对基金的捐款不得带有政治条件"，缔约国每两年定期向世界遗产基金纳款。

联合国教科文组织还专门设置了世界遗产中心，又称为"公约执行秘书处"。该中心协助缔约国具体执行《保护世界文化和自然遗产公约》，对世界遗产委员会提出建议，执行世界遗产委员会的决定。

中国于 1985 年加入《世界遗产公约》，成为缔约方。1999 年 10 月 29 日，中国当选为世界自然与文化遗产委员会成员。2007 年 10 月，中国当选世界遗产委员会委员国。

5.1.2 世界遗产的分类

中国在 1985 年 11 月 22 日加入《保护世界文化与自然遗产公约》，截至 2013 年 6 月，经联合国教科文组织审核批准列入"名录"的中国世界遗产共有 45 项。在数量上居世界第二位，仅次于意大利。首都北京拥有 6 项世界遗产，是世界上拥有遗产项目数最多的城市。而苏州是至今唯一承办过世界遗产委员会会议的中国城市。

目前，世界遗产分为文化遗产、自然遗产、文化与自然双重遗产、文化景观等类别。世界遗产的评定标准主要依据"公约"第一、二条的规定，列入"名录"的项目必须经过严格的考核和审批程序。

1. 文化遗产

"公约"规定，属于下列内容之一者，可以列为文化遗产：

（1）文物。从历史或艺术、科学的角度看，具有突出价值、普遍价值的建筑物、雕刻和绘画，具有考古意义的成分或结构、铭文、洞穴、住区及各类文物的综合体。

（2）建筑物。从历史或艺术、科学的角度看，因其建筑的形式、同一性及其在景观中的地位、具有突出价值、普遍价值的单立或相互联系的建筑群。

（3）遗址。从历史或美学、人种学、人类学的角度看，具有突出价值、普遍价值的人造工程或人与自然的共同作品以及考古遗址地带。

2. 自然遗产

"公约"规定，属于下列内容之一者，可以列为自然遗产：

（1）从美学或科学角度看，具有突出价值、普遍价值的由地质和生物结构或这类结构群组成的自然面貌。

（2）从科学或保护角度看，具有突出价值、普遍价值的地质和自然地理结构以及明确划定的濒危动植物物种生态区。

（3）从科学、保护或自然美角度看，具有突出价值、普遍价值的天然名胜或明确划定的自然地带。

3. 文化景观

作为一个单独的遗产类别，文化景观有着独特的视角和选取范围，它既不同于文化遗产对文化的关注，也与自然遗产对自然的关爱有所不同。它主要体现的是人类长期的生产、生活与大自然所达成的一种和谐、平衡。它更强调人与环境的可持续发展。

文化景观代表"公约"第一条所表述的"自然与人类的共同作品"。保护文化景观有助于保护生物多样性。文化景观一般有以下类型。

（1）由人类有意设计和建筑的景观。包括出于美学原因建造的园林和公园景观，它们经常（但不总是）与宗教或其他纪念性建筑物或建筑群有联系。

（2）有机进化的景观。它产生于最原始的一种社会、经济、政治以及宗教需要，并通过与周围自然环境的联系或相适应而发展到目前的形式。它又包括两种次类别。一是残骸物（或化石）景观，代表过去某段时间已经完成的进化过程，不管是突发的或是渐进的。它们之所以具有突出价值、普遍价值，还在于显著特点依然体现在实物上。二是持续性景观，它与当今传统生活方式依然保持一种积极的社会联系，且其自身演变过程仍在进行之中，同时又展示了历史上其演变发展的物证。

【知识链接】

《世界遗产公约》

《世界遗产公约》的全名是《保护世界文化和自然遗产公约》（Convention Concerning the Protection of the World Cultural and Natural Heritage）。世界遗产的标志（见图5-1），象征着文化遗产与自然遗产之间相互依存的关系。中央的正方形是人类创造的形状，圆圈代表大自然，两者密切相连。这个标志呈圆形，既象征全世界，也象征着保护。

图5-1 世界遗产标志

（3）关联性文化景观。这类景观列入"名录"，以与自然因素、强烈的宗教、艺术或文化相联系为特征而不是以文化物证为特征。

5.2 中国的世界遗产选介

5.2.1 自然遗产

1. 九寨沟

九寨沟位于四川省阿坝藏族羌族自治州的九寨沟县境内,是长江水系嘉陵江源头一条支沟。面积 720 平方公里,海拔 2000~4000 米。一年四季皆可旅游,尤以秋季最佳。

九寨沟古称羊峒,又名翠海。因沟内有九个藏族村寨而得名。沟内有很多河流、瀑布和数不清的湖泊,这些神态各异的水,是九寨沟最为神奇的部分。所谓"黄山归来不看山,九寨沟归来不看水"。其中"五花海"湖底为沉积石,色彩斑斓。镜海(见图 5-2)水面平如镜。诺日朗瀑布,高约 30 米,宽约 100 米。

九寨沟以高山湖泊群和瀑布群为其主要特点,集湖、瀑、滩、流、雪峰、森林及藏族风情为一体,因其独有的原始自然美、变化无穷的四季景观、丰富的动植物资源被誉为"人间仙境""童话世界"。

图 5-2 九寨沟镜海

2. 黄龙

黄龙风景名胜区位于四川省阿坝藏族羌族自治州松潘县境内。面积 700 平方公里。与九寨沟毗邻,但又被高山阻隔为各自独立、各具特色的两大景区。主要景观集中于长约 3.6 公里的黄龙沟,沟内遍布碳酸钙华沉积,并呈梯田状排列,仿佛是一条金色巨龙,并伴有雪山、瀑布、原始森林、峡谷等景观。黄龙风景名胜区既以独特的岩溶景观著称于世,也以丰富的动植物资源享誉人间。从黄龙沟底部(海拔 2000 米)到山顶(海拔 3800 米)依次出现亚热带常绿与落叶阔叶混交林、针叶阔叶混交林、亚高山针叶林、高山灌丛草甸等。包括大熊猫、金丝猴在内的 10 余种珍贵动物徜徉其间,使黄龙景区的特殊岩溶地貌与珍稀动植物资源相互交织,浑然天成。五彩池

（见图5-3）是位于黄龙最上端的钙化彩池群，共693个。黄龙以其雄、峻、奇、野风景特色，享有"世界奇观""人间瑶池"的美誉。

3. 武陵源

武陵源风景名胜区位于湖南省张家界市。总面积369平方公里，由张家界国家森林公园、索溪峪和天子山三大景区组成。主要景观为石英砂岩峰林地貌，境内共有3103座奇峰，姿态万千，蔚为壮观。加之沟壑纵横，溪涧密布，森林茂密，人迹罕至，森林覆盖率85%，植被覆盖率99%，中、高等植物3000余种，乔木树种700余种，可供观赏园林花卉多达450种。陆生脊椎动物50科116种。区内地下溶洞串珠贯玉，已开发的黄龙洞初探长度达11公里。黄狮寨（见图5-4）位于张家界森林公园西部，向来有"不登黄狮寨，枉到张家界"之说。武陵源以奇峰、怪石、幽谷、秀水、溶洞"五绝"而闻名于世。

图5-3 黄龙五彩池

图5-4 张家界黄狮寨

4. 三江并流

"三江并流"自然景观位于中国西南部云南省西北部横断山脉的纵谷地区，由怒江、澜沧江、金沙江及其流域内的山脉组成，整个区域面积达4.1万平方公里。它地处东亚、南亚和青藏高原三大地理区域的交汇处，是世界上罕见的高山地貌及反映其演化的代表地区，也是世界上生物物种最为丰富的地区之一。该地区跨越丽江地区、迪庆藏族自治州、怒江傈僳族自治州三个地州，区内汇集了高山峡谷、雪峰冰川、高原湿地、森林草甸、淡水湖泊、稀有动物、珍贵植物等奇异景观。

同时，该地区还是16个民族的聚居地，是世界上罕见的多民族、多语言、多种宗教信仰和风俗习惯并存的地区。长期以来，"三江并流"自然景观一直是科学家、探险家和旅游者的向往之地，具有重要的科学价值、美学意义和丰富多彩的少数民族文化。

5.2.2 文化遗产

1. 周口店北京人遗址

周口店北京人遗址位于北京市房山区周口店龙骨山。因20世纪20年代出土了较为完整的北京猿人化石而闻名于世，尤其是1929年中国古生物学家裴文中发现了第

5 中国的世界遗产

一个北京人头盖骨，从而为北京人的存在提供了坚实的基础，成为古人类研究史上的里程碑。到目前为止，出土的人类化石包括5具头盖骨、15块下颌骨、152个牙齿及大量骨骼碎块，代表约40个北京猿人个体。为研究人类早期的生物学演化及早期文化的发展提供了实物依据。

根据对文化沉积物的研究，北京人生活在距今70万年至20万年之间。在龙骨山顶部于1933年发掘出生活于2万年前后的古人类化石，并命名为"山顶洞人"。1973年又发现介于两个年代之间的"新洞人"，表明北京人的延续和发展。

周口店遗址是世界上迄今为止人类化石材料最丰富、最生动、植物化石门类最齐全而又研究最深入的古人类遗址。

2. 甘肃敦煌莫高窟

莫高窟俗称千佛洞，位于甘肃敦煌市东南25公里的鸣沙山东麓岩泉河崖壁上，上下5层，南北长约1600米。始凿于前秦建元二年（即公元366年），后经十六国至元十几个朝代的开凿，形成一座内容丰富、规模宏大的石窟群。现存洞窟492个，这些洞窟大小不一，37号窟最小；16号窟最大，面积为268平方米；96号窟最高，从山脚到山顶高50米。壁画45000多平方米，彩塑2415余身，飞天4000余身，唐宋木结构建筑5座，莲花柱石和铺地花砖数千块。这些壁画和彩塑技艺高深，想象力丰富，是世界上现存规模最宏大、保存最完好的佛教艺术宝库，被誉为"东方艺术明珠"。20世纪初又发现了藏经洞（莫高窟第17洞），洞内藏有四至十世纪的写经、文书和文物五六万件，引起国内外学者极大的注意，形成了著名的敦煌学。

3. 长城

中国的长城是人类文明史上最伟大的建筑工程，它东、西、南、北纵横交错，绵延起伏于中国辽阔的土地上。其中横贯中国北方的长城规模最大，西起甘肃嘉峪关，东至鸭绿江边的虎山，全长一万多华里，古称万里长城。始建于2000多年前的春秋战国时期，直至明代末年。其中秦朝、汉朝、明朝曾经大规模修筑，但也有两个朝代没有修筑长城，即以经济实力辐射周边的唐朝和以军事实力征服世界的元朝。长城工程浩繁，气势雄伟，堪称世界奇迹。

2002年11月中国唯一的水上长城辽宁九门口长城通过联合国教科文组织的验收，作为长城的一部分正式列入世界文化遗产名录。

4. 云南丽江古城

丽江古城位于中国西南部云南省的丽江市，又名大研镇，坐落在丽江坝中部，与同为第二批国家历史文化名城的四川阆中、山西平遥、安徽歙县并称为"保存最为完好的四大古城"。它是中国历史文化名城中两个没有城墙的古城之一（另一个是歙县）。据说是因为丽江世袭统治者姓木，筑城势必如木字加框而成"困"字之故。丽江古城始建于宋末元初（公元13世纪后期）。古城地处云贵高原，海拔2400余米，全城面积达3.8平方公里，自古就是远近闻名的集市和重镇。古城现有居民6200多户，25000余人。其中，纳西族占总人口绝大多数，有30%的居民仍在从事以铜银器制作、纺织、酿造业为主的传统手工业和商业活动。古城丽江把经济和战略重地与崎

113

岖的地势巧妙地融合在一起，真实、完美地保存和再现了古朴的风貌。古城的建筑历经无数朝代的洗礼，饱经沧桑，它融汇了各个民族的文化特色而声名远扬。

5. 重庆大足石刻

大足石刻位于重庆市，以大足区、潼南县、铜梁县、璧山县为范围，是大足区境内主要表现为摩崖造像的石窟艺术的总称。始建于唐永徽年间，终于南宋末年。大足石刻群有石刻造像40多处，总计5万多尊，因地处中国内地山区，过去交通不便，幸免了历代战争的浩劫和人为破坏，具有很高的文物、雕刻和旅游价值，其中以宝顶山和北山摩崖石刻最为著名。北山摩崖造像位于重庆市大足区城北1.5公里的北山。北山摩崖造像长约三百多米。造像最初开凿于晚唐景福元年（公元892年），历经后梁、后唐、后晋、后汉、后周五代至南宋1162年完成，历时250多年。现存雕刻造像4600多尊，以佛教造像为主，儒、道教造像并列，是中国晚期石窟艺术中的优秀代表。

大足石刻规模宏大，刻艺精湛，内容丰富，具有鲜明的民族特色，在中国古代石窟艺术史上占有举足轻重的地位。

6. 云冈石窟

位于山西省大同市西郊16公里处武周山南麓的云冈石窟，创建于公元450年，有窟龛252个，造像51000余尊，代表了公元5世纪至6世纪时中国杰出的佛教石窟艺术。其中的昙曜五窟，布局设计严谨统一，是中国佛教艺术第一个巅峰时期的经典杰作。

云冈石窟的石刻之所以有名，在于它的精湛的雕刻技艺和丰富多彩的内容以及其间流露出的异域风情。这里五万多尊塑像，大至十几米，小至几厘米，形态、神采都很动人。有些石佛，透过他们薄薄的罗纱可见其优美身段；有些飞天、乐伎明显地流露出波斯的色彩。云冈石窟大部分是魏孝文帝迁都洛阳以前的作品。佛像的形状一般是厚唇、高鼻、长目、宽肩，有雄健的气概，体貌表现了少数民族的特征。吸收和借鉴了印度犍陀罗佛教艺术。如果说洛阳龙门石窟是"汉化版"，大同云冈石窟则是"未完全汉化版"。石窟雕塑的各种宗教人物形象神态各异。在雕凿技法上，继承和发展了秦汉时期的艺术传统，又吸收了犍陀罗艺术的有益成分，创建出云冈独特的艺术风格，对研究雕刻、宗教、建筑、音乐都是极为宝贵的资料。

7. 龙门石窟

龙门石窟，位于洛阳市城南6公里的伊阙峡谷，这里香山和龙门山两山对峙，伊河水从中穿流而过，古称"伊阙"。隋炀帝迁都洛阳后，将皇宫的正门正对伊阙，从此，伊阙便被人们习惯的称为龙门。

龙门石窟始凿于北魏年间，历经东西魏、北齐、北周、隋、唐400多年的大规模营造，其中北魏和唐代大规模营建有140多年，从而形成了南北长达1公里、具有2300余座窟龛、10万余尊造像、2800余块碑刻题记的石窟遗存。

2000年11月，联合国教科文组织将龙门石窟列入《世界文化遗产名录》，世界遗产委员会评价："龙门地区的石窟和佛龛展现了中国北魏晚期至唐代（公元493—907

年）期间，最具规模和最为优秀的造型艺术。这些翔实描述佛教宗教题材的艺术作品，代表了中国石刻艺术的最高峰。"

8. 澳门历史城区

澳门历史城区位于澳门特别行政区城区，保存了澳门四百多年中西文化交流的历史精髓，是中国境内现存年代最远、规模最大、保存最完整和最集中，以西式建筑为主、中西建筑交相辉映的历史城区；是西方宗教文化在中国和远东地区传播历史的重要见证；更是四百多年来中西文化交流互补、多元共存的结晶。

"澳门历史城区"是连接相邻的众多广场空间及二十多处历史建筑，以旧城区为核心的历史街区。覆盖范围包括妈阁庙前地、妈阁庙、港务局大楼、郑家大屋、民政总署大楼、三街会馆（关帝庙）、仁慈堂大楼、大堂（主教座堂）、卢家大屋、大三巴牌坊、哪吒庙、大炮台等二十多处历史建筑。

9. 中国安阳殷墟

殷墟是商代晚期的都城遗址，在今河南安阳小屯村及其周围。占地约24平方公里，距今已有3300多年历史。商代从盘庚到帝辛（纣），在此建都达273年，是中国历史上可以肯定确切位置的最早的都城。这里一直是中国商代晚期的政治、经济、文化、军事中心。商灭亡后，这里逐渐沦为废墟。2006年7月13日，在立陶宛召开的世界遗产委员会第30届会议上，殷墟被列入《世界遗产名录》。

遗址规模宏大、遗存丰富、分布集中。包括宫殿、宗庙区，铸铜、制骨、制陶等手工业区，居民区，王陵区和平民墓地等部分。出土有大量青铜器、玉器、骨角器、陶器等遗物，其中包括著名的司母戊鼎等青铜礼器。此外，遗址内还出土甲骨卜辞15万余片，包括单字5000多个，是中国迄今为止发现的最早的文字。

这里建起了集中收藏、保护、展示殷墟出土可移动文物的殷墟博物馆。通过这一系列的措施，把殷墟遗址打造成了具有较高质量、兼顾保护和展示的大遗址公园。

10. 元上都遗址

2012年6月29日，第36届世界遗产委员会会议讨论并通过将中国元上都遗址列入《世界遗产名录》。

元上都遗址是中国元代都城遗址，位于内蒙古自治区锡林郭勒盟正蓝旗旗政府所在地东北约20公里处、闪电河北岸。元朝皇帝每年夏季率领重要大臣来这里避暑和处理政务，因此将宫城建成园林式的离宫别馆。全城由宫城、皇城和外城三重城组成。周长约9公里，东西2050米，南北2115米，宫城墙用砖包砌，四角有楼，内有水晶殿、鸿禧殿、穆清阁、大安阁等殿阁亭榭，将河水引入城内的池沼。皇城环卫宫城四周，城墙用石块包镶，道路整齐，井然有序，南半部为官署，府邸所在区域，东北和西北隅建有乾元寺和龙光华严寺。外城全用土筑，在皇城西北面，北部为皇帝观赏的御苑，南部为官署、寺观和作坊所在地区。城外东、南、西三处关厢地带，为市肆、民居、仓廪所在。

由中国北方骑马民族创建的这座草原都城，被认定是中原农耕文化与草原游牧文化奇妙结合的产物，史学家称誉它可与意大利古城庞贝相媲美。

5.2.3 自然、文化双重遗产

1. 山东泰山

泰山，古名岱山，又称岱宗。位于山东省中部泰安境内，总面积 426 平方千米，东临大海、西依黄河，自然景观雄伟绝奇，有数千年精神文化的渗透渲染和人文景观的烘托，被誉为中华民族精神文化的缩影。1987 年，被联合国教科文组织公布为世界自然与文化遗产。

历经数千年，泰山在拥有丰富的文化内涵的同时，还拥有丰富的自然美，成为中国名山风景的代表，即以富有美感的自然景观为基础，因地制宜渗透着人文景观美。泰山雄伟壮观，气势磅礴，它的天街犹如天庭仙境；它的险峰奇石、苍松流泉，无不蕴含着奇、险、秀、旷等美的形象；旭日东升、银海玉盘等景观，更让人有心旷神怡之感。泰山的建筑、绘画、雕刻与林木、山石、水流融为一体，以特有的艺术形象协调和加强了自然美。

2. 安徽黄山

黄山雄踞风景秀丽的安徽南部黄山市境内，是中国最著名的山岳风景区之一。景区面积 154 平方公里，山体伟特，玲珑巧石，万姿千态。黄山是一座花岗岩断块山，号称有 72 峰，三大主峰莲花峰、天都峰、光明顶海拔均超过 1800 米。黄山美在奇松、怪石、云海、温泉"四绝"。自古以来，历游名山者多以黄山为美。"五岳归来不看山，黄山归来不看岳""任他五岳归来客，一见天都也叫奇"。历代游客盛赞"天下名景集黄山"。

黄山脚下的古村落、古民居、古牌坊、古街道等徽派建筑比比皆是，由此形成的黄山文化是灿烂的中华文化瑰宝的重要组成部分。黄山以其博大神奇的风貌、典型的美学特征、重要的科学价值和深厚的文化积淀被列入"世界文化与自然双遗产名录"。

3. 四川峨眉山—乐山风景名胜区

峨眉山，位于中国四川省峨眉山市境内，景区面积 154 平方公里，因山势逶迤"如螓首蛾眉，细而长，美而艳"，故称峨眉山。最高峰万佛顶海拔 3099 米，登金顶可观"云海""日出""佛光""圣灯"四大奇观，是著名的旅游胜地和佛教名山。从山麓到山顶，分属三个不同的气候带，雨量充沛，植物有 3000 多种，故有"植物王国"之称。

乐山大佛位于四川省乐山市。唐开元元年（公元 713 年）名僧海通创建，于贞元十九年完成，又称"凌云大佛"。大佛头与山齐，脚踏大江。通高 71 米，头高 14.7 米，头宽 10 米，眼长 3.3 米，耳长 7 米。耳朵中间可容 2 人并立，脚上可围坐百人，是世界上最大的石刻佛像。真可谓"山是一尊佛，佛是一座山"。

4. 武夷山

武夷山地处中国福建省的西北部，毗邻江西省，位于福建与江西的交界处。总面积 999.75 平方公里，通用福建赣语、闽北方言和国语。根据区内资源的不同特征，

5 中国的世界遗产

将全区划分为西部生物多样性、中部九曲溪生态（见图5-5）、东部自然与文化景观以及城村闽越王城遗址4个保护区。

武夷山西部是全球生物多样性保护的关键地区，分布着世界同纬度带现存最完整、最典型、面积最大的中亚热带原生性森林生态系统；东部山与水完美结合，人文与自然有机相融，以秀水、奇峰、幽谷、险壑等诸多美景、悠久的历史文化和众多的文物古迹而享有盛誉；中部是联系东西部并涵养九曲溪水源、保持良好生态环境的重要区域。

古代中国的李商隐、范仲淹、朱熹、陆游、辛弃疾、徐霞客等名家都在武夷山留下各自的墨宝。

图5-5 武夷山九曲溪

【知识链接】

世界自然遗产地武夷山再现金斑喙凤蝶踪迹

世界自然与文化遗产地武夷山自然保护区在中断5年后，再次发现世界上最名贵、中国特有的金斑喙凤蝶。

金斑喙凤蝶是世界上最名贵、极为罕见的蝴蝶，也是中国特有物种，仅分布于海南、广东、福建、广西等少数地区。长期以来，一直被世界上的蝴蝶专家誉为"梦幻中的蝴蝶"。该蝶珍贵而稀少，野外生存数量远远少于大熊猫，是唯一被列为国家一级保护动物的蝴蝶。许多专家提议其作为中国的国蝶。

金斑喙凤蝶体长30毫米左右，两翅展开有110毫米以上，是一种大型凤蝶。它的翅上磷粉闪烁着幽幽绿光。前翅上各有一条弧形金绿色的斑带；后翅中央有几块金黄色的斑块，后缘有月牙形的金黄斑，后翅的尾状突出细长，末端一小截颜色金黄。它常飞翔在林间的高空，也时而停在花丛间，姿态优美，犹如华丽高贵、光彩照人的"贵妇人"，因此人们称它为"蝶中皇后"。金斑喙凤蝶雌雄异型，常在林间高空活动，难以捕捉。

2006年武夷山自然保护区内也曾发现金斑喙凤蝶的踪迹。专家认为，金斑喙凤蝶再现武夷山，标志着武夷山自然保护区生态环境进一步优化，更适合蝶类物种栖息生长。

(中国新闻网，2011.8.29，有改动)

5.2.4 文化景观

1. 江西庐山风景名胜区

庐山位于江西省九江市南,北濒中国第一大河长江、南接中国第一大淡水湖鄱阳湖,是座地垒式断块山。大山、大江、大湖浑然一体,险峻与柔丽相济,素以"雄、奇、险、秀"闻名于世。庐山富有独特的庐山文化,从东晋时就成为"儒、释、道三教名流活动的灵境",至清朝前后千余年。鼎盛时,寺庙观宇曾多达380余处。从东晋到清代,约有500多位文学家、画家、科学家等拜谒庐山,留下了4000多首诗歌和浩如烟海的著作、画卷,具有重要的科学价值与美学价值。

庐山风景名胜区面积302平方千米,南北长约29千米,东西宽约16千米,外围保护地带为500平方千米。全山共90多座山峰,最高峰为大汉阳蜂,海拔1474米。庐山有独特的第四纪冰川遗迹,有溪涧、瀑布、坡地、岩洞等多种地貌类型,有地质公园之称。庐山东谷的含鄱口(见图5-6)是观看鄱阳湖日出的绝妙佳境。

2. 山西五台山

五台山是世界五大佛教圣地之一,中国四大佛教名山之首,是国务院首批公布的国家级重点风景名胜区、国家森林公园,也是中华十大名山之一、国家首批5A级旅游区。

五台山地处山西省五台县东北部,绕周250公里,由东、南、西、北、中五座山峰环绕而成,五峰耸峙,高出云表,顶无林木,平坦宽阔,犹如垒土之台,故名五台山。

五台山是佛教文殊菩萨的道场,自东汉永平11年(公元68年)开始建庙,经历代修葺扩建已形成一定规模。五台山迄今仍保存着北魏、唐、宋、元、明、清等7个朝代的寺庙建筑47处,僧尼数百人。荟萃了7个朝代的彩塑、5个朝代的壁画,以及堪称典范的古建艺术。南禅寺是世界上现存最古老的木结构建筑,被誉为中华瑰宝。佛光寺被世人誉为东方古建明珠、亚洲佛光。五台山的标志建筑塔院寺大白塔(见图5-7),为中国现存元代覆钵式塔最高建筑。

图5-6 庐山含鄱口

图5-7 五台山塔院寺

五台山历史悠久、文化灿烂、古建成群、文物荟萃,是中国古建、雕塑、绘画的艺术宝库。

5 中国的世界遗产

3. 杭州西湖

在杭州市区境内，以西湖为中心，分为湖滨区、湖心区、北山区、南山区和钱塘区，总面积达 60.8 平方公里，融名胜古迹、山水园林为一体。西湖四周绿荫环抱，山色葱茏，溪涧幽深，一年四季美不胜收。

杭州西湖文化景观起始于 9 世纪、成型于 13 世纪、兴盛于 18 世纪，是中国历代文化精英秉承"天人合一"哲理，在深厚的中国古典文学、绘画美学、造园艺术和技巧传统背景下，持续性创造的"中国山水美学"景观设计最经典作品。

西湖遗产价值主要体现在整体空间布局和 6 大类景观价值要素上。包括：西湖自然山水、城湖空间特征、两堤三岛景观格局、"西湖十景"题名景观（见图 5-3）、西湖文化史迹、特色植物景观，分布于西湖及其周边群山。这些布局和要素展现了景观的演变过程，佐证了重要历史事件的发生和重要历史人物的活动，是有机演进的活遗产。

【知识链接】

杭州西湖的名称由来

说起西湖的来历，有着许多优美的神话传说和民间故事。相传在很久以前，天上的玉龙和金凤在银河边的仙岛上找到了一块白玉，他们一起琢磨了许多年，白玉就变成了一颗璀璨的明珠，这颗宝珠的珠光照到哪里，哪里的树木就常青，百花就盛开。但是后来这颗宝珠被王母娘娘发现了，王母娘娘就派天兵天将把宝珠抢走，玉龙和金凤赶去索珠，王母不肯，于是就发生了争抢，谁知王母的手突然一松，明珠就降落到人间，变成了波光粼粼的西湖，玉龙和金凤也随之下凡，变成了玉龙山（即玉皇山）和凤凰山，永远守护着西湖。

杭州西湖，最早据东汉（后汉）班固《汉书》卷二十八《地理志》记载："武林山，武林水所到之处出。东入海，行八百三十里"。一般认为，武林山即今灵隐、天竺一带群山的总称，而发源于这一带的南涧、北涧等山涧汇合为金沙涧，东流注入西湖，是西湖最大的天然水源。因此"武林水"之名是最早见于记载的西湖的名字。北魏郦道元《水经注》记载："县南江侧，有明圣湖，父老传言，湖有金牛，古见之，神化不测，湖取名焉"。此时衍生出西湖较早的另外两个古称：明圣

图 5-8　西湖十景之三潭印月

湖和金牛湖。最早出现"西湖"名称，是在白居易的《西湖晚归回望孤山寺赠诸客》和《杭州回舫》这两首诗中。北宋以后，名家诗文大都以西湖为名，钱塘湖之名逐渐鲜为人知。而苏轼的《乞开杭州西湖状》，则是官方文件中第一次使用"西湖"这个名称。

5.3 中国的非物质文化遗产

5.3.1 非物质文化遗产的定义

非物质文化遗产指各族人民世代相袭的、与群众生活密切相关的各种传统文化表现形式。包括口头传统、传统表演艺术、民俗活动和礼仪、节庆、有关自然界和宇宙的民间传统知识和实践，传统手工艺技能等，以及与上述传统文化表现形式相关的文化空间。

在非物质文化遗产的实际工作中，认定的非遗标准是由父子（家庭）、或师徒、或学堂等形式传承三代以上，传承时间超过 100 年，且要求谱系清楚、明确。

5.3.2 《保护非物质文化遗产国际公约》与中国的非物质文化遗产

2003 年，联合国教科文组织通过了《保护非物质文化遗产国际公约》，对语言、歌曲、手工技艺等非物质文化遗产的保护提出了具体要求。2006 年公约正式生效。

截至 2011 年，联合国教科文组织命名的世界非物质文化遗产中，中国涉及 28 项。中国是目前世界上拥有世界非物质文化遗产数量最多的国家。

为使中国的非物质文化遗产保护工作规范化，2005 年年底，国务院发布《关于加强文化遗产保护的通知》，并制定国家、省、市、县 4 级保护体系，要求各地方和各有关部门贯彻"保护为主、抢救第一、合理利用、传承发展"的工作方针，切实做好非物质文化遗产的保护、管理和合理利用工作。

2006 年，国务院公布了第一批国家级非物质文化遗产名录。其中包括：白蛇传传说、阿诗玛、苏州评弹、凤阳花鼓、杨柳青木版年画等共 518 项。此后，2008 年公布了第二批国家级非物质文化遗产名录（共计 510 项）和扩展项目名录（共计 147 项）。2011 年公布了第三批——国家级非物质文化遗产名录（共计 191 项）和扩展项目（共计 164 项）。

5.3.3 中国的"非物质文化遗产"简介

1. 昆曲（2001 年入选）

昆曲又称昆剧。元末，顾坚等人将流行于江苏昆山一带的南曲原有腔调加以整理和改进，称为昆山腔。明代嘉靖年间，杰出的戏曲音乐家魏良辅等对昆山腔进行改革，吸收海盐腔、弋阳腔和当地民间曲调，创造出"水磨调"，兼用笛、箫等乐器伴奏，创造了一种细腻优雅、集南北曲优点于一体的剧种，通称昆曲。

昆曲剧本中兼有散文、方言和诗歌，散文及方言主要用于人物对话或独白，诗歌主要用于歌唱。可以说，诗歌和音乐构成昆曲的灵魂。昆曲音乐的旋律美妙婉转，以优雅的风格受到文人和士大夫阶层的欢迎。与这种音乐相适应，昆曲的唱词也充满了动人的诗意。与传统的中国诗歌一样，昆曲的唱词多带有浓厚的主观色彩，所以昆曲演唱以抒情为主，从功能和特点上来说似更接近西方歌剧中的咏叹调。

5 中国的世界遗产

清朝乾隆年间，昆曲进入全盛时期。但是自清中叶以来日渐衰落，1949年以后进行相应的艺术改革，整理并演出了《十五贯》等传统剧目，并编演新戏，逐渐获得了新生。昆曲艺术发展至今已有六七百年的历史，是世界上现存最古老的戏曲形态（见图5-9）。

图5-9 昆曲表演

2. 古琴（2003年入选）

古琴又称瑶琴、玉琴、七弦琴（见图5-10），是最古老也是最富有民族色彩的弹拨乐器。在中国古代"琴、棋、书、画"历来被视为文人、雅士修身养性的必由之路。古琴因其清、和、淡、雅的音乐品格寄寓了文人超凡脱俗的处世心态，而在音乐、棋术、书法、绘画中居于首位。"琴者，情也；琴者，禁也。"吹箫抚琴、吟诗作画、登高远游、对酒当歌成为文人、士大夫生活的生动写照。

古琴作为中国传统音乐的代表，现存一千多首琴曲，而且古琴本身也是一种极具艺术欣赏价值的工艺品，它的造型美观流畅、错落大方。它集乐器、书法、篆刻于一身，成为难得的艺术珍品。相传黄帝的"清角"、楚庄王的"绕梁"、蔡邕的"焦尾"以及司马相如的"绿绮"，被称为中国古代"四大名琴"，可惜早已失传。现在人们所能看到的古琴，以唐宋以后居多。

图5-10 古琴

3. 新疆维吾尔木卡姆艺术（2005年入选）

"木卡姆"一词源自阿拉伯文，原意为"最高的位置"，转意为"大型套曲"，流传于新疆维吾尔族聚居区。木卡姆艺术是集歌、舞、乐为一体的大型综合艺术形式，品种多样，其中"十二木卡姆"最具代表性，"十二木卡姆"像一幅幅画卷，使人们看到维吾尔人饱经沧桑的历史和绚丽多彩的生活画面。

除"十二木卡姆"外,在南部新疆、东部新疆各维吾尔族聚居区,还流传着几种各具特色的地方木卡姆,其中最重要的当数"刀郎木卡姆""吐鲁番木卡姆"和"哈密木卡姆"。

"十二木卡姆"和各种维吾尔地方木卡姆既有共性,又有个性,从而以"同根相生,一支多秀,和而不同"的艺术特点共同构成了色彩纷呈的新疆木卡姆艺术。

木卡姆作为东西方乐舞文化交流的结晶,记录和印证了不同人群乐舞文化之间相互传播、交融的历史。所以,"新疆维吾尔木卡姆艺术"被人们誉为"华夏瑰宝"。

4. 皮影戏(2011年入选)

皮影,俗称"皮影灯""皮影戏"(见图5-11),是中国最古老的民间艺术形式之一,是用驴皮或牛皮手工雕制的造型艺术,同时也是一种说、唱、音乐相结合,由艺人操作的表演艺术。

皮影的制作工序十分烦琐,技术要求较高,而且在各自的发展中各地有自己的特点和技巧。基本上,北方皮影重雕,南方皮影重绘,造型的侧重点是不一样的。

中国传统皮影戏历史绵延两千年以上,流传极广,遍布华北、西北、华南、东北、华东各省。因地区的差异,又形成了许多不同的艺术风格,如秦晋影系、滦州影系等七大系统。

常见的传统剧目有《西游记》《济公传》等。现代戏常见的剧目有《小二黑结婚》《小女婿》《东郭先生》等。

图5-11 皮影

【知识链接】

中国皮影戏入选"人类非物质文化遗产代表作名录"

据新华社巴黎2011年11月27日电,总部位于巴黎的联合国教科文组织27日宣布,正在印度尼西亚巴厘岛举行的保护非物质文化遗产政府间委员会第6届会议已决定,把中国皮影戏列入"人类非物质文化遗产代表作名录"。

5　中国的世界遗产

> 中国皮影戏是一种以皮制或纸制的彩色影偶形象，伴随音乐和唱腔表演故事的戏剧形式。皮影艺人在幕后用木杆操控影偶，通过光线照射在半透明的幕布上创造出动态的形象。皮影艺人有许多绝技，诸如即兴演唱、假声扮演，一个人同时操纵数个影偶，以及能够演奏多种不同的乐器。相关皮影技艺经由家庭、戏班或师徒传承。
>
> 截至2011年年底，全世界已有139个国家批准了教科文组织大会2003年通过的《保护非物质文化遗产公约》，只有缔约国方可申报列入非物质文化遗产的项目。中国于2004年8月加入公约，2006年公约正式生效。
>
> （中央政府门户网站，2011.11.28，有改动）

实 训 应 用

1. 实训项目：参观一处世界遗产景区或非物质文化遗产项目，并撰写导游词。

2. 实训目的：通过组织学生实地参观，并结合图书及网络资源信息加深与本章相关内容的认识，培养学生的兴趣，引导学生发现新素材，理解并能够归纳成文。

3. 实训步骤：预先查阅资料，设计好参观重点。参观期间及时记录并总结，撰写简单的导游词。

复习思考题

一、简答题

1. 简述世界遗产的分类。
2. 简述中国世界遗产名录。
3. 简述对非物质文化遗产的理解。

二、思考题

分析申报世界遗产需具备的条件。

6 中国历史文化名城名镇

学习目标

知识目标	技能目标
1. 了解历史文化名城名镇的基本概念 2. 掌握中国历史文化名城名镇中最具代表性的几座城镇的历史和现状	1. 理解历史文化名城名镇的旅游价值 2. 如何利用历史文化名城名镇的特色进行文化旅游开发

6 中国历史文化名城名镇

知识引例

古城丽江

丽江地处中国西南边陲（见图6-1），位于云南省西北部地区，居于青藏高原南端、横断山脉向云贵高原北部云岭山脉过渡的衔接地段，兼有两种以上地形特征。境内地形地貌多样，含高原雪山、河谷、深峡、草甸、平坝相结合的地貌特征及自然景观资源，同时气候变化显著。

图6-1 丽江古城一角

丽江历史悠久，很早就有人类活动的足迹，是中国古人类活动的地区之一。自古以来就是中国西南交通贸易大动脉南方"丝绸之路"和由西藏入境的"茶马古道"的中转站。两条古道既是中原至东南亚的南来北往的贸易通道，又是沟通中原文化和外来文化的传送渠道。

丽江是纳西族的家园，是中国唯一的一个纳西族自治县，同时还居住着白、彝、傈僳、普米族等少数民族。丽江的文化以开放、大方、兼容并蓄为重要特征。纳西族人民长期以来创造并延续保持下来的东巴文化，是世界民族文化的一枝璀璨的奇葩，是人类共同的文化遗产！纳西族东巴文化的主要记载符号"东巴文"，共1400多个单字，被誉为世界上唯一保留完整的"活着的象形文字"，内容丰富的东巴经书、舞谱、绘画、祭祀仪式都充分展示着纳西族东巴文化的神奇异彩。

丽江古城历史悠久，古朴如画，兼有水乡之容、山城之貌，城中有水，山中有城，城山相融，山水一体，道路自由，街巷幽深，道旁河畔，垂柳拂水。古城内历史文化遗存众多。较著名的有丽江七大寺，即文峰寺、福国寺、普济寺、玉峰寺、指云寺、兴化寺、灵照寺及北岳庙、白沙古建筑群、三圣宫、龙泉寺。从中可见中原文化和地方民族文化的结合以及藏族文化的影响特征。景区内含有建于南宋的丽江古城及众多的古建寺观；有海拔5596米雄秀的玉龙雪山；有世界著名的最深最险的虎跳峡；有号称"万里长江第一湾"的石鼓；还有高山植被、丹霞地貌奇观为主的老君山、黎

明等一带大面积的地质景观。

丽江还是全国生态环境保护最好的地区之一，有"东方瑞士"的誉称。

6.1 中国历史文化名城名镇概述

6.1.1 中国历史文化名城概述

1. 简介

根据《中华人民共和国文物保护法》，历史文化名城是指"保存文物特别丰富，具有重大历史文化价值和革命意义的城市"。

中国是一个历史悠久的文明古国，许多历史文化名城是中国古代政治、经济、文化的中心，保存了大量历史文物与革命文物，体现了中华民族的悠久历史、光荣的革命传统与光辉灿烂的文化。

国家历史文化名城由中华人民共和国国务院确定并公布，是1982年根据北京大学侯仁之、建设部郑孝燮和故宫博物院单士元三位先生提议而建立的一种文物保护机制。被列入名单的均为保存文物特别丰富、具有重大历史价值或者纪念意义、且正在延续使用的城市。

目前国务院已审批的历史文化名城的城市共有120个（琼山与海口分记算2个）。

1982年2月15日经国务院批准的首批国家历史文化名城有24个：北京、承德、大同、南京、苏州、扬州、杭州、绍兴、泉州、景德镇、曲阜、洛阳、开封、江陵（现在的荆州）、长沙、广州、桂林、成都、遵义、昆明、大理、拉萨、西安、延安。

1986年12月8日经国务院批准的第二批国家历史文化名城有38个：上海、天津、沈阳、武汉、南昌、重庆、保定、平遥、呼和浩特、镇江、常熟、徐州、淮安、宁波、歙县、寿县、亳州、福州、漳州、济南、安阳、南阳、商丘、襄樊、潮州、阆中、宜宾、自贡、镇远、丽江、日喀则、韩城、榆林、武威、张掖、敦煌、银川、喀什。

1994年1月4日经国务院批准的第三批国家历史文化名城有37个：正定、邯郸、新绛、代县、祁县、哈尔滨、吉林、集安、衢州、临海、长汀、赣州、青岛、聊城、邹城、临淄、郑州、浚县、随州、钟祥、岳阳、肇庆、佛山、梅州、雷州、柳州、琼山、乐山、都江堰、泸州、建水、巍山、江孜、咸阳、汉中、天水、同仁。

后来陆续增补的有山海关、凤凰、濮阳、安庆、泰安、海口（与琼山合并）、金华、绩溪、吐鲁番、特克斯、无锡、南通、北海、嘉兴、宜兴、中山、太原、蓬莱、会理、泰州、会泽（2013年5月18日）。

2. 中国历史文化名城分类

中国的历史文化名城按照各个城市的特点主要分为以下七类。

（1）古都型：以都城时代的历史遗存物、古都的风貌为特点，如西安、洛阳、开封、安阳、南京、北京、杭州、郑州、商丘、大同、太原、大理、邯郸（见图6-2）、荆州、咸阳。

（2）传统风貌型：保留一个或几个历史时期积淀的有完整建筑群的城市，如苏州（见图6-3）、扬州、商丘、潮州、平遥、韩城、榆林、镇远、阆中、临海、祁县、歙县、赣州、丽江、聊城、凤凰、巍山、同仁、特克斯。

图6-2　邯郸丛台公园　　　　　　　　图6-3　苏州虎丘塔

（3）风景名胜型：由建筑与山水环境的叠加而显示出鲜明个性特征的城市，如敦煌、扬州（见图6-4）、杭州、承德、桂林、绍兴、福州、镇江、常熟、都江堰、乐山、天水、昆明、肇庆、吉林、青岛、岳阳、蓬莱、泰安、宜兴、嘉兴、无锡。

（4）地方及民族特色型：由地域特色或独自的个性特征、民族风情、地方文化构成城市风貌主体的城市，如拉萨（见图6-5）、日喀则、大理、丽江、喀什、江孜、银川、呼和浩特、建水、梅州、巍山、同仁、泉州、长汀、集安、凤凰、吐鲁番、绩溪、库车、会理、伊宁。

图6-4　扬州瘦西湖五亭桥　　　　　　图6-5　拉萨布达拉宫

（5）近现代史迹型：反映历史上某一事件或某个阶段的建筑物或建筑群为其显著特色的城市，如上海、南京、天津、武汉、广州、重庆、哈尔滨、青岛、烟台、南昌（见图6-6）、延安、遵义、沈阳、无锡、南通、北海、中山、海口。

（6）特殊职能型：城市中的某种职能在历史上占有极突出的地位，如泉州、宁波、扬州、景德镇、曲阜、淮安、自贡（见图6-7）、寿县、大同、亳州、榆林、武威、张掖、代县、佛山、广州、邹城、泸州、山海关、蓬莱。

图6-6 南昌新四军军部旧址

图6-7 自贡古法制盐

（7）一般史迹型：以分散在全城各处的文物古迹为历史传统体现主要方式的城市，如淄博、福州、广州、徐州、长沙、成都、郑州、保定、襄阳（见图6-8）、宜宾、正定、漳州、衢州、南阳、钟祥、雷州、新绛、汉中、浚县、随州、柳州、安庆、濮阳、金华、泰州、会泽。

图6-8 襄阳古城仲宣广场

做好这些历史文化名城的保护和管理工作，对建设社会主义精神文明和发展中国的旅游事业都起着重要的作用。

6.1.2 中国历史文化名镇概述

1. 简介

中国历史文化名镇，是由建设部和国家文物局共同组织评选的，保存文物特别丰富，且具有重大历史价值或纪念意义的，能较完整地反映一些历史时期传统风貌和地方民族特色的镇。通常和"中国历史文化名村"一起公布。

中国历史文化名镇的评选与公布工作，以不定期的方式进行。建设部和国家文物局以部际联席会议形式对专家委员会的评议意见进行审定后，以建设部、国家文物局的名义进行公布。

中国历史文化名镇实行动态管理。省级建设行政主管部门负责对本省（自治区、直辖市）已获中国历史文化名镇称号的镇保护规划的实施情况进行监督，对违反保护规划进行建设的行为要及时查处。建设部会同国家文物局将不定期组织专家对已经取

6 中国历史文化名城名镇

得中国历史文化名镇称号的镇进行检查。对于已经不具备条件者，将取消中国历史文化名镇称号。

中国历史文化名镇名村是中国文化遗产的重要组成部分。从 2003 年到 2014 年 3 月，建设部和国家文物局联合公布了六批共 528 个中国历史文化名镇名村，其中名镇 252 个，名村 276 个。这些历史文化名镇名村反映了中国不同地域、不同民族、不同经济社会发展阶段聚落形成和演变的历史过程，真实记录了传统建筑风貌、优秀建筑艺术、传统民俗民风和原始空间形态，具有很高的研究和利用价值。

加强历史文化名镇名村保护具有重要和深远的意义。尤其是近些年来，随着国际社会和中国政府对文化遗产保护的日益关注，历史文化名镇名村保护与利用已成为各地经济社会发展的重要组成部分，成为培育地方特色产业、推动经济发展和提高农民收入的重要源泉，成为塑造乡村特色、增强人民群众对各民族文化的认同感和自豪感、满足社会公众精神文化需求的重要途径，在推动经济发展、社会进步和保护先进文化等方面都发挥着积极的作用。

2. 中国历史文化名镇、名村的分类和特点

现在，历史文化名镇、名村已经有 528 个，它们类型各异，分布辽阔，大小不一，很难做一个没有遗漏的分类。这里的分类是从保护、管理角度出发，分析现状特点和保存状况来进行的，目的是决定保护、管理的方法。

（1）完整古镇型：这类古镇保存十分完好。它们所处的山水环境，以及古镇格局，乃至街巷和院落都是历史上留存下来的。这类古镇现存不多，因此十分珍稀，具有很高的保护价值。对于这类现状完整的古镇，保护方式应该是另辟新区，最大限度地减少新的建设给古镇带来的影响和破坏。

（2）历史街区型：大部分历史文化名镇属于这种类型。这里旧区保存相对完整，有成片的还保存着传统风貌的历史街区，也有不少虽够不是文物保护单位却仍需保护的历史建筑。但是外围许多地区及全镇已改建，已不再有保护的价值。这与其他小城市的历史街区是相似的，它们比较适合于历史文化街区的保护方法。

（3）传统古村型：这是大部分历史文化名村的类型，村子不大，但要保护的内容十分丰富。这里旧区保存相对完整，有传统的历史风貌，有整体的规划格局，整个村子可能是有意识按某种理念的规划布局，也有的是顺应自然而自发形成的，但都能反映一种规划理念。这里的无形文化遗产的保存状况一般比较好，可能是由于相对封闭，或者是家族聚居、或者是经济落后尚未受到现代化的渗透，所以还存有传统工艺、民俗等小范围特有的无形文化遗产。它们是急需全面保护抢救的。

（4）民族村落型：在少数民族地区，村落布局及建筑形式都极具特色。但这类地区经济相对落后，生活环境较差，目前改造更新的压力可能还不大，这就要特别注意积极改善生活条件，建设环境卫生设施的同时保护民族地方特色及传统文化。

（5）家族聚落型：有一种村落实际是一个家族或同姓、同族人聚居，由一个先祖建起主要建筑院落，然后逐渐外延，也有的是一次建成。这种村落规划格局十分完整，建筑密集，质量也较好，其中价值较高者已定为文物保护单位。在经济发达的地区，有的整个村落无人居住，全迁至新区，它们更适合于文物保护单位的保护方法。

3. 中国历史文化名镇名村名单

截至2014年3月，共六批528个。

第一批2003年10月8日公布，共10个镇，12个村（22个）；

第二批2005年9月16日公布，共34个镇，24个村（58个）；

第三批2007年6月9日公布，共41个镇，36个村（77个）；

第四批2009年9月19日公布，共58个镇，36个村（94个）；

第五批2010年10月13日公布，共38个镇，61个村（99个）。

第六批2014年2月19日公布，共71个镇，107个村（178个）。

6.2 中国历史文化名城

6.2.1 北京

1. 简介

北京是中华人民共和国首都，中国六大古都之一。1982年北京被国务院列为第一批国家历史文化名城。

北京有着3000余年的建城史和859余年的建都史。自秦汉以来，北京地区一直是中国北方的军事和商业重镇，名称先后称为蓟城、燕都、燕京、涿郡、幽州、南京、中都、大都、京师、顺天府、北平、北京等。

2. 历史价值与风貌特色

北京现存名胜古迹极为丰富，主要有皇家建筑、宗教庙宇、革命遗址等。现有世界文化遗产6处（2013年），全国重点文物保护单位128处（2013年5月），市级重点文物保护单位357处（2013年）。其中故宫、天坛、北海、景山、颐和园、香山、明十三陵、八达岭长城、周口店古人类遗址及展览馆等，为举世闻名的游览胜地。

北京第一批历史文化保护区共有25片，它们是南长街、北长街、西华门大街、南池子、北池子、东华门大街、文津街、景山前街、景山东街、景山西街、陟山门街、景山后街、地安门大街、五四大街、什刹海地区、南锣鼓巷、国子监地区、阜成门内大街、西四北一条至八条、东四北三条至八条、东交民巷、大栅栏地区、东琉璃厂、西琉璃厂、鲜鱼口地区。

规划划定的25片历史文化保护区的占地面积为957公顷，加上旧城内文物保护单位的保护范围及其建筑控制地带，占地面积共约2300公顷，占旧城总面积的37%。最终，处于南北中轴线上的皇城、后三海、钟鼓楼地区以及前门外的大栅栏、天坛、先农坛等地区连成一片，形成以传统中轴线为骨架的旧城历史精华地段核心保护区域，从而基本体现出北京旧城保护的整体格局与风貌特色。

故宫宫殿建筑是中国现存最大、最完整的古建筑群（见图6-9），明十三陵位于北京城西北昌平区天寿山下，占地约40平方公里，是明代13个皇帝陵寝依照风水理

6 中国历史文化名城名镇

论，精心选址，将数量众多的建筑物巧妙地安置于地下。它是人类改变自然的产物，体现了传统的建筑和装饰思想，阐释了封建中国持续500余年的世界观与权力观。

【知识链接】

故 宫

故宫位于北京市中心，也称"紫禁城"，现为"故宫博物院"。这里曾居住过24个皇帝，是明清两朝（公元1368—1912年）的皇宫，无与伦比的古代建筑杰作。传说，玉皇大帝有10000个宫殿，而皇帝为了不超越神，所以故宫修建了9999间半宫殿。

自明成祖朱棣夺取帝位后，决定迁都北京，于是于1406年（永乐四年），明成祖下令仿照南京皇宫营建北京宫殿，动用工匠23万、民夫百万，至明永乐十八年（1420年）落成。故宫又名紫禁城，依照中国古代星象学说，紫是紫微垣，位于天的中央最高处，共有十五颗恒星，被认为是"运乎中央，临制四方"的宫殿，乃天帝所居，天人对应，故名之。故宫占地72万平方米，建筑面积约15万平方米，共有殿宇8707间，都是砖木结构、黄琉璃瓦顶、青白石底座饰以金碧辉煌的彩绘，是世界上现存规模最大、最完整的古代皇家高级建筑群。

故宫四面环有高10米的城墙，城墙南北长961米，东西宽753米，城外有一条宽52米、长3800米的护城河环绕，构成完整的防卫系统。故宫总体布局为中轴对称，布局严谨，秩序井然，寸砖片瓦皆遵循着封建等级礼制，映现出帝王至高无上的权威。

故宫被誉为世界五大宫之一（北京故宫、法国凡尔赛宫、英国白金汉宫、美国白宫、俄罗斯克里姆林宫），并被联合国教科文组织列为"世界文化遗产"。委员会评价：紫禁城是中国五个多世纪以来的最高权力中心，它以园林景观和容纳了家具及工艺品的9000个房间的庞大建筑群，成为明清时代中国文明无价的历史见证。

图6-9 鸟瞰故宫全景

6.2.2 安阳

1. 简介

安阳位于河南省最北部，地处山西、河北、河南三省的交汇点，西依太行山，北临漳河水，东南与华北平原接壤。

安阳曾是商代后期、曹魏、后赵、冉魏、前燕、东魏、北齐七个朝代的都城，以其悠久的历史被称为"中华第一都"，是中华民族古老文化的重要发祥地之一。安阳有400年建都史，是中国八大古都之一、中国历史文化名城、中国优秀旅游城市、国家级园林城市，是甲骨文的故乡，《周易》的发源地，中国文字博物馆、红旗渠、曹操高陵所在地。殷墟是世界公认的现今中国所能确定的最早都城遗址，有"洹水帝都""殷商故都"之美誉。

2. 历史价值与风貌特色

安阳旅游资源丰富，既有丰富的人文旅游资源，又有奇特的自然旅游景观。以殷墟博物苑、羑里城为主线的殷商文化游和以岳飞庙、红旗渠（见图6-10）爱国主义教育示范基地为主线的传统教育旅游构成了安阳特色文化旅游。此外，天宁寺塔（文峰塔）、二帝陵、灵泉寺石窟（万佛沟）、袁林、明福寺塔、修定寺塔等也以其独特的文化内涵吸引了众多游客。万佛沟位于市区西南25公里的灵宝山之麓，依山遍刻石窟，是全国最大的高浮雕塔林，计有石窟247个，通称万佛沟。因与洛阳龙门有相似之处，亦称小龙门。

安阳自然风光秀丽多姿，小南海风景区、珍珠泉风景区和旖旎的太行大峡谷、林虑山自然风光，令中外旅客流连忘返。独具特色的航空运动基地，因其鬼斧神工的天然地势而深得跳伞、滑翔运动爱好者的青睐。被称为世界"第八大奇迹"的人工天河红旗渠，也成为不可多得的旅游景观。

图6-10 红旗渠

6.2.3 开封

1. 简介

古都开封，位于河南省东部黄河以南的豫东平原上，古时称为大梁，又名汴梁，简称汴，是中国七大古都之一，也是国务院首批命名的历史文化名城。在漫长的历史长河中，开封素以物华天宝、人杰地灵而著称，其政治、经济、文化的发展，不但对中原地区而且对全国曾产生过巨大的影响。

开封是清明上河图的原创地，有"东京梦华"之美誉，开封是世界上唯一一座城市中轴线从未变动的都城，城摞城遗址在世界考古史和都城史上是绝无仅有的。北宋东京开封是当时世界最繁华、面积最大、人口最多的大都市，是世界公认的第一座常住人口超过百万的城市，被认为是现代城市的开始。

2. 历史价值与风貌特色

远在新石器时代早期开封一带就有人类活动。北宋时期，开封作为都城东京，是中国政治、经济、军事、科技与文化中心，也是当时世界上最繁华的都市之一。其建设规划思想独特，宏大的城垣分外城、内城、皇城，三重城郭，三条护城河。城内交通水陆兼容，畅通无阻。在布局上，打破了封闭性的坊里制，代之以商住开放的街道形式，实行坊市合一，扩大市民阶层，使其人口达到150余万人。非农业人口的增加，带动了城市手工业与商业的发展，域内外贸易繁荣发达，成为"八荒争凑，万国咸通"的大都市。这一建筑布局，对宋以后封建王朝都城建设影响深远。东京的园林也极具特色。史载东京城宫苑御园、寺观有100余座。"大抵都城左近，皆是园圃，百里之内，并无闲地。"著名的皇家名园"艮岳"，集中国名岳大山诸特色于一园，园内植奇花珍木，放养珍禽异兽，史家称其为中国园林史上承前启后的杰作。开封有众多的文物古迹，闻名遐迩的铁塔、相国寺、延庆观、禹王台、繁塔等，具有较高的历史文化价值。

图6-11 汴京八景之梁园雪霁

6.2.4 洛阳

1. 简介

洛阳位于河南省西部，横跨黄河中游两岸，"居天下之中"，素有"九州腹地"之称，是华夏文明的重要发祥地之一，因地处洛河之阳而得名。洛阳是国务院首批公布的历史文化名城和中国七大古都之一。

洛阳地理条件优越。它位于暖温带南缘向北亚热带过渡地带，四季分明，气候宜人。由于洛阳地处中原，山川纵横，西依秦岭，出函谷是关中秦川；东临嵩岳；北靠太行且有黄河之险；南望伏牛，有宛叶之饶，"河山拱戴，形势甲于天下"。所以自古以来洛阳既是兵家的必争之地，也自然成了历代帝王建都筑城的理想场所。

2. 历史价值与风貌特色

洛阳历史悠久。从中国第一个王朝——夏朝起，先后有商、西周、东周、东汉、曹魏、西晋、北魏、隋、唐、后梁、后唐、后晋等13个王朝在此建都，历时29年，是中国建都最早、历时最长、朝代最多的古都。以洛阳为中心的河洛流域地区是中华文明的发祥地之一。同时，洛阳也是中国300多年文明的帝都王城，华夏、中华、中土、中原、中州等称谓均源自古老的洛阳城和河洛文明。1960年在洛阳偃师"二里头遗址"的上层发现一处规模宏大的宫殿基址。

洛阳历史曾用名或别名有：斟鄩、西亳、洛邑、洛师、成周、王城、雒阳、中京、伊洛、河洛、河南、洛州、三川。洛阳在历史上曾先后6次进入世界大城市之列，最兴盛时期城市人口超过百万。从商周到隋唐时期，洛阳曾是闻名世界的丝绸之路的东方起点，与欧洲、北非和亚洲各国有着政治经济文化等方面的广泛交流。

洛阳历代科学泰斗、学术流派、鸿生巨儒、翰墨精英，更是照耀史册、灿若繁星。中国传统文化儒、佛、道的产生和发展与洛阳密切相关，中国四大发明与洛阳息息相关。

洛阳丰厚的历史文化为中华民族的发展做出了贡献，也给后人留下了不尽的财富和供人凭吊的遗迹旧址。龙门石窟是中国三大石刻艺术宝库之一；白马寺（见图6-12）是佛教传入中国后兴建的第一座寺院，被誉为"释源""祖庭"。

图6-12　洛阳白马寺

洛阳境内生物资源十分丰富，农业经济作物种类繁多。这里有珍贵的领椿木、铁杉、连香、银杏、山白芍等树种；有天然化工原料植物漆树、油桐等；有经济植物核桃、山楂、板栗、苹果、柿子等。这里还是重要的药材产地，种类多达1480余种。全市现有野生植物自然保护区两处，面积十万余亩，珍稀动物190余种。洛阳是河南小麦重要产区，偃师的小麦栽培技术驰名全国，亩产高达千斤以上。经济作物主要有棉花、烟叶、油料等。土特产品远近闻名，主要有偃师的泡桐，孟津的梨和黄河鲤鱼，新安的柿子和樱桃，洛宁绿竹和猕猴桃等。孟津的奶山羊和伊川的大尾牛享誉海内，分别被国家确定为山羊和大尾牛生产基地县。

6.2.5 西安

1. 简介

西安古称长安、京兆,是中国历史文化名城之一,位于陕西关中平原的渭河南岸。背依秦岭,面向秦川,泾、渭、灞、沣、涝等水流经境内,形成沃野千里,古有"八水绕长安"之说。是中国历史上建都朝代最多、影响力最大的都城,是中华文明的发扬地、中华民族的摇篮、中华文化的杰出代表。有着"天然历史博物馆"的美誉。西安曾经是中国政治、经济文化中心和最早对外开放的城市,"世界八大奇迹"之一的秦始皇陵兵马俑则展示了这座城市雄浑、厚重的历史文化底蕴。

2. 历史价值与风貌特色

西安是中国黄河流域古代文明的重要发源地之一,与雅典、罗马、开罗并称为世界四大古都。西安也是中国建都最早、历时最长的古城,距今已有3000多年的历史,自西周(公元前1134年)时起,周文王在这里建立丰京、镐京两京,从此,西安作为中国的政治、经济、文化中心长达1200多年,先后有21个王朝和政权建都于此,是13朝古都,中国历史上的鼎盛时代——周、秦、汉、隋、唐均建都西安。汉唐时期,西安是中国对外交流的中心,是世界上最早超过百万人口的国际大都市。

西安,在《史记》中被誉为"金城千里,天府之国",1981年联合国教科文组织把西安确定为"世界历史名城",是国务院公布的国家历史文化名城之一。从古到今曾用名中,以"长安"最为长久和著名。

在中国六大古都中,西安的历史最为悠久。中华文明的摇篮在黄河流域,而黄河文明的摇篮是在渭河流域。从神话和传说看,出自中国西部的炎帝和黄帝是公认的最早圣王和"人文初祖"。炎帝、黄帝的族居地和陵墓都在西安地区。经考古发掘证实,西安是华夏古文明最重要、最集中的发源地之一。这里有数十万年前的蓝田人和大荔人文化,有仰韶文化的典型代表半坡文化。如西安半坡临潼姜寨和宝鸡斗鸡台等地是中国最早的原始农业发祥地,形成了最早的农耕、房屋建筑、织布、制陶等生产技术,甚至还创造了最早的文字。在西安出土文物中有一系列是中国最早文化的实证,如出自半坡的最早的农渔工具、最早的陶窑、最早陶文、最早的土木建筑,出自何家湾的最早的骨雕人头像等。

这里有全世界保存最完整、规模最宏大的古城墙,以及总面积达108平方公里的周秦汉唐四大遗址,"世界第八大奇迹"秦始皇陵兵马俑(见图6-13)等珍贵的文化遗产。皇陵位于临潼区骊山镇东5公里处。经探测,陵有内城和外城,内城为方形,周长2525米;外城为长方形,周长6294米;陵高76米,为覆斗形,底边分别为485米、515米,巍然矗立。从陵冢向东1.5公里处是兵马俑坑。兵马俑坑坐西向东,共三个,呈"品"字形。3个俑坑分别组成阵势庞大的步、弩、车、骑4个兵种的队伍。兵马俑坑是研究秦代历史、政治、军事、经济、文化、艺术及科技的实物资料库。

大明宫是唐代三大宫中规模最大、最为辉煌壮丽的一座宫殿，本名永安宫（见图6-14）。大明宫位于西安市区东北部龙首原上。始建于贞观八年（公元634年），高宗时大加修造并在这里长期居住，成为此后200余年间唐朝的政治中心。唐末大明宫沦为废墟。

图6-13　兵马俑

图6-14　大明宫复原图

西安半坡母系氏族村落遗址、秦始皇陵兵马俑坑、秦始皇陵、长陵、杜陵、茂陵、昭陵、乾陵、慈恩寺塔、钟楼、骊山、鸿门宴故址、咸阳古渡等被列为全国重点文物保护单位。西安还是著名的"丝绸之路"的起点。公元前139年，汉武帝派遣张骞出使西域，正式开辟了以长安为起点，联结欧亚大陆的通道"丝绸之路"。

6.2.6　南京

1. 简介

南京是一座有2400多年历史、十代建都，而又富于革命传统的名城。在中国六大古都中，以建都先后论，它仅次于西安和洛阳。它以得天独厚的山川形势，丰富多彩的风物史迹驰名中外。

南京大部分为低山丘陵地形，境内的紫金山、幕府山、栖霞山等构成宁镇山脉西段。长江在南京从西北折向东南进入镇江，江中较大的沙洲有八卦洲、江心洲等。秦淮河是南京最重要的地区性河流。

南京属于北亚热带季风气候，四季分明，冬夏长而春秋短。

2. 历史价值与风貌特色

早在五六千年前，我们的祖先在今南京鼓楼冈下金川河畔建立起最早的聚落。这就是1955年发现的北阴阳营新石器时代的遗址。到了春秋战国时期，南京地区所处的地理位置正是"吴头楚尾"，因此成为吴、越、楚三国争夺的前沿重地。公元229年，三国吴从武昌迁都建业，开创南京建都史。公元317年，东晋立国，定都建康。

6 中国历史文化名城名镇

公元 420—589 年共 170 年间，南朝宋、齐、梁、陈均以南京为都。从三世纪到六世纪的"六朝"时代，中国北方在少数民族内迁的压力下，战争频繁，经济下降，而南方基本保持一个和平稳定的局面，经济繁荣，文化发达。金陵作为六朝首都，在南方是一个政治、经济、文化中心。而后，五代时南唐和明初、太平天国、"中华民国"先后定都南京，史称"十朝故都"。汉末年，军阀混战，古都长安和洛阳都受到严重的破坏。晋末永嘉之乱，北方长期在少数民族纷争扰乱之中，只有建康在江东于安定中得到发展，故能雄踞一方，成为长江中下游和东南沿海的政治中心。

南京，历史悠久，文化遗存众多，文化积淀深厚，1982 年被国务院列为国家历史文化名城。南京自 2470 年前建城起，历经朝代更替，曲折坎坷，仅城市名称就有过金陵、秣陵、扬州、丹阳、江乘、湖熟、建业、建康、江宁、升州、白下、上元、集庆、应天、天京等 40 多次更改，建置演变频繁为国内罕见。其间既有过令人仰止的辉煌，也有过任人宰割的衰败。境内文物古迹众多，越城、金陵邑遗址、六朝陵墓石刻、南唐二陵、明代城墙等大批历史遗迹，显示出强烈的古都特色。城市风景秀美，东南山峦起伏，西北江水环绕，城内绿树成荫，四十八景风光迷人，民俗风情引人入胜，已成为国家优秀园林城市、旅游城市。历史人物众多，春秋时代的吴王孙寿梦、越王勾践、西汉开国大将韩信、三国吴主孙权、南唐后主李煜、南宋名将岳飞、明代开国皇帝朱元璋、太平天国首领洪秀全、民主革命先驱孙中山等都曾在南京印下深深的历史痕迹。李白的诗歌、李煜的词曲、王安石的美文，吴敬梓的小说等为古城留下了灿烂的文化遗产。

6.2.7 杭州

1. 简介

杭州，浙江省省会，位于钱塘江下游北岸，大运河南端。杭州地处长江三角洲南沿和钱塘江流域，地形复杂多样。杭州市西部属浙西丘陵区，主干山脉有天目山等。东部属浙北平原，地势低平，河网密布，具有典型的"江南水乡"特征。

杭州有着江、河、湖、山交融的自然环境。全市丘陵山地占总面积的 65.6%，平原占 26.4%，江、河、湖、水库占 8%，世界上最长的人工运河——京杭大运河和以大涌潮闻名的钱塘江穿城而过。杭州素有"鱼米之乡""丝绸之府""人间天堂"之美誉。

杭州自秦时设县治以来，已有 2200 年的悠久历史。杭州是华夏文明的发祥地之一，早在 4700 多年前，就有人类在此繁衍生息，史称"良渚文化"，其遗址位于杭州市郊。杭州曾是五代吴越国和南宋王朝两代建都地，是中国历史文化名城和七大古都之一。

2. 历史价值与风貌特色

杭州古称钱塘。公元 589 年，隋朝开皇九年，废钱塘郡设置杭州，杭州之名首次在历史上出现。1912 年废杭州府，合并钱塘、仁和两县为杭县。1927 年，析出杭县城区设杭州市。杭州文化从新石器时代后期开始，先后出现过极具特色的良渚文化、吴越文化、南宋及明清文化，形成了一个完整的文化系列。

中国旅游文化

整个城市襟江带湖，集湖山、江川、奇峰、溶洞于一体。美丽的西湖三面环山，一面濒城，两堤卧波，三岛浮水，四季异色，名人荟萃，古迹珠连，历代诗人吟咏不绝，尤以灵隐寺、九溪十八涧、六和塔、飞来峰、岳庙、西泠印社、三潭印月、花港观鱼、虎跑寺等最为著名。三潭印月岛又名小瀛洲，与湖心亭、阮公墩合称为湖上三岛。全岛连水面在内面积约七公顷，南北有曲桥相通，东西以土堤相连，桥堤呈"十"字形交叉，将岛上水面一分为四，水面外围是环形堤埂。从空中俯瞰，岛上陆地形如一个特大的"田"字，呈现出湖中有岛，岛中有湖，水景称胜的特色，在西湖十景中独具一格，为中国江南水上园林的经典之作。灵隐寺是西子湖畔的第一名胜，龙井茶则是杭州最负盛名的特产。杭州有句谚语："龙井茶叶虎跑水"。

杭州无愧是大自然赐予的"人间天堂"，正如苏东坡七绝所赋："水光潋艳晴方好，山色空蒙雨亦奇"的诗情画意境界。

6.3　中国历史文化名镇

6.3.1　江苏省吴江市同里镇

1. 古镇简介

同里镇位于江苏省苏州市吴江区东北，太湖之滨，京杭大运河畔，距上海80公里，距苏州20公里，是一个具有悠久历史和典型水乡风格的古镇。全镇总面积为133.15平方公里，人口5.5万人。

同里以"醇正水乡，旧时江南"的特色闻名于海内外，1980年被列为国家太湖风景区景点之一，1982年又被列为省级文物保护单位，1992年被列为省级文物保护镇，著名景点"退思园"被联合国教科文组织列入世界文化遗产，2010年被国家旅游局评定为国家5A级旅游景区。

2. 风貌特色

同里因水多，故桥也多，镇内共有大小桥梁40多座，大多建于宋以后各时代，著名的有建于南宋宝年间的思本桥，建于元至正十三年的富观桥等。成品字形架设在河道上的太平、吉利、长庆3座古桥，是昔时同里婚嫁花轿必经之轿，以示吉庆。被人们叫做读书桥的小东溪桥，桥上那副"一泓月色含规影，两岸书声接榜歌"的桥联，生动地记录了当时同里人勤学苦读之风，证实了同里自古以来文化发达，"科名"很盛。

同里原有八景、续八景、后四景等220处自然景点。至今仍有一些景点保存完好。在一级保护区域内，明清建筑占十分之七，400多年来的文化遗址、遗物、遗迹、遗风犹存，随处可见深宅大院、园林小筑。现存著名的有退思园、耕乐堂、环翠山庄、三谢堂、侍御第、卧云庵、城隍庙、尚义堂、嘉荫堂、崇本堂等园林和古建筑。建于清光绪年间的退思园，因亭台楼阁及山石均紧贴水面，如出水上，所以又有贴水园之称，在建筑史上堪称一绝。崇本堂、嘉荫堂木雕艺术十分精美。耕乐堂庭院以田园风光见胜。古街坊、古街道粉墙黛瓦,俄脊高挑,水、声、空气都融有古远的韵味。《同里志》记载,五湖环境于外,一镇包涵于中。镇中家家临水,户户通舟。同里镇有"三多",名人多,明清建筑多,水、桥多。

同里是个集贸大镇,自古就有吃在同里的说法。同里有众多的风味佳肴,推出状元蹄(见图6-15)、清蒸白鱼、鲈鱼、桂鱼、甲鱼等河鲜水产烹制的水乡名菜,随到随炒,脍炙人口,独具风味。在镇上可尝到百果蜜糕,芡实糕、袜底酥、青烟团、麦芽塌饼、闵饼(见图6-16)、猪油年糕等多种风味小吃。同里的特产也成为当地发展旅游商品中的一大特色。

图6-15 状元蹄

图6-16 闵饼

6.3.2 浙江黟县西递镇

1. 古镇简介

西递镇原名东源乡,位于安徽省黟县东南部,处于省"两山一湖"黄金旅游经济圈内,地理位置十分优越,对外交通便捷,距县城仅8公里,离黄山火车站52公里,黄山机场50公里,距黄山南大门43公里,黟黄公路从西递通过,是黟县通往黄山风景区的主要通道。

西递镇西递村四面环山,两条溪流从村北、村东经过村落在村南会源桥汇聚。始建于北宋皇佑年间,发展于明朝景泰中叶,鼎盛于清朝初期,至今已有960余年历史。据史料记载,西递始祖为唐昭宗李晔之子,因遭变乱,逃匿民间,改为胡姓,繁衍生息,形成聚居村落。故自古文风昌盛,到明清年间,一部分读书人弃儒从贾,他们经商成功,大兴土木,建房、修祠、铺路、架桥,将故里建设得非常舒适、气派、堂皇。历经数百年社会的动荡,风雨的侵袭,虽半数以上的古民居、祠堂、书院、牌坊已毁,但仍保留下数百幢古民居,从整体上保留下明清村落的基本面貌和特征。村落以一条纵向的街道和两条沿溪的道路为主要骨架,构成东向为主、向南北延伸的村落街巷系统。所有街巷均以黟县青石铺地,古建筑为木结构、砖墙维护,木雕、石雕、砖雕丰富多彩,巷道、溪流、建筑布局相宜。村落空间变化韵味有致,建筑色调朴素淡雅,体现了皖南古村落人居环境营造方面的杰出才能和成就,具有很高的历史、艺术、科学价值(见图6-17)。

图6-17 西递

2. 风貌特色

西递村中一条主道贯穿东西，与其两侧各一条与之平行的街道一起穿过很多窄巷。在敬爱堂、履福堂、刺史牌楼等公共建筑之前有小广场。今天，主要旅游景点包括124幢保护完好的明清建筑。大多数民居都对公众开放。主要建筑有明万历六年（1578年）建的青石牌坊，清康熙三十年（1691年）建的大夫第等。

西递自然景观丰富多姿。鸳鸯谷自然风景区位于西递古民居东北方向4公里处，鸳鸯谷曲折幽深，千姿百态，陡壁悬崖，碧水深潭，香雾缭绕，幻影无穷，使人恍若身临仙境。河滩多潭池，绝壁多深洞，大小池潭、山洞各有二、三十余个。鸳鸯谷秀在其表，美在其中，是集山水风光融生态资源为一体的自然景观。西递燕山自然森林公园距西递古民居1.5公里，旅游资源丰富，山中有黄山松、银杏、红叶桂木、香果树等珍贵名树，有古松树、古枫树、古檀树等百余棵，山中还有画眉、相思鸟、百灵鸟等珍奇。燕山奇崖怪石引人入胜，游客不仅可以观看燕山林区风貌，俯瞰西递古民居全景，又能体味一下这里的山寨生活。

6.3.3 福建省上杭县古田镇

1. 古镇简介

古田，上杭县的一个小镇，地处"华南虎的故乡"梅花山自然保护区南麓，地处新罗、上杭、连城三县（区）结合部。全镇方圆227平方公里，辖21个行政村。它既是一个充满田园情趣的小镇，又是一个非凡的革命会址。1929年12月28—29日，中共红军第四军第九次代表大会在这个偏僻的小镇里召开。会议讨论通过了毛泽东主持起草的八个决议，即著名的古田会议决议案，从而确立了"党指挥枪"的中国共产党建军纲领，在中国共产党领导的人民武装力量发展史上起了长期的指导作用。这次会议史称"古田会议"，是中国党和军队建设史上的一个重要里程碑。

2. 风貌特色

古田会议会址（见图6-18），远靠遥遥莽莽的彩眉岭，近伴碧水流欢的古田溪，背倚郁郁葱葱的社下山，正面是宽阔平整的农田，夏秋季节稻浪飘香。这是一座单层歇山式砖木结构的四合式庭院，建于 1848 年，原本是当地廖氏宗祠，辛亥革命后在此创办"和声小学""曙光小学"，现已被列为全国重点文物保护单位、全国爱国主义教育基地。会址背山"古田会议永放光芒"八个红色大字在浓阴映衬下闪闪发光。会址内一切都依照老同志的回忆原样陈列，完整地保留昔日的风貌。和会址相对应的是古田会议纪念馆，馆内珍藏着 7000 多件文物，其中土地革命战争时期留下的珍贵文物及史料有 2000 多件。从 1929 年 5 月到 1933 年 11 月，毛泽东曾经 9 次来到上杭，其中 3 次到上杭古田镇，3 次进上杭城，3 次往上杭才溪乡。1961 年 3 月，国务院将古田会议旧址列为国家重点文物保护单位。1986 年 8 月，被列为福建省十佳风景区之一。1989 年 12 月，江泽民总书记参观了古田会议址，并题写了"继承和发扬古田会议精神，加强党和军队的建设"的题词。2000 年 1 月，中央电视台"心连心"艺术团在会址前举行新世纪首场演出。

图 6-18　古田会议会址

6.3.4　浙江省桐乡市乌镇

1. 古镇简介

乌镇，为浙北平原上一方古朴清雅之地。她拥有着源远流长的历史和璀璨瑰丽的文化财富，在漫漫历史长河中创造着自己的辉煌。乌镇的历史悠久而灿烂，6000 多年前，就有先人在此创造着那个时代的文明，镇东郊谭家湾古文化遗址可以作证。春秋时，乌镇为吴疆越界，战事频繁，吴国曾驻兵于此以防御越国，故得名乌戍。唐咸通十三年（872 年）始建镇。宋嘉定年间，以车溪（今市河）为界分为两镇，市河以西称为乌镇，属吴兴县（今湖州市）；市河以东称为青镇，属桐乡市。新中国成立后，即 1950 年，乌青两镇合并，统称乌镇。

2. 风貌特色

乌镇，曾是周边地区的集商重地，规模鼎盛时达十万人之多，从现存的清末民初的建筑格局与整体风貌来看，就足见当时街肆的繁华。历史上也曾有"一观二塔三宫六院九寺十庵"之说。可见，历史上的乌镇文化灿烂。经过岁月陵替，风雨沧桑，而保存下来的十几万平方米的江南典型水乡民居群及十几座古桥梁见证了古镇的悠久历史。同时，古镇拥有全国重点文物保护单位——茅盾故居，省级重点文物保护单位——谭家湾遗址，县级重点文物保护三处：六朝遗址、唐代银杏、修真观戏台。

乌镇是著名的水乡，水乡风俗众多，正月十五元宵节，乌镇除了吃元宵、迎花灯、猜灯谜外，还有走桥的习俗。镇内有数十座桥，砖桥、木桥、石桥，等等。许是对家乡的热爱，很早的时候，当地就有走桥健身、祈福的习俗。后来，由于水利和交通的需要，乌镇市河上的部分古桥已改建为平坦的钢筋水泥桥，但走桥的风俗还在流传，尤其是西柳的桥里桥，几乎是现代乌镇的历史标志。

在乌镇东栅老街的东端，有一个比较开阔的河港湾兜，人称"财神湾"（见图6-19），原先它是一个供船只掉头的转船湾，因在其旁边有一座财神堂，堂内供有一尊等人大小的财神雕像，故称之为"财神湾"。财神堂内供的是乌镇的东路财神，每年的农历正月初五，老老少少都会来财神堂前烧香祈福。

图6-19 乌镇财神湾

乌镇历来文人荟萃，人才辈出，如梁昭明太子及其老师沈约，一代丞相裴休和陈与义，更有藏书家鲍延博，光绪帝老师夏同善，近代文学巨匠茅盾曾游学或寓居于古镇。正因为有了他们才有了乌镇深厚的文化底蕴，才有了她在江南古镇中的地位。

6.3.5 浙江省嘉善县西塘镇

1. 古镇简介

江南水乡嘉善县地处杭嘉湖平原，位于苏、浙、沪交界处，素有"吴根越角"之称。在县城以北9公里，交通便利，是独具特色的江南水乡古镇西塘。西塘镇地处太湖东南流域的水网地带，河港纵横交错。"九里湾头放棹行，绿柳红杏带啼莺"，正呈现了西塘这个江南水乡的秀丽风光。西塘历史悠久，在距今4000余年的新石器时代晚期，已有人类活动的遗迹。明代，在这里已设西塘镇（见图6-20），名称沿用至今。

6　中国历史文化名城名镇

图6-20　西塘

2. 风貌特色

在西塘的老镇区内，分布有连片的古建筑群，保存较好，被西塘纵横的河流分成八块，由众多桥梁连成一片；在古建筑群中，分布了较多的宅第，宅第间以弄分割；在临街或临河的房屋一侧，延伸出来相连成步行街廊。西塘古镇以水多、桥多、弄多、廊棚多而著称。"小河穿市过，人家尽枕河"是其真实的写照。游览西塘，可欣赏"清虹桥影出，秋雁橹声来"的妙境，观看古旧淳朴、风韵各具的一百零四座桥梁。"门前街道屋后河，深长弄堂百条多"，西塘一百二十二条弄堂深幽奇妙。千米长的廊棚可使游客在此体味"雨天不湿鞋，照样走人家"的滋味。一百三十余种杜鹃，繁花似锦。在镇内有两处县保单位（卧龙桥、东岳庙）和其他一些文物古迹（如来凤桥、七老爷庙、圣堂、马鸣庵、福源宫、四贤祠等）。石皮弄是当地有名的一条古弄，路面由168块条石铺成，宽度仅1米左右，且保持历史原貌。塘东街、北栅街、南栅下街等在历史上也为主要商业街，一直延续至今。

西塘除悠久的历史外，也创造了不朽的文化。翰墨书香，诗词金石，缔造了西塘浓郁、宽广的文化氛围。在明清两朝427年里，有进士19名，举人31名。民国时期创立的平川书画社至今仍在丰富群众艺术生活方面发挥作用。近代著名诗人柳亚子常来西塘吟诗会友，18位西塘文人参加柳亚子创办的南社。

【知识链接】

中国十大古村

2006年9月16日，"中国十大古村"的代表身着明清古装，在湖南桂阳阳山古村的"结盟石"前，庄严签下盟约，隆重举行"中国十大古村"结盟仪式，发表了《中国十大古村·阳山宣言》。这是"中国十大古村"的首次集体亮相。

这十大古村包括：

1. 赣南客家大观园——江西白鹭古村

2. 传统宗法观念的缩影——广东雷州邦塘古村
3. 旧石器时代的遗存——山西丁村
4. 老汉族之乡——贵州屯堡文化村
5. 广西楹联第一村——广西大芦村
6. 民居瑰宝——陕西党家村
7. 中国最美丽的乡村——江西婺源古村落
8. 科学与诗意最宝贵的结合——安徽西递和宏村
9. 一个经典和谐的神秘古村——湖南阳山古村
10. 天造地设一个谜——浙江诸葛八卦村

"中国十大古村"是中国古村的精品名牌，是中国古村旅游发展的杰出代表。打造"中国十大古村"品牌，既是充分发挥十大古村品牌价值的客观需要，更是整体提升中国古村旅游发展水平的必然要求。

"中国十大古村"将轮流举办联盟年会，联合启动"中国十大古村游"等主题活动，共同开展古村的保护、开发与营销，齐心协力推进中国古村旅游可持续发展。

实 训 应 用

1. 实训项目：参观古镇、名村或名城。（与第8章联合）
2. 实训目的：通过实地参观，培养学生对古建筑文化的兴趣，掌握建筑文化基本知识，感受古镇（村、城）的风韵。
3. 实训步骤：设计参观调研计划书，重点是明确参观的重点，回来后组织课前心得体会的讨论。

复习思考题

一、名词解释

历史文化名城

二、简答题

1. 根据中国现代城市发展的类型和特点，简述中国现代的城市分为哪几种类型。
2. 历史文化名城概述。

三、思考题

请列举几个历史文化名镇代表，进行简单景点概述。

7

中国的风物特产与鉴赏

学习目标

知识目标	技能目标
1. 了解中国风物特产的基本分类 2. 掌握中国玉器、陶器、瓷器、丝织品、竹器、金属特产的特点	1. 培养欣赏中国各类风物特产的能力 2. 能将所学基本知识应用于讲解工作

中国旅游文化

知识引例

从毛笔里面看文化

毛笔（见图7-1）虽然是实用工具，但随着社会经济文化的需求，毛笔的制作水平不断提高，品种不断增多。工艺的改进使毛笔日益完善和精美，也逐渐成为收藏、鉴赏珍玩的古物。毛笔不易保存，笔毫重实用易坏，所以毛笔的鉴赏更着眼于装饰意味浓厚、色彩艳丽、内容丰富的笔管上。

笔毫的形制是为书写、绘画的需要而改进提高的。古人以竹笋式制成的笔毫，是中国传统品名，属于短锋羊毫、兼毫笔类。锋短而身短粗，形如笋状，锋腹粗状，落纸易于凝重厚实。除实用外，给人以鉴赏趣味。又如兰花式制成的笔毫，也是中国传统毛笔品类之一。笔头圆润，洁白纯净娇柔，似含苞欲放之玉兰，给人以秀美观赏之感、赏心悦目之快。古代还有一种品名，把笔毫做成葫芦式，兼毫圆润坚劲。

图7-1 中国毛笔

自笔管成为鉴赏和珍藏的对象后，人们便常以珍宝珠玉制毛笔管，以获装饰之美或夸耀其财势和地位。如：清乾隆四十三年（公元1778年）唐秉钧在《文房肆考图说》卷三《笔说》中说："汉制笔，雕以黄金，饰以和璧，缀以隋珠，文以翡翠。管非文犀，必以象牙，极为华丽矣。"此时的毛笔，不仅是书画工具，有的还是供人鉴赏观玩的艺术品。文中叙述笔管的装饰已达完美精工，已完善了鉴赏的条件。如：古代工匠能在笔管不及寸的圆周上，描绘、镌刻巧妙的山水人物，描出山石海水的气势，足以表现出独特的装饰趣味，达到了鉴赏的条件。故宫收藏的明代黑漆、彩漆描金云龙、龙凤、双龙管笔就是一例。

以鉴赏毛笔的着眼点就是看笔管的用料和笔管的装潢与绘画、雕刻、镶嵌的艺术水平。用料及装饰为上，其价值就高。

鉴别古笔，首先对保存的遗物和各个时代古笔的历史要做系统地了解、认识，把握丰富的文化内涵。分清笔的历史上限下限，区分制笔地区，把握各时代制笔名家的特点，分清是民间制作，还是宫廷的御用品，或是宫廷的御制品，是宫内定型民间作为贡品，还是宫廷造办处自制的。其次，再看笔毫损坏情况。而后再着眼于笔管的装饰，是否有制笔名家的镌刻，是否有名人的赠语及题跋。对名人的时代划分，要有丰富的科学文化知识，有丰富的文学水平，才能识别出名人的诗词赋文，才好鉴别一个文物的时代，从而体现文物的价值。每一种文物在各历史时期，均有赝品出现，只要人们丰富自己的知识，多见多识，虚心向别人请教就会提高自己的认识鉴别能力。

7 中国的风物特产与鉴赏

中国是一个历史悠久的文明古国。在几千年的发展中，中华民族的先人们以自己的勤劳和智慧，创造了大量闻名于世的风物特产。这些风物特产是中华民族优秀文化的重要组成部分，也是人类的物质文明与精神文明的完美体现。风物特产是指在一个国家、一个民族、一个地区，具有民族性的、有生命力的、对人们具有感染性的物品。它一般具有形象性、艺术性、新颖性、纪念性、实用性，既能满足人们衣食住行的生理上的需要，又可满足人们心理上的、精神上的需要。

7.1 玉器、陶瓷器与丝织刺品绣

7.1.1 玉器

中国是世界著名的玉器工艺品产地。广义的玉器是指以白玉、青玉、碧玉、翡翠、玛瑙、红蓝宝石、水晶、绿松石、芙蓉石、珊瑚等为原料而制成的工具、装饰品、祭品和陈设品等。玉石质地坚硬细腻，色彩绚丽，形态多样，外观晶莹，为稀世难求之宝物。玉制工艺品能保存千万载，具有独特的艺术价值，特别被人珍爱。

中国玉器主要产地有北京、上海、江苏、广州、辽宁、新疆等。中国的玉石材料还有江苏的水晶及台湾的珊瑚等。江苏省东海县的水晶储量、产量和质量均居全国第一，素有"水晶之乡"之称。所产水晶杂质少、品种全，故有"东海水晶甲天下"的美誉。珊瑚产于热带、亚热带的海洋中。它既可作为贵重陈设品，也可制成首饰或工艺品。台湾珊瑚产于台湾周围的海域，颜色五彩缤纷，以桃红色品质最优。

1. 中国古代玉器简史

在距今约八千年的新石器时代早期，中国的先民认识和珍视玉石的美与坚实，将其磨之为兵，琢之以佩，用玉方式已经延至美身、祭祀、瑞符、殓葬等生活的诸多方面。辽宁红山文化、江浙良渚文化、山东半岛的大汶口文化乃至山东龙山文化遗址中出土的玉器，首先是作为巫觋祀神，沟通天地人的媒介。圆形中空的玉璧，是先民升天通灵的祭器；外方内圆的玉琮作为礼地之器，与天圆地方的原始宇宙观念相关，象征着天地、神灵、祖先的法力。红山文化中的玉龙、云形玉佩，是部落图腾和首领权利的标志物。玉在中国古代文明起源中扮演了重要的角色。

夏商时期，东部沿海的制玉工艺与西部新疆的阗玉汇聚中原，形成玉文化一统之大观，河南偃师二里头出土的玉戈、玉钺、玉璋、玉刀，显示出高超的开料技术和精细的雕工。商代晚期安阳殷墟墓所出的玉器，包括礼器、仪仗、工具、用具、佩饰、艺术品、杂器七大类，特别是动物形生肖玉佩，种类繁多，双线阴刻的夸张洗练与自然天成的俏色手法运用，将中国上古玉作推向鼎盛。

两周时期，随着社会礼制的日臻完善，玉器不仅是贵族在进行祭祀、朝聘、征

伐、宴享、婚配、丧葬等活动的国家重器，如圭、璋、璧、琮等；同时人们将玉的贞洁无瑕之比附君子之美德，作为美好事物与人格的参照物。"君子无故，玉不离身"，特别是组合玉佩，是将璜、环、珠、觿（用骨头制成的，用来解绳结的锥子）等，以彩绶贯之，由短及长，锵鸣清样扬，以约束行止，谐和体貌。且这一时期的玉器纹饰多勾云纹，粗细阴阳，勾连多变，成为上古服饰的一道亮丽美景。玉之概念已经远远超出自然属性。

两汉王室尚玉之甚，痴于对玉的迷信。在大力倡导孝义和厚葬的社会习俗中，以期保护死者不朽的丧葬用玉的明显增多。玉衣、玉九窍塞、玉琀、玉握等，是汉代王公贵族特有之葬具。玉衣的使用根据等级不同，有金缕、银缕、铜缕、丝缕之分。另外，乞求神灵的保佑、祓除不祥的辟邪用玉大量出现，如玉刚牟、玉翁仲等。在汉代常见的玉佩还有称为牒的心形玉佩和线条流转婀娜"翘袖折腰"的舞人佩。贵族配剑，常以剑首蚌铋四种玉装饰，称为玉具剑。

隋唐以降盛世开明，经济繁荣，丝路畅通。玉雕艺术由衰转盛。唐玉受西域文化和佛教艺术影响，呈现出新的面貌。唐人玉带板上多饰"蕃人进宝""伎乐人"形象。玉飞天则是最早的佛教玉雕。其他玉佩饰也多以珍禽瑞兽为主。光洁玉润的碾琢和富丽华美的神韵透出玉质之美。

宋元以后，社会出现了规模可观的玉雕市场和官办玉肆，开后代世俗陈设玩赏之玉先。宋代出现的仿古玉器多为仿汉玉器。宋之肖生玉具有北方草原民族的浓郁气息。金代传世古玉中"春水玉""秋山玉"，前者"鹘擒雁鹅春草间"，后者"虎逐群鹿秋山中"，层次富于变换，雕法多样。明清时期，玉雕艺术走向了新的高峰。玉器遍及生活的方方面面，工艺性、装饰性大增，玉雕小至寸许，大至万斤。鬼斧神工的琢玉技巧发挥到极致，山水林壑集于一处且利用玉皮俏色巧琢，匠心独运，集历代玉雕之大成。

2. 分类与产地

目前国际上统称的玉专指软玉和硬玉（翡翠），其他玉雕石料统称为玉石。宝石是由一种或多种矿物组成的具有特殊光学效应的集合体，绝大多数都是某种矿物的单晶体，如钻石、红宝石、蓝宝石、祖母绿、猫眼石、碧玺、紫牙乌等。

（1）硬玉，中国俗称"翡翠"，是中国传统玉石中的后起之秀，又是近代所有玉石中的上品。

硬玉由一种钢和铝的硅酸盐矿物组成，纯净者无色或白色。在18世纪以前，中国人并不知道硬玉这种东西。以后，硬玉才从缅甸产地经云南输入中国。常见的翡翠颜色有白、灰、粉、淡褐、绿、翠绿、黄绿、紫红等，多数不透明，个别半透明，有玻璃光泽。按颜色和质地分，有宝石绿、艳绿、黄阳绿、阳俏绿、玻璃绿、鹦哥绿、菠菜绿、浅水绿、浅阳绿、蛙绿、瓜皮绿、梅花绿、蓝绿、灰绿、油绿，以及紫罗兰和藕粉地等二十多个品种。

（2）软玉在中国有白玉、青玉、碧玉、黄玉和墨玉等品种。它们与硬玉不同，是由角闪石族矿物中透闪石、阳起石矿物（以透闪石为主）组成的致密块体。软玉常见颜色有白、灰白、绿、暗绿、黄、黑等色。多数不透明，个别半透明，有玻璃光泽。软玉的品种主要是按颜色不同来划分的。白玉中最佳者白如羊脂，称"羊脂玉"。目前所知，国内除台湾丰田地区产软玉外（包括透闪石、猫眼石），主要产地在新疆。

（3）岫岩玉，简称岫玉，因产辽宁省岫岩县而得名。这种玉石的主要品种表面看来，同新疆的青玉或碧玉有些相似，但组成的矿物和硬度则不同。组成岫玉的主要矿物是蛇纹石。成分中常含有二价铁、三价铁，还混有锰、铝、镍、钴等杂质，这些混入物使岫岩玉具有各种颜色。岫玉的颜色有白、黄、淡黄、粉红、浅绿、绿、翠绿、暗绿、褐绿及其他杂色。其中常以绿色调为主，颜色介于青玉和碧玉之间。组成岫玉的蛇纹石矿物，通常占85%以上，常见少量方解石、透闪石等其他矿物。

（4）蓝田玉，名称初见于《汉书·地理志》，美玉产自"京北（今西安北）蓝田山"。其后，《后汉书·外戚传》、《西京赋》《广雅》《水经注》和《元和郡县图志》等古书，都有蓝田产玉的记载。至明万历年间，宋应星在《天工开物》中称："所谓蓝田，即葱岭（昆仑山）出玉之别名，而后也误以为西安之蓝田也。"玉质从外观上看，有黄色、浅绿色等不均匀的色调，并伴随浅白色的大理岩。这种玉石虽然不很美观，但因为蓝田地处西安古城附近，玉质硬度为4左右，容易加工，所以古人有可能采用作为装饰品。

（5）南阳玉，因产河南省南阳而得名，又因矿区在南阳的独山，故又称"独山玉"。南阳玉色泽鲜艳，质地比较细腻，光泽好，硬度高，可同翡翠媲美。德国人曾称其为"南阳翡翠"，据河南地质工作者近几年的研究，探明南阳玉是一种蚀变斜长岩，组成矿物除斜长石外，还有黝帘石、绿帘石、透闪石、绢云母、黑云母和榍石等。经过显微镜鉴定，玉质含有多种蚀变矿物，蚀变作用以黝帘石化、绿帘石化和透闪石化为主。由于玉石中含各种金属杂质电素离子，所以玉质的颜色有多种色调，以绿、白、杂色为主，也见有紫、蓝、黄等色。

（6）绿松石，在中国也是古老的传统玉石，早在新石器时代，它同青玉、玛瑙等玉石一起用作装饰品。绿松石是由细小的绿松石矿物为主组成的隐晶质致密块体，含有铜、铝和水的磷酸盐，通常产于次生浅层矿床中。多呈天蓝色、暗蓝色、蓝绿色和绿色，风化强烈的呈绿白色。具有柔和的蜡状光泽。中国绿松石，除鄂西北为其著名产地外，近几年在陕西、新疆、安徽、河南等地都有发现，由于鄂西北诸县古属襄阳道管辖，所以又把鄂西北诸县所产的绿松石称为襄阳甸子，且开采的历史也悠久。但全世界产绿松石的以波斯为最著名，因通过土耳其输入欧洲各国，又有"土耳其玉"或"突厥玉"之称。

（7）玛瑙，由于纹带美丽，自古就被人们饰用。出土玉器中，常见成串的玛瑙珠，以项饰为多。汉代以前的史书，玛瑙亦称"琼玉"或"赤玉"。组成玛瑙的细小矿物除玉髓外，有时也见少量蛋白石或隐晶质微粒状石英。严格地说，没有纹带花纹的特征，不能称玛瑙，只能称玉髓。玛瑙纯者为白色，因含其他金属元素（如 Fe、Ni 等）出现灰、褐、红、蓝、绿、翠绿、粉绿、黑等色，有时几种颜色相杂或相间出现。玛瑙块体有透明、半透明和不透明的，玻璃光泽至蜡状光泽。

【知识链接】

北京玉器

图7-2 北京玉器

北京玉器（见图7-2）兴于元代，在制作上量料取材，因材施艺，遮瑕为瑜成为琢玉的重要法则。能工巧匠利用玉石的自然形状、色泽、质地、纹理和透明度，创作出许多巧夺天工、妙趣天成的珍品。玉器制作的工艺过程，概括为"议、绘、琢、光"几个大的阶段。表现手法有：圆雕、浮雕、镂雕、线雕等。北京玉器大体分作两大类，一是件活，包括玉炉、玉瓶、茶具、人物、鸟兽等，一般的接待大厅里都喜欢摆放一两个大玉花瓶，既雅致且名贵；二是小活，包括戒指、项链、印章、烟斗、别针等，有的心形项链，相当细小，但仍很精致。作品特点是结构严谨、章法得体，用色绝俏，工艺精湛，造型朴实大方，神态生动逼真。主要品种有人物、鸟兽、瓶、炉等。

3. 玉石功能

（1）保健功能。玉石含有多种对人体有益的微量元素，如锌、镁、铁、铜、铬、锰、钴等，佩带玉石可所含微量元素被人体皮肤吸收。从药物学角度来讲，长期配戴自然矿物可以补充人体不足的元素和微量元素，吸收或排泄过剩的元素和微元素，使人体保持一个特有的正间值。比如紫晶、石英有镇静、安神之功效；绿松石有解毒、清肝火之功效。

《本草纲目》中记述，玉具有"除胃中热、喘急烦懑、滋毛发、滋养五脏、柔筋强骨、止渴、润心肺、助声喉、安魂魄、利血脉、明耳目"等疗效。如今，人们以玉石为原料，加工成精美的装饰品美化生活、陶冶性情，以至祛病延年。其产品直接用于健身保健的有：玉枕、玉垫、健身球、按摩器、手杖、玉梳等，对人体具有养颜、镇静安神之疗效。

（2）装饰功能。古代人们佩玉，主要不是简单的装饰，表现外在的美，而是表现人的精神世界和自我修养的程度，也就是表现德，同时还具有体现人的身份、感情、风度，以及语言交流的作用。古代君子必佩玉，也即要求君子时刻用玉的品性要求自己，规范人的道德，用鸣玉之声限制人的行为动作。时至今日，珠宝玉饰仍然视为幸运和社会地位的象征，并已逐步成为表现个人性格、装饰、品位、风度的重要组成部分，而且从外表上令整体的衣饰打扮更加光彩照人。

7.1.2 陶瓷器

1. 陶瓷文化与神话传说

陶瓷是陶器和瓷器的总称。凡是用陶土和瓷土（高岭土）的无机混合物做原料、成型、干燥、焙烧等工艺方法制成的器皿统称为陶瓷。中国陶瓷制造历史悠久，早在七八千年前的新石器时代，中国的先民就已经制造和使用陶器；瓷器更是中国古代的伟大发明创造，早在商代就烧出原始瓷器，东汉烧制出真正的瓷器，唐代的三彩釉陶，反映着大唐盛世的面貌，有很高的艺术性。中国素有"瓷国"之称。

神话传说是一种经过先民不自觉的艺术加工过的自然界和社会生活，以想象与联想为特征，是典型的浪漫主义。历史悠久的中国有着许多美丽动人、奇异瑰丽、异想天开的神话传说故事。而许多众所周知的神话传说与陶瓷文化也有着密切的关系。

第一，从精神内涵来看，中国的陶瓷艺术家们，多半选取那些诸如"女娲造人""女娲补天""后羿射日""夸父追日""大禹治水"等有着英雄主义和积极浪漫主义的神话传说故事作为创作题材，进行艺术创造。

第二，从艺术特征来看，作为文学艺术的神话传说，在陶瓷雕塑艺术家手中，变间接形象为视觉、触觉形象，而且经过艺术再创造，比原作文学形象更加完整，更加丰富。

第三，从艺术语言来看，作为语言艺术的神话传说，是以夸张为其特征的。神话传说的艺术特征，对陶瓷艺术家进行艺术创作带来深刻的启示。

2. 陶瓷文化与民俗文化

陶瓷是一种工艺美术，也是一种民俗艺术和民俗文化，广泛地反映了中国人民的社会生活、世态人情和中国人民的审美观念、审美价值、审美情趣与审美追求。追求幸福、和谐、吉祥一直是陶瓷艺术品所要表现的一个重要的题材和一个基本的文化特征。

祥瑞题材，主要围绕着"福、禄、寿、喜、和合、吉祥如意"等内容而展开。因此，在选择题材表现寓意时，经常选用如下一些事物：珍禽类，经常选用凤凰（百鸟之王，象征大富大贵、大吉大利，凤凰相偕喻爱情）、白鹤（有清高、纯洁、长寿之喻）等；名花类，经常选用牡丹（百花之王，象征富贵繁荣）、芙蓉（象征雍容华贵）等；在异兽类中，常选用龙（王、权威、吉祥的象征）、狮（狮与师、诗同音，象征权势和诗书传家）、鹿（鹿禄同音）；在鱼藻类中，喜用鲤鱼（鲤与礼同音，鱼与裕谐音，寓意腾达、富裕）、鳜鱼（鳜与贵同音）。

此外，这种祥瑞题材在约定俗成中，形成了一整套具有中国特色的具有象征意义的纹样体系。这些纹样在中国陶瓷艺术品中非常常见，如莲生贵子（婴儿抱莲花）、福寿双全（蝙蝠寿字）、竹报平安（小儿放爆竹）、吉祥如意（小儿骑白象执如意）、喜上眉梢（梅花喜鹊）、福在眼前（蝙蝠、喜鹊）、六合同春（鹿鹤、梅花）、麒麟送子（小儿骑麒麟）、连年有余（莲花、鱼）、五子登科（五小儿）、天官赐福（天宫、蝙蝠）、五福捧寿（五蝙蝠围寿字）、多福多寿（一群蝙蝠、堆桃）、福、寿（老人骑

鹿持桃）、麻姑献寿（麻姑担桃篮）、鱼跳龙门、丹凤朝阳（凤凰、太阳）、龙凤呈祥（龙、凤）等。

3. 中国陶器与中国瓷器

中国陶瓷是中国文化宝库中的瑰宝，是最富民族特色的日用工艺品。随着中国历史的发展，对外经济、文化的交往，陶瓷艺术传播到世界各国，许多国家瓷器工艺的发展都直接或间接地受到中国陶瓷工艺的影响。陶瓷也与茶叶、丝绸并称为中国三大特产而名扬中外。

陶器是用黏土成型，经700℃～800℃的炉温焙烧而成的无釉或上釉的日用品和陈设品。

中国当代陶器以江苏宜兴、广东石湾、安徽界首、山东淄博、湖南铜官、云南建水、甘肃天水、河北唐山等地所产最为著名。江苏宜兴所产的紫砂器创烧于宋代，至明清时代有了很大发展。紫砂器是质地细腻、含铁量高的特殊陶土经烧制而成的无釉细陶器，呈赤褐色、浅黄或紫黑色，造型美观、色彩古朴、淡雅，是精致的手工工艺品。因此，宜兴有"陶都"之誉。

瓷器是在陶器的基础上制成的器物，但又不同于陶器：第一，瓷器胎料的成分主要是高岭土；第二，瓷器的烧成温度必须在1200℃以上；第三，胎釉经高温烧结后，不易脱落。

成为中国代名词的瓷器是商代中期开始出现的，最早的瓷器是青瓷，由于工艺不够成熟，又称为原始青瓷。汉代青瓷烧造逐渐成熟，摆脱原始状态，进入早期瓷器阶段。黑瓷在汉代开始出现，到三国两晋南北朝时期，南方青瓷广泛发展，形成一个个独具风格的系统。黑瓷工艺大大提高，进入艺术瓷器的领域。北方的内丘、临城、淄博、安阳等地也于北朝时期开始生产青瓷，并发明白瓷。隋唐时期，瓷器生产开始繁荣。宋代是瓷器艺术高度发展的时期，定窑、汝窑、官窑、哥窑、龙泉窑、钧窑、建窑、德化窑、景德镇窑、吉州窑、耀州窑、西村窑、潮州窑等处的产品各具风姿。元代景德镇成为瓷器生产的中心，青花、釉里红、白瓷、黑瓷等具有极高的艺术水平。明清时期，各地方大瓷窑体系逐渐衰落，被生产供当地人民所需瓷器的小作坊代替，景德镇的官窑和民窑继承中国陶瓷艺术的传统，大放异彩。

7.1.3 丝织刺品绣

1. 中国织绣的发展历程

织绣是用棉、麻、丝、毛等纺织材料进行织造、编结或绣制的工艺。中国织绣工艺品种繁多、绚丽多彩，主要有刺绣、织锦、缂丝、抽纱、花边、绒绣、机绣、绣衣、绣鞋、珠绣、地毯、手工编结等。

中国是最早发明织绣的国家之一，早在遥远的新石器时代，我们的祖先就已经学会用麻、丝织作平纹组合或罗纹组合的"布"。大量的考古发掘也证明了中国古代织绣技术已达到相当娴熟的程度。商周时期，中国的麻、丝纺织技术已相当完善，多彩织花的"锦"和把绘画刺缀在纺织品上的"绣"已有相当的发展。到战国中期，各种丝织品和各种绣品已十分繁盛，光彩夺目。丝绸起源于中国，并于汉代之后经"丝

7 中国的风物特产与鉴赏

绸之路"远销中亚、西亚、地中海沿岸欧洲各地。随着"丝绸之路"的发展,中国的纺织技术有了更大的发展。此外,宋代的缂丝,元代的棉纺,明代的织锦,都有较高成就,清代的刺绣工艺则由于地区的不同与技艺的演变,形成了苏绣、湘绣、粤绣、蜀绣等四大名绣,更具民族风格和地方特色。

中国织绣工艺品的分布有:刺绣、织锦、缂丝工艺主要产在江苏、浙江、广东、湖南、四川等地;地毯工艺主要产在新疆、宁夏、青海、西藏、天津、北京等地;抽纱、花边、绒绣工艺主要产在烟台、上海、潮州、汕头、萧山等地。中国织绣工艺,在国外享有很高声誉,对中外经济与文化交流起着重要作用。

2. 中国丝织艺术

关于丝绸,中国有一个悠远的传说:远古时代,黄帝打败了蚩尤,"蚕神"亲自将她吐的丝奉献出来以示敬意。黄帝命人将丝织成了绢,以绢缝衣,穿着异常舒服。黄帝之妻西陵氏嫘祖便去寻找能吐丝的蚕种,采桑饲蚕。后世民间崇奉嫘祖为养蚕的蚕神,黄帝为织丝的机神。采桑养蚕与制丝织绸,便成了中国古代社会几千年的基本劳作手段。根据考古发掘的资料证明,开始于东南地区新石器时代的良渚文化。长期以来,中国不但是发明丝和丝绸的国家,并且是有这种手工业的唯一的国家。由于高级丝织品的向国外输出,因而中国被不少国家誉为"丝国"。

早在新石器时代,中国已发明丝绸织造以及朱砂染色技术。此后随着织机的不断改进,印染技术的不断提高,丝织品种日益丰富,并形成了一个完整的染织工艺体系,使中国古代的丝绸染织技术领先于世界各国。唐中叶至明清近一千年间,中国丝绸生产在融汇了西方纺织文化的基础上形成了新的技术体系,束综提花机被广泛应用,缎、绒织物的出现使丝织品种更为丰富,图案风格趋于写实并富有吉祥寓意。丝绸业中心逐渐移至江南地区,生产呈现专业化趋势。海上"丝绸之路"成为丝绸贸易的主要通道。

将生丝作为经丝、纬丝,交织制成丝织品的过程,就是丝织工艺。中国的丝织工艺中,织锦工艺和缂丝工艺最为发达。

织锦是指有花纹图案的丝织品,成品富丽华贵、色彩斑斓,有鲜明的民族特色。织锦工艺产生在 2000 年前的西周时代。

云锦,产地南京(见图 7-3),因锦纹如云,故名云锦。至今已有 1580 年历史。南京云锦是南京传统的提花丝织工艺品,是南京工艺"三宝"之首。南京云锦配色多达十八种,运用"色晕"层层推出主花,富丽典雅、质地坚实、花纹浑厚优美、色彩浓艳庄重,大量使用金线,形成金碧辉煌的独特风格。

壮锦是中国壮族传统手工织锦,据传约起源于宋代。以棉、麻线作地经、地纬平纹交织,用粗而无拈的真丝作彩纬织入起花,在织物正反面形成对称花纹,并将地组织完全覆盖,增加织物厚度,主要产地分布于广西靖西、忻城、宾阳等县。据说,早在汉代,当地就已经产生了"细者宜暑,柔熟者可御寒"的"峒布"。聪明智慧的壮族人民,充分利用植物的纤维,织制出葛布、络布作为衣料。新中国成立后,考古工作者在广西罗泊湾汉墓的七号残葬坑内发掘出土了数块橘红色回纹锦残片,证实汉代广西已有织锦技艺。壮锦特点是色彩对比强烈,纹样多为菱形几何图案,结构严谨而富于变化,具有浓艳粗犷的艺术风格,用于制作衣裙、巾被、背包、台布等。

蜀锦原指四川生产的彩锦(见图7-4),后成为织法似蜀的各地所产之锦的通称。蜀锦多用染色的熟丝线织成,色彩鲜艳,质地坚韧。蜀锦因其历史悠久、工艺独特,有中国四大名锦之一的美誉。因为汉朝时成都蜀锦织造业便已经十分发达,朝廷在成都设有专管织锦的官员,因此成都被称为"锦官城",简称"锦城"。蜀锦兴起于汉代,早期以多重经丝起花(经锦)为主,唐代以后品种日趋丰富,图案大多是团花、龟甲、格子、莲花、对禽、对兽、翔凤等。清代以后,蜀锦受江南织锦影响,又产生了月华锦、雨丝锦、方方锦、浣花锦等品种,其中尤以色晕彩条的雨丝、月华最具特色。

图7-3 南京云锦图

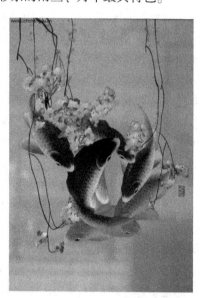
图7-4 蜀锦

宋锦起源于宋代,发源地在中国的苏州,故又称之为"苏州宋锦"。苏州是中国著名的丝绸古城,为锦绣之乡、绫罗之地。苏州宋锦,色泽华丽,图案精致,质地坚柔。宋锦织造工艺独特,经丝有两重,分为面经和底经,故又称重锦。宋锦图案精美、色彩典雅、平整挺括、古色古香,可分大锦、合锦、小锦三大类。宋锦图案一般以几何纹为骨架,内填以花卉、瑞草,或八宝、八仙、八吉祥。

3. 中国刺绣艺术

刺绣是用针引线在绣料上穿刺出一定图案和色彩花纹的装饰织物。苏绣、湘绣、粤绣、蜀绣并誉为中国"四大名绣"。四大名绣形成于19世纪中叶,它的产生除了本身的艺术特点外,另一个重要原因就是绣品商业化。由于市场需求和刺绣产地的不同,刺绣工艺品作为一种商品开始形成了各自的地方特色,其中苏、蜀、粤、湘四个地方的产品销路尤广。

苏绣是以苏州为中心,包括江苏地区刺绣品的总称。其发源地在苏州吴县一带,现已遍衍江苏省的无锡、常州、扬州、宿迁、东台等地。苏绣产地江苏土地肥沃,气

7 中国的风物特产与鉴赏

候温和，蚕桑发达，盛产丝绸，自古以来就是锦绣之乡。优越的地理环境，绚丽丰富的锦缎，五光十色的花线，为苏绣发展创造了有利条件。

苏绣作品的主要艺术特点为：山水能分远近之趣；楼阁具现深邃之体；人物能有瞻眺生动之情；花鸟能报绰约亲昵之态。苏绣的"仿画绣""写真绣"其逼真的艺术效果名满天下。在刺绣的技艺上，苏绣大多以套针为主，绣线套接不露针迹，常用三四种不同的同类色线或邻近色相配，套绣出晕染自如的色彩效果。同时，在表现物象时善留"水路"，即在物象的深浅变化中，空留一线，使之层次分明，花样轮廓齐整。因此人们在评价苏绣时往往以"平、齐、细、密、匀、顺、和、光"八个字概括之。

粤绣是广东地区刺绣品的总称。相传最初创始于少数民族——黎族，先前绣工大多是广州、潮州男子，这在当时是极为罕见。粤绣主要有衣饰、挂屏、褡裢、屏心、团扇、扇套等绣品。在艺术上，粤绣构图繁密热闹，色彩富丽夺目，施针简约，绣线较粗且松，针脚长短参差，针纹重叠微凸。常以凤凰、牡丹、松鹤、猿、鹿以及鸡、鹅为题材。粤绣的另一类名品是用织金缎或钉金衬地，也就是著名的"钉金绣"，尤其是加衬高浮垫的金绒绣，更是金碧辉煌，气魄浑厚，多用作戏衣、舞台陈设品和寺院庙宇的陈设绣品，宜于渲染热烈欢庆的气氛。

蜀绣也称作"川绣"，指以成都地区为代表的四川刺绣。蜀绣的历史也很悠久，据晋代常璩《华阳国志》中记载，当时蜀中的刺绣已十分闻名，并把蜀绣与蜀锦并列，视为蜀地名产。蜀绣的纯观赏品相对较少，以日用品居多，取材多数是花鸟虫鱼、民间吉语和传统纹饰等，颇具喜庆色彩，绣制在被面、枕套、衣、鞋及画屏。清中后期，蜀绣在当地传统刺绣技法的基础上吸取了湘绣和苏绣的长处，一跃成为全国重要的商品绣之一。蜀绣用针工整、平齐光亮、丝路清晰、不加代笔，花纹边缘如同刀切一般过于齐整，色彩鲜丽。

湘绣是以湖南长沙地区为中心的刺绣产品的总称。湘绣的特点是用丝绒线（无拈绒线）绣花，其实是将绒丝在溶液中进行处理，防止起毛，这种绣品当地称作"羊毛细绣"。湘绣也多以国画为题材，形态生动逼真，风格豪放，曾有"绣花花生香，绣鸟能听声，绣虎能奔跑，绣人能传神"的美誉。湘绣人文画的配色特点以深浅灰和黑白为主，素雅如水墨画；湘绣日用品的色彩艳丽，图案纹饰的装饰性较强。

刺绣作为一个地域广泛的手工艺品，各个国家、各个民族通过长期的积累和发展，都有其自身的特长和优势。在中国除了"四大名绣"外，还有京绣、鲁绣、汴绣、瓯绣、杭绣、汉绣、闽绣等地方名绣，中国的少数民族如维吾尔、彝、傣、布依、哈萨克、瑶、苗、土家、景颇、侗、白、壮、蒙古、藏等也都有自己特色的民族刺绣。

7.2 漆器与金属工艺

7.2.1 漆器

1. 漆器工艺艺术

天然漆自古盛产于中国。生漆是从漆树割取的天然液汁，主要由漆酚、漆酶、树胶质及水分构成。用它作涂料，有耐潮、耐高温、耐腐蚀等特殊功能，又可以配制出不同色漆，光彩照人。用漆涂在各种器物的表面上所制成的日常器具及工艺品、美术品等，一般称为"漆器"。在中国，从新石器时代起就认识了漆的性能并用以制器。历经商周直至明清，中国的漆器工艺不断发展，达到了相当高的水平。

夏代之后，漆器品种渐多，在战国时期，漆器业独领风骚，形成长达五个世纪的空前繁荣。据记载，庄子年轻时曾经做过管理漆业的小官。战国时漆器生产规模已经很大，被国家列入重要的经济收入，并设专人管理。在湖北曾侯乙墓出土的漆器有220多件。这些漆器是楚墓中年代最早也是最为精彩的，而且品类全，器型大，风格古朴，体现了楚文化的神韵。

汉代是漆器的鼎盛时期，此时期的漆器也是以黑红为主色。漆器的品种又增加了盒、盘、匣案、耳环、碟碗、筐、箱、尺、唾壶、面罩、棋盘、凳子、卮、几等，同时，还开创了新的工艺技法，如多彩、针刻、铜扣、贴金片、玳瑁片、镶嵌、堆漆等多种装饰手法。漆器图案根据不同的器物，以粗率简练的线条或繁缛复杂的构图表现，增强人或动物的动感与力度。

今人以推光、雕填、彩绘、镶嵌玉石和螺钿等技法，制作出各种精美的髹漆工艺品。当代漆器生产主要分布于北京、福州、扬州、成都、平遥、大方、天水等地。北京雕漆，与江西景德镇瓷器、湖南长沙湘绣，并称为中国工艺美术"三长"。

2. 著名漆器简介

漆器可分为一般漆器和雕漆。其中一般漆器是指在涂有薄漆的器物上，进行绘画、刻灰、镶嵌的艺术。雕漆是在涂有厚漆层的胎型上进行雕刻。

中国著名的漆器工艺品有北京漆器、福州脱胎漆器、扬州镶嵌漆器和天水漆器等。

图 7-5 北京雕漆

（1）北京漆器。按其制作工艺的不同可分为雕漆（见图 7-5）和金漆镶嵌两种。

北京雕漆是在木胎或铜胎表层涂数道至数百道天然漆，然后运用各种刀法将尚未干透的漆膜精心雕刻成各种图案，再经烘干、磨光、边口镀金等工序制成，因漆的色彩以红为主，故又名"剔红"。北京雕漆擅长浮雕、缕雕等技法，其作品雕刻精致，层次分明，表面色泽光润，造型古雅大方，极富立体感，给人以美的享受；并且有不容易变质的特点。它的品种多为实用品及装饰品；此外还有立体雕漆、雕漆画、缕空雕漆、实用雕漆等新品种。它在国际市场上享有极高的声誉，是中国重要的出口商品之一。

北京金漆镶嵌是在髹好漆底的胎形器物上运用镶嵌、彩绘、罩漆工艺制成的工艺品。按制作工艺的不同，它又分为彩漆勾金、螺钿镶嵌、玉石镶嵌、金银平脱，以及刻灰和磨漆画等品种。金漆镶嵌中的螺钿镶嵌，造型精巧，色彩瑰丽，风格沉稳，比较著名制品有镶嵌围屏及家具等。磨漆画是利用漆色光泽滋润、沉静的质感来显现画面的明丽深沉，并凭借漆料的厚薄来取得浮雕的效果。

（2）福州脱胎漆器。福州脱胎漆器，是具有独特民族风格和浓郁地方特色的艺术珍品，与北京的景泰蓝、江西的景德镇瓷器并称为中国传统工艺的"三宝"，享誉国内外，主要产于福建省福州，已有180多年的历史。脱胎漆器的制作工艺别具一格，首先在产品模型的绸布上涂数道漆灰料，阴干后脱去内胎，再经填灰、上漆、打磨、装饰后即成。其主要特点是做工精巧细致，质地轻坚牢，造型美观大方，色泽鲜艳古朴。脱胎器多年来被誉为"真正的中国民族艺术"。福州脱胎漆器的最大优点是：光亮美观、不怕水浸、不变形、不褪色、坚固、耐温、耐酸碱腐蚀。福州脱胎漆器最大特点是：轻。

福州脱胎漆器所具有的这些优点、特点，是由其特殊的制作工艺、高超的髹漆技艺所决定的。作为脱胎技艺同髹漆艺术相结合的产物，福州脱胎漆器的制作颇为不易，从选料、塑胎、髹饰至成品，每件成品都要经过几十道、甚至上百道工序。工艺非常复杂，制作和阴干等十分费时，故一器之成往往需要数月，成品还需密闭在阴室里很久。

（3）扬州镶嵌漆器。扬州镶嵌漆器（见图7-6）产于江苏省扬州，其中的螺钿漆器颇负盛名。清康乾时期，著名漆艺师卢映之、王国琛、卢葵生、夏漆工等把雕漆和百宝镶嵌结合起来，形成了扬州独特的雕漆嵌玉名贵品种，其特点是在漆器上用贝壳镶嵌出各种优美的图案花纹，具有造型古朴典雅、纹样优美多姿、色彩斑斓绚丽的特点，具有很强的艺术效果。

图7-6 扬州镶嵌漆器

（4）天水漆器。天水漆器产于甘肃省天水，工艺历史悠久，考古资料证明，有两千多年的历史，在全国漆器行业中占据着重要地位。《诗经·秦风》："阪有漆、隰有栗"，为秦地产漆最早记载。可见天水盛产生漆，早已闻名于世。天水漆器主要选用优质木材、优质漆、寿山石、珊瑚、玛瑙、珍珠、贝壳等名贵材料，运用传统雕填工艺和石刻镶嵌技术进行生产。其特点是古朴大方，富有立体感；许多图案还参照了敦煌壁画及麦积山雕塑等古代艺术，具有浓郁的民族风格。

7.2.2 金属工艺

金属工艺是用金、银、锡等金属，分别采用掐、錾、点釉、烧制、镶嵌等技艺，制成各种富丽堂皇或清雅实用的工艺品。中国殷商时代青铜器在造型和雕刻的艺术技巧上已达到很高的水平，金属工艺在继承这些优良传统的基础上发展了景泰蓝、烧瓷、花丝银首饰及摆件、镶嵌饰品等许多品类。

1. 北京景泰蓝

北京景泰蓝是驰名中外的工艺美术品之一，由于它是一种铜胎掐丝技术和珐琅釉彩相结合的工艺品，也称"铜胎掐丝珐琅"。景泰蓝的制作过程复杂，从技术方法来说，可分为：铸胎、掐丝、烧焊、点药、烧蓝、磨光和镀金这五套工序。首先将紫铜片拼焊成胎，再用镊子把扁铜丝掐成各种纹样粘焊在胎上，接着把各色釉料按设计填充上去，然后放进炉火中反复烘烤烧结，最后磨光和镀金。景泰蓝的品种数以千计，因工艺造型优美、纹样丰富、色泽深厚、富丽堂皇而蜚声国内外。

景泰蓝作为一种美术工艺品，13世纪由云南传到北京，盛于明朝景泰年间，又多用宝石蓝、孔雀蓝等蓝色珐琅釉料，而且初创时只有蓝色，因此称之为景泰蓝。大体上说，明代的景泰蓝胎的铜质较好，多为紫铜胎，体略显厚重，故造型仿古的多，主要仿青铜所用的彩釉均为天然矿物质料，色彩深沉而逼真，红像宝石红，绿像松石绿。此时的丝掐得较粗，镀金部分金水厚，彩釉上大多有砂眼。

清代的景泰蓝工艺比明代有提高，胎薄，掐丝细，彩釉也比明代要鲜艳，并且无砂眼，花纹图案繁复多样，但不及明代的文饰生动，镀金部分金水较薄，但金色很漂亮。

民国时期景泰蓝总体水平不及前代，胎体薄，色彩鲜艳有浮感，做工较粗。这时只有"老天利""德兴成"等作坊制作的景泰蓝工细，质量好，造型多仿古铜器，或仿乾隆时的精品。

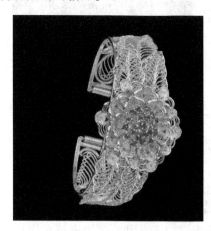

图7-7 花丝镶嵌饰品

2. 花丝镶嵌

花丝镶嵌，又叫"细金工艺"（见图7-7），实为"花丝"和"镶嵌"两种制作技艺的结合。金银花丝镶嵌主要产于北京和成都。金银花丝工艺是以金、银、铜及宝石等为原料，采用花丝与石镶工艺，融多种技法于一体而制成的高级工艺美术品。它是先以金银片按设计造型成型，在上面或镂出图案花纹，再经烧焊、涂釉、镀金银、嵌宝石等工序而成。产品主要分首饰和摆件两大类，以摆件为主。

花丝镶嵌工艺早在春秋时就已有雏形，在明代达到高超的艺术水平，清代有了更大的发展，名品不断涌现，很多成为宫廷贡品。花丝镶嵌是一门传统的宫廷艺术，其工艺复杂而且烦琐，大致的工艺就分掐、填、攒、焊、堆、垒、织、编八种。其技艺精湛，造型优美，品种多，具有明显的中国特色和民族风格，凝聚着中华民族的聪明智慧和艺术创造力。因宫廷设立了手工业作坊和手工工厂，集中了全国的能工巧匠，使南北方花丝镶嵌制作技艺得以交流，并融合少数民族工艺美术之长，成为了宫廷艺术的重要组成部分。

7 中国的风物特产与鉴赏

3. 芜湖铁画

铁画，原名"铁花"，芜湖铁画是安徽省芜湖出产的一种特有工艺品。铁画的制作起源于宋代，盛行于北宋。清代康熙年间，安徽芜湖铁画才自成一体，并逐渐享誉四海，至今已有340多年历史，是中国工艺美术百花园中的一朵奇葩。芜湖铁画以锤为笔，以铁为墨，以砧为纸，锻铁为画，鬼斧神工，气韵天成。芜湖铁画以历史悠久、风格独特、工艺精湛、技艺高超著称于世。

铁画的创作借鉴了国画和山水画的笔法布局，吸收民间剪纸、木刻、雕刻等造型艺术的技法，将绘画与锻铁技艺相结合，既有国画、水墨画之境，又有强烈的艺术立体感，黑白分明，苍劲凝重，被称为"巧夺万代所未有"。画面保持铁的本色，不涂彩，风格刚劲挺秀、朴实雅健、黑白相间、虚实相生、神似国画。近年来，艺人们不断创新，又开创了立体铁画、瓷板铁画、纯金和镀金画，具有特殊的艺术感染力，是中国工艺美术花园中的一朵奇葩。

【知识链接】

芜湖铁画创始人物

汤鹏，字天池。清顺治、康熙（1644—1722年）年间铁画艺人，祖籍徽州，迁居江苏溧水。幼年时为避兵荒而流落到铁冶之乡芜湖定居。他少为铁工，与画室为邻，"日窥其泼黑势"，从中受到启迪而创出铁画。当时芜湖铁业十分兴盛，且又集中许多技艺精湛的铁工，所以，民谚有"铁到芜湖自成钢"的美誉。

当时芜湖既是水陆交通要道和各种物资集散中心，又近中国佛教四大名山之一的九华山，不仅万商云集、人流如潮，其间也有众多香客，他们皆喜购芜湖铁铺中生产和出售的彩色铁花枝、铁花灯，作为上山敬佛之用。汤天池也打制这些制品出售。后又将铁花和铁花灯的内容，移植到一起，先"冶之使薄，且缕析之，以意屈伸"，再经锤锻"为山水、为竹石、为败荷、为衰柳、为蜩螗。郭索点缀位置，一如丹青家"，制成"山水花卉，各极其妙"的别具艺术风格的铁画。

汤天池所作的铁画作品，流传下来的很少，现知仅有《四季花鸟》（故宫博物院藏）、草书对联"晴帘流竹露，夜雨长兰芽"（安徽省博物馆藏）、山水《溪山烟霭》（镇江市博物馆藏）。

既然铁画"名噪公卿间""豪家一笑倾金赏"，汤可以由此而发迹了，可是，由于汤天池因"性颓放，不受促迫"之故，所以他仍然是生活在民间的一个清贫的铁工。有时临晚收工后，也无余钱买酒驱除一日之辛劳。所以清诗人韦谦恒不无同情的唱出："独怜奇技坐天穷，江天日暮酒钱空"。更为甚者，辛苦劳作一年，到年终竟连房租也付不出，只得用铁画等去作抵。芜湖大书画家黄钺，在所著《汤鹏铁画歌·引》中记有："鹏字天池，钱乡人，幼闻先大父言甚详，初赁屋于先曾祖，贫甚。"所以当黄钺看到其家所收藏的汤天池抵作房租的铁画时，不禁慨然叹道："我家有屋临庄馗，汤久赁之缗未酬，岁终往往以画投，灯屏独橐多藏收"。

7.3 年画与文房四宝

7.3.1 年画

年画是中国画的一种，是中国特有的一种绘画体裁，也是中国农村老百姓喜闻乐见的艺术形式。大都用于新年时张贴，装饰环境，含有祝福新年吉祥喜庆之意。历史上，民间对年画有着多种称呼：宋朝叫"纸画"，明朝叫"画贴"，清朝叫"画片"，直到清朝道光年间，文人李光庭在文章中写到："扫舍之后，便贴年画，稚子之戏耳。"年画由此定名。

各地对年画的称谓南辕北辙，北京叫"画片""卫画"，苏州叫"画张"，浙江叫"花纸"，福建叫"神符"，四川叫"斗方"，不一而足。今天，各地对年画逐渐约定俗成地简称为"年画"。年画是中华民族祈福迎新的一种民间工艺品，是一种承载着人民大众对未来美好憧憬的民间艺术表现形式。

1. 年画起源

年画是中国的一种古老民间艺术，和春联一样，起源于"门神"。据《山海经》载称：唐太宗李世民生病时，梦里常听到鬼哭神嚎之声，以至夜不成眠。这时，大将秦叔宝、尉迟恭二人自告奋勇，全身披挂地站立宫门两侧，结果宫中果然平安无事。李世民认为两位大将太辛苦了，心中过意不去，遂命画工将他俩人的威武形象绘之在宫门上，称为"门神"。东汉蔡邕《独断》记载，汉代民间已有门上贴"神荼""郁垒"神像，到宋代演变为木板年画。后来，民间争相仿效，几经演变，形成了自己的独特风格，便是现在的年画了。中国现存最早的年画是宋版《隋朝窈窕呈倾国之芳容图》。

2. 年画分类

年画分类见表7-1。

表7-1 年画分类

分类标准	内　　容
按印制工艺分	木版年画、水彩年画、扑灰年画、胶印年画
按着色层次分	单色年画、黑白年画、彩色年画
按年代长度分	古代年画、近代年画、当代年画
按国家地区分	中国年画、西洋年画
按年度月份分	年度年画、月份年画

按照年画的内容大致可以分为以下几类。

世俗生活类：如耕读图、渔家乐、龙舟竞渡、采莲图、祝福拜寿等；历史故事

7 中国的风物特产与鉴赏

类:如精忠报国、三战吕布、文王访贤、三顾茅庐、昭君出塞(见图7-8)、孟母三迁等;神话传说类:如白蛇传、麻姑献瑞、嫦娥奔月、哪吒闹海、天仙配、百鸟朝凤等;吉祥喜庆类:如一团和气(见图7-9)、麒麟降瑞、五子登科、五谷丰登、荣华富贵、蟾宫折桂、四季平安、龙凤呈祥、福寿双全、人财两旺、金玉满堂等;神仙佑福类:如文武财神、关帝圣君、钟馗镇宅、天师除灾、天官赐福、灶君土地、行业祖师(如木匠之鲁班、酒业之杜康)等;幽默讽世类:如老鼠嫁女、三猴烫猪、猴子骑羊、顽童闹学等。

图7-8 昭君出塞

图7-9 一团和气

3. 著名木版年画生产地

(1)苏州桃花坞年画。桃花坞木板年画是中国江南主要的民间木板年画。桃花坞位于江苏省苏州市以北。桃花坞年画源于宋代的雕版印刷工艺,由绣像图演变而来,到明代发展成为民间艺术流派,清代雍正、乾隆年间为鼎盛时期,每年出产的桃花坞木版年画达百万张以上。

(2)四川绵竹年画。绵竹年画以产于竹纸之乡的四川省绵竹县而得名。绵竹年画历史悠久,它起源于北宋,到明末清初进入繁盛时期。乾隆、嘉庆年间,绵竹全县有大小年画作坊300多家,年画专业人员达1000余人,年产年画1200多万份,产品除运销两湖、陕、甘、青及四川各地外,还远销印度、日本、越南、缅甸等国家和中国港澳等地区。

(3)天津杨柳青年画。有着600多年历史的杨柳青(位于天津市西20公里)的民间木版年画产生于元末明初,当时有一名长于雕刻的民间艺人避难来到杨柳青镇,逢年过节就刻些门神、灶王出卖,镇上的人争相模仿。到了明永乐年间,大运河重新疏通,南方精致的纸张、水彩运到了杨柳青,使这里的绘画艺术得到发展。

(4)潍坊杨家埠年画。山东潍坊杨家埠木版年画兴起于明代,全以手工操作并用传统方式制作,发展初期受到杨柳青年画的影响,清代达到鼎盛期,杨家埠曾一度出现"画店百家,画种过千,画版上万"的盛景,产品流布全国各地。其中最大的东大顺画店拥有画版300多套,年制画百万余张。杨家埠年画体裁广泛,想象丰富,重用原色,线条粗犷,风格纯朴。

(5)开封朱仙镇年画。开封朱仙镇年画堪称中国木版年画的鼻祖。主要分布在开封、朱仙镇及其周边地区,天津杨柳青、苏州桃花坞、山东潍坊等地年画都受其影响。它具有用色讲究、色泽鲜艳、久不褪色、对比强烈、古拙粗犷、饱满紧凑、概括性强等特征,以传统技法构图,画面有主有次,对象明显,情景人物安排巧妙,表现出匀实对称的美感。朱仙镇木版年画有五大特点:一是线条粗犷,粗细相间;二是形象夸张,头大身小;三是构图饱满,左右对称;四是色彩艳丽,对比强烈;五是门神形象众多,严肃端庄。朱仙镇木版年画中最多就是门神,门神中以秦琼、尉迟敬德两位武将为主。

【知识链接】

扑灰年画

扑灰年画是中国民间年画中的一个古老画种,始见于明代成化年间(1465—1487年),盛行于清代。从现有的资料看,全国只有山东省高密一地存在这种年画,主要产地在高密北乡姜庄、夏庄一带30多个村庄。扑灰年画是在写意国画的基础上成长起来,后来经高密北乡公婆庙村王姓人家发展创新,在文人画和庙宇壁画的基础上形成一种扑灰起稿,继以手绘,半印半画的年画。

扑灰年画丰富多彩,构思奇巧,制作精细,风格古雅。其造型拙朴简练,用笔潇洒自如。其画风典雅、淡写飘逸、浓笔浮沉。其画法以色代墨、艳彩浓色、细腻处丝丝诱人、狂发时涂色如泼。色彩艳丽,对比强烈,深受人们喜爱。

扑灰年画多以仕女、胖娃、戏曲人物、神话故事、山水花卉为题材(见图7-10)。

高密扑灰年画是世界上独特的画种,是高密三绝之一。

图7-10 扑灰年画——年年有余

7.3.2 文房四宝

中国民间将笔墨纸砚合称为文房四宝,其中湖笔、徽墨、端砚、宣纸,被称为文房四宝之首。

1. 湖笔

湖笔亦称湖颖,是"文房四宝"之一,被誉为"笔中之冠"(见图 7-11)。中国的毛笔,起源甚早,而"湖笔"之闻名于世,当在六七百年以前的元朝。元以前,全国以宣笔为最有名气。苏东坡、柳公权都喜欢用宣州笔;元以后,宣笔逐渐为湖笔所取代。

湖笔的产地在浙江湖州南浔区善琏镇。相传秦大将蒙恬"用枯木为管,鹿毛为柱,羊毛为被(外衣)"发明了毛笔。后蒙恬曾居湖州善琏改良毛笔,采兔羊之毫,"纳颖于管",制成后人所称之"湖笔"。

湖笔选料讲究,工艺精细,品种繁多,粗的有碗口大,细的如绣花针,具有尖、齐、圆、健四大特点。尖:指笔锋尖如锥状;齐:笔锋撮平后,齐如刀切;圆:笔头圆浑饱满;健:笔锋挺立,富有弹性。湖笔分羊毫、狼毫、兼毫、紫毫四大类;按大小规格,又可分为大楷、寸楷、中楷、小楷四种。

所谓"颖",就是指笔头尖端有一段整齐而透明的锋颖,业内人称之为"黑子"。"黑子"的深浅,就是锋颖的长短,这是用上等山羊毛经过浸、拔、并、梳、连、合等近百道工序精心制成的,这是湖笔最大的特点。这种笔蘸黑后,笔锋仍是尖形,把它铺开,内外之毛整齐而无短长。这一带的山羊,每只平均只出三两笔料毛,有锋颖的也只有六钱。一支湖笔,笔头上的每一根具有锋颖的毛都是在无数粗细、长短、软硬、曲直、圆扁的羊毛中挑选出来,具有尖圆齐健,毫细出锋,毛纯耐用的优点。

图 7-11 湖笔

2. 徽墨

徽墨,即徽州墨,是中国制墨技艺中的一朵奇葩,也是闻名中外的"文房四宝"之一。因产于安徽歙县和休宁等县,旧属徽州,故名。徽墨创始人系河北易县制墨名家奚氏。唐末五代时为避战乱,奚超携子到歙县。他父子利用当地茂密的松木,总结

和改进北方制墨的经验,制出了"丰肌腻理,光泽如漆"的佳墨。经点烟、和料、压磨、晾干、挫边、描金、装盒等工序精制而成,这种墨色泽黑润,舔笔不胶,入纸不晕,宜书宜画。明代徽墨分为"歙派"和以休宁地区为中心的"休派"。清代时,徽墨因其"落纸如漆,万载存真"驰名天下。

历代徽墨品种繁多,主要有漆烟、油烟、松烟、全烟、净烟、减胶、加香等。高级漆烟墨,是用桐油烟、麝香、冰片、金箔、珍珠粉等10余种名贵材料制成的。徽墨集绘画、书法、雕刻、造型等艺术于一体,使墨本身成为一种综合性的艺术珍品。徽墨制作技艺复杂,不同流派各有自己独特的制作技艺,秘不外传。徽墨的另一个特点是造型美观,质量上乘,这主要是因为使用墨模的缘故。南唐李庭造小挺双脊龙纹墨锭,就是用墨模压制而成。至宋以后,墨模大量使用,而且墨模绘画和雕刻都很讲究。明、清时期墨模艺术也达到其巅峰。

3. 端砚

端砚产于广东肇庆,唐时肇庆为端州,所以肇庆所产石砚称为端砚。端砚石质优良,细腻滋润,呵气成墨,润而不滞。开采于唐武德年间,宋代已为世所重。端砚的制作,一般要经过采石、选料、雕刻和配盒等工序。端砚选料贵有石眼,石眼指天然生长在石料上石核形状的眼。利用石眼花纹雕刻的石砚特别名贵,贵有"端石一斤,价值千金"之说。

近年来,几大名坑砚材枯竭,所有名坑都已"封坑",特别是老坑已封坑多年,无石可采。老坑、麻子坑、坑仔岩、梅花坑、宋坑等端砚身价日升,这些原料已经越来越珍贵。

端砚以石质坚实、润滑、细腻、娇嫩而驰名于世,用端砚研墨不滞,发墨快,研出之墨汁细滑,书写流畅不损毫,字迹颜色经久不变。好的端砚,无论是酷暑,或是严冬,用手按其砚心,砚心湛蓝墨绿,水气久久不干,古人有"哈气研墨"之说。

4. 宣纸

宣纸产于安徽泾县,因其在历史上属于宣州,所以称为宣纸。宣纸的产生与唐代书画艺术的盛行有着密不可分的关系。宣纸分为生宣和熟宣两种。生宣渍水渗化,易于表现写意画的浓淡干湿,作写意画最好。熟宣经过胶矾浸染,不渗化,宜于工笔,适宜书画之用。宣纸平整洁白,细腻柔韧,尤其抗老化,不怕舒卷,不变色,便于收藏,因"纸寿千年",被视为纸中佳品。

宣纸的选料和其原产地泾县的地理有十分密切的关系。因青檀树是当地主要的树种之一,故青檀树皮便成为了宣纸的主要原料。初期所用原料并无稻草,后在皮料加工过程中,以稻草填衬堆脚,发现其亦能成为洁白的纸浆,以后稻草也成了宣纸的主要原料之一。而稻草中以泾县优质沙田长秆籼稻草为最佳,这是因为此稻草比一般的稻草纤维性强、不易腐烂、容易自然漂白,所以自古便有这样的说法:"宁要泾县的草,不要铜陵的皮"。至宋、元之后,原料中又添加了楮、桑、竹、麻,以后扩大到十余种。

宣纸具有"韧而能润、光而不滑、洁白稠密、纹理纯净、搓折无损、润墨性强"等特点,并有独特的渗透、润滑性能。写字则骨神兼备,作画则神采飞扬,成为最能

7 中国的风物特产与鉴赏

体现中国艺术风格的书画纸,所谓"墨分五色",即一笔落成,深浅浓淡,纹理可见,墨韵清晰,层次分明,这是书画家利用宣纸的润墨性,控制了水墨比例,运笔疾徐有致而达到的一种艺术效果。再加上耐老化、不变色、少虫蛀、寿命长,故有"纸中之王、千年寿纸"的誉称。

实 训 应 用

1. 实训项目:分组制作中国风物特产展览策划方案。
2. 实训目的:通过制作展览策划方案,增加学生基础知识的认识,培养学生的兴趣,锻炼学生组织工作的能力及撰写文案的能力。
3. 实训步骤:分组后确定每组的展览主题,可选择与本章内容相关的玉器、瓷器、书画等多类题材;小组讨论,集思广益形成初步方案;按照规范的格式书写策划方案并提交。

复习思考题

一、名词解释

四大名绣　三大名锦　铜胎掐丝珐琅

二、简答题

1. 简述中国陶器和中国瓷器在制作方法上的不同点。
2. 简述四大名绣各自的特点。

三、思考题

中国古代传统民间工艺如何在新社会发展过程中得以弘扬?

8 中国古代建筑与园林文化

学习目标

知识目标	技能目标
1. 了解中国古代建筑的基本分类 2. 掌握中国古代建筑的特点 3. 掌握园林建筑的分类，及其各自的特点	1. 培养欣赏中国古代建筑艺术的能力 2. 学会分析礼制建筑、陵墓建筑、园林建筑的旅游价值

8 中国古代建筑与园林文化

知识引例

大型纪录片《中国古建筑》

由华润雪花啤酒出品的大型纪录片《中国古建筑》近日在CCTV-9（纪录频道）黄金时段内首播。该纪录片由华润雪花策划制作，历时3年拍摄制作完成，运用直观3D动画技术，结合历史资料研究，真实再现了中国古代建筑发展历程，为目前中国首家古建筑领域大型传承性纪录片制作。

几千年来中国古建筑的传统技艺仅依靠工匠间口口相传，缺乏科学系统总结和文字记载，由于保护不当和历史原因等因素造成大量古代建筑消失殆尽。梁思成先生的学生、清华大学教授楼庆西先生认为："要让我们中国人，对我们中国的建设文化，传统建筑文化感到骄傲。需要了解它，理解它，调动大家去关注中国传统建筑，从它中间看到美，看到艺术，看到价值。"

《中国古建筑》将在全国范围内出版发行，并推出海外版。该片按照传统建筑发展脉络，以考古和历史资料发现为依据，挖掘建筑背后的故事。全国各地共拍摄101处古建筑，同时运用专业三维动画还原消失的古建筑，采用高清格式为观众展现中国建筑的细部和魅力，表现中国古建筑之"大势"。该片以大众易于理解的叙述方式来制作，将从历史、技艺、文化、传承四个角度系统向大家介绍中国各时期的建筑特征和高超技艺，深度揭示建筑文化内涵，极大满足当今社会对中国建筑的审美需求。在表现手法上运用当今流行的拍摄手段，在力求唯美画面的同时结合详尽史料和专家采访，使叙事方式生动有趣。

资料来源：中国新闻网，2012.5.4，有改动

8.1 中国古代建筑概述

8.1.1 中国古代建筑的历史沿革

中国古代建筑是世界上最古老的建筑体系之一，有7000年以上有实物可考的历史。3000年前已形成以木构架为主要结构、以封闭的院落为基本的群体布置方式的独特风格。它的发展从未中断，并对朝鲜、日本和东南亚各地的建筑有重要影响。中国古代木结构技术居于当时世界的最高水平，在群组布局、园林和城市规划上也独树一帜，对世界建筑发展做出了自己的贡献。孕育于文明古国灿烂文化中的中国古典建筑艺术，在世界建筑史上占有极重要的地位。无论南方的园林、北方的宫殿，我们随处可见。中国古代建筑可以从近百年上溯到六七千年以前的上古时期，其中，经历了几个主要发展阶段（见表8-1）。封建社会是中国古代建筑发展成熟的主要阶段。

表 8-1　中国古代建筑的历史沿革

时期	朝代	特点	代表
萌芽时期	新石器时期—原始社会晚期	建造穴居和巢居,创造了原始的木架建筑,基本掌握夯筑技术和木材加工技巧以及某种简单成型的建筑形式	房屋建筑中出现分间式大型建筑,开始用白灰和土坯抹地、筑墙
形成时期	夏商周—秦汉时期	较成熟的夯土技术,建造了规模相当大的宫室和陵墓;木构架结构技术日渐完善,其主要结构方法(抬梁式和穿斗式)已发展成熟	宫殿、陵墓、万里长城、驰道和水利工程
发展时期	魏晋南北朝时期	在建筑材料方面,砖瓦的产量和质量有所提高,金属材料被用作装饰。在技术方面,大量木塔的建造,显示了木结构技术的提高。砖结构被大规模地运用到地面建筑。佛教的广为传播,产生了寺庙、塔、石窟和精美的雕塑与壁画等宗教建筑形式,创造出灿烂的"本土化"佛教建筑和艺术	山西大同的云冈石窟,甘肃敦煌莫高窟,甘肃天水麦积山石窟,河南洛阳龙门石窟,河南登封嵩岳寺塔等
成熟时期	隋唐五代时期	在建筑材料方面,砖的应用更加广泛,琉璃的烧制更加进步。在建筑技术方面,建筑构件的比例逐步趋向定型化。建筑与雕刻装饰进一步融会、提高,创造出了统一和谐的风格。其建筑特征是:单体建筑的屋顶坡度平缓,出檐深远,斗拱比例较大,柱子较粗壮,多用板门和直棂窗,风格庄重朴实	五台山的南禅寺正殿和佛光寺东大殿,芮城广仁王庙正殿和平顺天台庵正殿
转变时期	宋朝	建筑规模一般比唐朝小,但更加秀丽、绚烂而富于变化,出现了各种复杂形势的楼台殿阁。流行仿木构建筑形式的砖石塔和墓葬,创立了很多华丽精美的作品。建筑构件的标准化在唐代的基础上不断进展,各工种的操作方法和工料的估算都有了严密的规定。其建筑特征是:屋顶坡度增高,出檐不如前代深远,斗拱的建筑结构功能已经开始减弱,装饰功能增强,重要建筑门窗多采用菱花格扇,建筑风格渐趋柔和	山西太原晋祠圣母殿,福建泉州清净寺,河北正定隆兴寺和浙江宁波保国寺等
继续发展时期	辽、金、元时期	喇嘛教和伊斯兰教的建筑艺术逐步影响到全国各地,使用辽代所创"减柱法"似已成为大小建筑的共同特点,梁架结构又有了新的创造,许多大构件多用自然弯材稍加砍削而成,形成当时建筑结构的主要特征	山西芮城永乐宫,山西洪洞广胜寺等

续表

时期	朝代	特点	代表
高峰时期	明、清时期	大部分城墙和一部分规模巨大的长城都用砖包砌，琉璃瓦的生产，皇家和私人园林在传统基础上有了很大发展，明清建筑与前代相比变化较大，重要建筑已不采用减柱方法，出檐较浅，斗拱比例缩小	北京故宫，山西平遥古城，北京颐和园等

【知识链接】

1. 隋唐、宋朝、明清三个时期中国古建筑的风格各不相同：
隋唐——庄重朴实、宋朝——渐趋柔和、明清——华丽。
2. 中国历史上三部关于建筑的古代著作：
北宋——《营造法式》，明末——《园冶》，清朝——《工部工程做法则例》。

8.1.2 中国古代建筑的特点

1. 以木构架为主的结构方式

中国古代建筑惯用木构架作房屋的承重结构。木构梁柱系统约在公元前的春秋时期已初步完备并广泛采用，到了汉代发展得更为成熟。木构结构大体可分为抬梁式、穿斗式、井干式，以抬梁式采用最为普遍。抬梁式结构是沿房屋进深在柱础上立柱，柱上架梁，梁上重叠数层瓜柱和梁，再于最上层梁上立脊瓜柱，组成一组屋架。平行的两组构架之间用横向的枋联结于柱的上端，在各层梁头与脊瓜柱上安置檩，以联系构架与承载屋面。檩间架椽子，构成屋顶的骨架。这样，由两组构架可以构成一间，一座房子可以是一间，也可以是多间。

2. 独特的单体造型

中国古代建筑的单体，大致可以分为屋基、屋身、屋顶三个部分。凡是重要建筑物都建在基座台基之上，一般台基为一层，大的殿堂如北京明清故宫太和殿，建在高大的三重台基之上。单体建筑的平面形式多为长方形、正方形、六角形、八角形、圆形。这些不同的平面形式，对构成建筑物单体的立面形象起着重要作用。由于采用木构架结构，屋身的处理得以十分灵活，门窗柱墙往往依据用材与部位的不同而加以处置与装饰，极大地丰富了屋身的形象。中国古代建筑的屋顶形式丰富多彩。早在汉代已有庑殿、歇山、悬山、囤顶、攒尖几种基本形式，并有了重檐顶。以后又出现了勾连搭、单坡顶、十字坡顶、盂顶、拱券顶、穹窿顶等许多形式。

3. 中轴对称、方正严整的群体组合与布局

中国古代建筑多以众多的单体建筑组合而成为一组建筑群体，大到宫殿，小到宅院，莫不如此。它的布局形式有严格的方向性，常为南北向，只有少数建筑群因受地形地势限制采取变通形式，也有由于宗教信仰或风水思想的影响而变异方向的。方正严整的布局思想，主要是源于中国古代黄河中游的地理位置与儒学中正思想的影响。

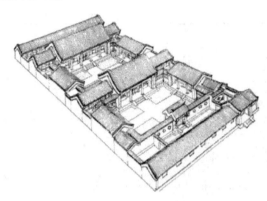

图8-1 组合院落

中国古代建筑群的布置总要以一条主要的纵轴线为主，将主要建筑物布置在主轴线上，次要建筑物则布置在主要建筑物前的两侧，东西对峙，组成为一个方形或长方形院落（见图8-1）。这种院落布局既满足了安全与向阳防风寒的生活需要，也符合中国古代社会宗法和礼教的制度。当一组庭院不能满足需要时，可在主要建筑前后延伸布置多进院落，在主轴线两侧布置跨院（辅助轴线）。中国古代建筑的单体形式较简单，所用屋顶形式又受到等级制度的严格限制，所以主要靠重重院落中建筑的不同组合与庭院空间的变化取得不同的艺术效果。它一般不是一览无遗，而是在行进中层层展开，逐步引向高潮。北京明清紫禁城宫殿是现存最宏伟、变化最丰富的院落组合杰作。

4. 变化多样的装修与装饰

中国古代建筑对于装修、装饰特为讲究，凡一切建筑部位或构件，都要美化，所选用的形象、色彩因部位与构件性质不同而有别。

台基和台阶本是房屋的基座和进屋的踏步，但给以雕饰，配以栏杆，就显得格外庄严与雄伟。屋面装饰可以使屋顶的轮廓形象更加优美。

门窗以其各种形象、花纹、色彩增强了建筑物立面的艺术效果（见图8-2）。内檐装修是用以划分房屋内部空间的装置，常用隔扇门、板壁、多宝格、书橱等，它们可以使室内空间产生既分隔又连通的效果。另一种划分室内空间的装置是各种罩，如几腿罩、落地罩、圆光罩、花罩、栏杆罩等，有的还要安装玻璃或糊纱，绘以花卉或题字，使室内充满书卷气味。

天花即室内的顶棚，是室内上空的一种装修。一般民居房屋制作较为简单，多用木条制成网架，钉在梁上，再糊纸，称"海墁天花"。重要建筑物

图8-2 花窗

8 中国古代建筑与园林文化

如殿堂，则用木支条在梁架间搭制方格网，格内装木板，绘以彩画，称"井口天花"。藻井是比天花更具有装饰性的一种屋顶内部装饰，它结构复杂，下方上圆，由三层木架交构组成一个向上隆起如井状的天花板，多用于殿堂、佛坛的上方正中，交木如井，绘有藻纹，故称藻井。

在建筑物上施彩绘是中国古代建筑的一个重要特征，是建筑物不可缺少的一项装饰艺术。它原是施之于梁、柱、门、窗等木构件之上用以防腐、防蠹的油漆，后来逐渐发展演化为彩画。

5. 写意的山水园景

中国有悠久的造园传统，以兼供游赏、居住之用的城市山林型宅旁园最具特色。这种园林南北朝以后渐盛，宋以后受山水画和诗词的影响而日趋精巧，明、清时期达到高峰。其特点是崇尚自然，又不简单地模拟自然，而是追求中国山水画和诗词的意境，以略带写意的手法，创造更能概括自然山水之美之精髓的景物。宅旁园多是人造景物，故叠山掘池技术有突出的成就，在方丈之地能现出深山穷谷、绝壁危矶的效果。园景中山水花树与厅榭亭馆并重，建筑密度颇大，多随意曲折布置，较少采用对称手法。至于大型园林和皇家苑囿，因多有较好的自然条件，常常划分成若干景区，在统一规划下分群组安排建筑。作为观景处所含点景，以尽力抒发自然风景之美为主，造景次之，与宅园手法有不同处，但崇尚自然山水之美则是一致的。

8.1.3 中国古代建筑的结构

1. 台基

台基又称基座，是高出地面的建筑物底座，用以承托建筑物，并使其防潮、防腐，同时可弥补中国古建筑单体建筑不甚高大雄伟的欠缺，大致有四种。

1) 普通台基

用素土或灰土或碎砖三合土夯筑而成，约高一尺，常用于小式建筑（见图 8-3）。

2) 较高级台基

较普通台基高，常在台基上边建汉白玉栏杆，用于大式建筑或宫殿建筑中的次要建筑（见图 8-4）。

图 8-3 普通台基

图 8-4 较高级台基

3）更高级台基

更高级台基即须弥座，又名金刚座。一般用砖或石砌成，上有凹凸线脚和纹饰，台上建有汉白玉栏杆，常用于宫殿和著名寺院中的主要殿堂建筑（见图8-5）。

4）最高级台基

最高级台基由几个须弥座相叠而成，从而使建筑物显得更为宏伟高大，常用于最高级建筑，如故宫三大殿和山东曲阜孔庙大成殿，即耸立在最高级台基上（见图8-6）。

图8-5　更高级台基　　　　　　　　图8-6　最高级台基

2. 木头圆柱

常用松木或楠木制成的圆柱形木头，置于石头（有时是铜器）为底的台上。多根木头圆柱，用于支撑屋面檩条，形成梁架。

3. 开间

四根木头圆柱围成的空间称为"间"。建筑的迎面间数称为"开间"，或称"面阔"。建筑的纵深间数称"进深"。古建筑正面相邻檐柱之间的距离，各开间之和称为总面阔。间数一般为单数，并有非常严格的等级制度。9和11间只能用于十分尊贵的建筑，如太和殿（见图8-7）、唐含元殿等；5、7间可用于普通的宫殿、庙宇、官署等；3间用于普通的民宅。

图8-7　太和殿（11开间）

4. 大梁（即横梁）

大梁是架于木头圆柱上的一根最主要的木头，以形成屋脊。常用松木、榆木或杉木制成，是中国传统木结构建筑中骨架的主件之一（见图8-8、图8-9）。

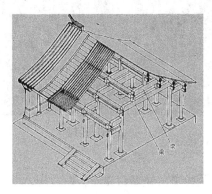

图8-8 大梁结构图

图8-9 正定隆兴寺摩尼殿架梁结构

5. 斗拱

斗拱，又称斗科、欂栌，是中国木构架建筑结构的关键性部件，在横梁和立柱之间挑出以承重，将屋檐的荷载经斗拱传递到立柱，方形木块叫斗，弓形短木叫拱，斜置长木叫昂，总称斗拱（见图8-10）。斗拱又有一定的装饰作用，是中国古典建筑显著特征之一。

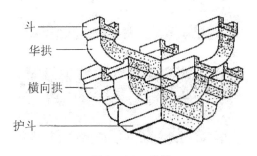

图8-10 斗拱

6. 彩画

彩画原是为木结构防潮、防腐、防蛀，后来才突出其装饰性，宋代以后彩画已成为宫殿不可缺少的装饰艺术，可分为三个等级。

1）和玺彩画

和玺彩画是等级最高的彩画。其主要特点是：中间的画面由各种不同的龙或凤的图案组成，间补以花卉图案；画面两边用"《》"框住，并且沥粉贴金，金碧辉煌，十分壮丽。用于外朝、内廷的主要殿堂，格调华贵（见图8-11）。

2）旋子彩画

旋子彩画等级次于和玺彩画。画面用简化形式的涡卷瓣旋花，有时也可画龙凤，两边用"《》"框起，可以贴金粉，也可以不贴金粉。常用于次要宫殿及配殿、门庑等建筑上（见图 8-12）。

图 8-11　和玺彩画

图 8-12　旋子彩画

3）苏式彩画

苏式彩画等级低于前两种。画面为山水、人物故事、花鸟鱼虫等，两边用"《 》"或"（ ）"框起。"（ ）"被建筑家们称作"包袱"，苏式彩画，便是从江南的包袱彩画演变而来的。多用于园苑中的亭台楼阁之上（见图 8-13）。

喜鹊登梅

图 8-13　苏式彩画

7. 屋顶（古称屋盖）

屋顶以木架梁为骨架，上面覆盖清灰瓦或琉璃瓦，并形成柔和的屋面曲线和屋角翘起。屋顶有庑殿顶、歇山顶、录顶、悬山顶、硬山顶、攒尖顶等形式，每种形式又有单檐顶、重檐顶之分。在造型上各具特色：庑殿顶庄重而舒展；歇山顶华丽而雄飞；悬山顶素朴而轻快；硬山顶俨然而朴实；攒尖顶高而飞扬。

1）庑殿顶

这是最早用在宫室上的屋顶形式，《考工记》中写为"四阿重屋"，是指这种屋的顶为四坡顶。宋代叫五脊殿，是说这种四坡屋顶的脊有五个（见图 8-14）。庑殿分单檐（五脊殿）和重檐（九脊殿）。现存的古建筑代表：故宫太和殿和曲阜孔庙的大成殿。

8 中国古代建筑与园林文化

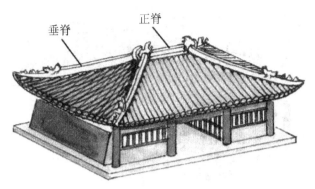

图8-14 庑殿顶

2）歇山顶

歇山顶，即歇山式屋顶，宋朝称九脊殿、曹殿或厦两头造，清朝称为歇山顶。为中国古建筑屋顶样式之一，在规格上仅次于庑殿顶。《清式营造则例》解释："歇山是悬山与庑殿合成。"歇山顶共有九条屋脊，即一条正脊、四条垂脊和四条戗脊，因此又称九脊顶。歇山式的屋顶两侧形成的三角形墙面，叫做山花。山面有博风板，山花和博风之间有段距离，可形成阴影。为了使屋顶不过于庞大，山花还要从山面檐柱中线向内收进，这种做法叫收山（见图8-15）。

歇山顶屋脊上有各种脊兽装饰，其中正脊上有吻兽或望兽，垂脊上有垂兽，戗脊上有戗兽和仙人走兽，其数量和用法都是有严格等级限制的。歇山顶也分单檐歇山顶和重檐歇山顶。

现存建筑代表：天安门、太和门、保和殿、乾清宫等。五品官以上住宅的正堂才可以使用歇山顶（单檐）。

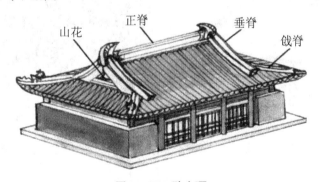

图8-15 歇山顶

3）悬山顶

悬山顶，即悬山式屋顶，宋朝时称"不厦两头造"，清朝称"悬山""挑山"，又名"出山"，是中国古代建筑的一种屋顶样式。悬山顶是两坡出水的五脊二坡式，一般由一条正脊和四条垂脊构成，但也有无正脊的卷棚悬山式。在古代，悬山顶等级上低于庑殿顶和歇山顶，仅高于硬山顶，只用于民间建筑，悬山防雨多用于南方（见图8-16）。

图8-16 悬山顶

4）硬山顶

硬山顶，即硬山式屋顶，是中国传统建筑双坡屋顶形式之一。房屋的两侧山墙同屋面齐平或略高出屋面。屋面以中间横向正脊为界分前后两面坡，左右两面山墙或与屋面平齐，或高出屋面。高出的山墙称风火山墙，其主要作用是防止火灾发生时，火势顺房蔓延，多用于北方（见图8-17）。

5）攒尖顶

攒尖顶，即攒尖式屋顶，屋顶集中在中间最高中心点的锥形顶建筑。宋朝时称"撮尖""斗尖"，清朝时称"攒尖"。其特点是屋顶为锥形，没有正脊，顶部集中于一点，即宝顶，有方、圆、六角、八角等各种攒尖形式，该顶常用于亭、榭、阁和塔等建筑。故宫的中和殿为四角攒尖，天坛祈年殿为圆形攒尖（见图8-18）。

图8-17 硬山顶

图8-18 天坛祈年殿

6）卷棚顶

没有突出的正脊。从梁架结构看没有正中的脊檩。卷棚顶形式活泼美观，一般用于园林的亭台、廊榭及小型建筑上。在宫殿中，多用于太监、佣人的住所（见图8-19）。

图8-19 卷棚顶

8.1.4 中国古代建筑的基本分类

1. 殿堂

中国古代建筑群中的主体建筑，包括殿和堂两类建筑形式，其中殿为宫室、礼制和宗教建筑所专用。堂、殿之称均出现于周代。"堂"字出现较早，原意是相对内室而言，指建筑物前部对外敞开的部分。堂的左右有序、有夹，室的两旁有房、有厢。这样的一组建筑又统称为堂，泛指天子、诸侯、大夫、士的居处建筑。"殿"字出现较晚，原意是后部高起的物貌；用于建筑物，表示其形体高大，地位显著。

东方三大殿指：北京紫禁城的太和殿（见图8-20）、曲阜孔庙的大成殿、泰山岱庙的天贶殿（见图8-21）。

图8-20 北京紫禁城的太和殿

图8-21 泰山岱庙的天贶殿

【知识链接】

曲阜孔庙

曲阜孔庙初建于公元前478年，是第一座祭祀孔子的庙宇，为孔庙的本庙。本庙以孔子的故居为庙，以皇宫的规格而建，是中国三大古建筑群之一，在世界建筑史上占有重要地位。1994年12月，曲阜孔庙、孔林、孔府根据世界文化遗产遴选标准C（Ⅰ）（Ⅳ）（Ⅵ）入选《世界遗产名录》。

图8-22 曲阜孔庙大成殿

曲阜孔庙为纪念孔夫子而兴建，千百年来屡毁屡建，到今天已经发展成超过100座殿堂的建筑群。孔林里不仅容纳了孔夫子的坟墓，而且他的后裔中，有超过10万人也葬在这里。当初小小的孔宅如今已经扩建成一个庞大显赫的府邸，整个宅院包括了152座殿堂。曲阜的古建筑群之所以具有独特的艺术和历史特色，应归功于2000多年来中国历代帝王对孔夫子的大力推崇（孔庙大成殿见图8-22）。

2. 楼阁

中国古代楼阁多为木结构，有多种构架形式。以方木相交叠垒成井栏形状所构成的高楼，称井干式；将单层建筑逐层重叠而构成整座建筑的，称重屋式。唐宋以来，在层间增设平台结构层，其内檐形成暗层和楼面，其外檐挑出成为挑台，这种形式宋代称为平坐。各层上下柱之间不相通，构造交接方式较复杂。明清以来的楼阁构架，将各层木柱相续成为通长的柱材，与梁枋交搭成为整体框架，称之为通柱式。此外，尚有其他变异的楼阁构架形式。

中国四大名楼是指滕王阁（见图8-23）、岳阳楼（见图8-24）、黄鹤楼（见图8-25）、蓬莱阁（见图8-26）。

图8-23 江西滕王阁

图8-24 湖南岳阳楼

图8-25 湖北黄鹤楼

图8-26 山东蓬莱阁

3. 亭

亭是中国传统建筑中周围开敞的小型点式建筑，供人停留、观览，也用于典仪，俗称亭子，出现于南北朝的中后期。亭一般设置在可供停息、观眺的形胜之地，如山冈、水边、城头、桥上以及园林中。还有专门用途的亭，如碑亭、井亭、宰牲亭、钟亭等。亭的平面形式除方形、矩形、圆形、多边形外，还有十字、连环、梅花、扇形等多种形式。亭的结构以木构为最多，也有用砖石砌造的。亭多做攒尖顶和圆锥形顶。四角攒尖顶在汉代已出现，八角攒尖顶和圆锥形顶在唐代明器中已有发现。宋《营造法式》中所载"亭榭斗尖"，是类似伞架的结构。这种做法可以从清代南方的园林中见到。明清以后，方亭多用抹角梁，多角攒尖亭多用扒梁，逐层叠起。矩形亭的构造则基本与房屋建筑相同。

中国四大亭：醉翁亭（见图 8-27）、陶然亭、爱晚亭、湖心亭（见图 8-28）。

图 8-27 安徽滁县醉翁亭

图 8-28 浙江杭州湖心亭

4．廊

廊是中国古代建筑中有顶的通道，包括回廊和游廊，基本功能为遮阳、防雨和供人小憩。廊是形成中国古代建筑外形特点的重要组成部分。殿堂檐下的廊，作为室内外的过渡空间，是构成建筑物造型上虚实变化和韵律感的重要手段（见图 8-29）。

5．台榭

中国古代将地面上的夯土高墩称为台，台上的木构房屋称为榭，两者合称为台榭。最早的台榭只是在夯土台上建造的有柱无壁、规模不大的敞厅，供眺望、宴饮、行射之用，有时具有防潮和防御的功能（见图 8-30）。

图 8-29 颐和园的长走廊

图 8-30 夏秋之交的水榭

6．坛

中国古代主要用于祭祀天、地、社稷等活动的台型建筑。北京城内外的天坛、地坛、日坛、月坛、祈谷坛、社稷坛等。坛既是祭祀建筑的主体，也是整组建筑群的总称。坛的形式多以阴阳五行等学说为依据。

7．塔

供奉或收藏佛舍利（佛骨）、佛像、佛经、僧人遗体等的高耸型点式建筑，又称"佛塔""宝塔"。塔起源于印度，也常称为"佛图""浮屠""浮图"等。塔是中国古代建筑中数量极大、形式最为多样的一种建筑类型。塔一般由地宫、塔基、塔身、塔顶和塔刹组成。地宫藏舍利，位于塔基正中地面以下。塔基包括基台和基座。塔刹在塔顶之上，通常由须弥座、仰莲、覆钵、相轮和宝珠组成；也有在相轮之上加宝盖、圆光、仰月和宝珠的塔刹。

塔的种类众多，中国现存塔 2000 多座。按性质分，有供膜拜的藏佛物的佛塔和高僧墓塔；按所用材料可分为木塔（见图 8-31）、砖塔、石塔、金属塔、陶塔等；按结构和造型可分为楼阁式塔、密檐塔、单层塔、喇嘛塔和其他特殊形制的塔。

8. 影壁

影壁是建在院落的大门内或大门外，与大门相对作屏障用的墙壁，又称照壁、照墙。

影壁能在大门内或大门外形成一个与街巷既连通又有限隔的过渡空间。明清时代影壁从形式上分有一字形、八字形等。北京大型住宅大门外两侧多用八字墙，与街对面的八字形影壁相对，在门前形成一个略宽于街道的空间；门内用一字形影壁，与左右的墙和屏门组成一方形小院，成为从街巷进入住宅的两个过渡。南方住宅影壁多建在门外。农村住宅影壁还有用夯土或土坯砌筑的，上加瓦顶。宫殿、寺庙的影壁多用琉璃镶砌（见图 8-32）。

图 8-31　山西应县木塔

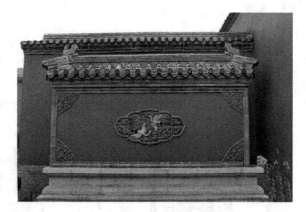

图 8-32　故宫影壁

9. 寺庙

寺，最初并不是指佛教寺庙，秦代通常将官舍称为寺。在汉代把接待从西方来的高僧居住的地方也称为寺，从此之后，"寺"便逐渐成为中国佛教建筑的专称（见图 8-33）。

10. 坊表

中国古代具有表彰、纪念、导向或标志作用的建筑物，包括牌坊、华表等。牌坊，又称牌楼，是一种只有单排立柱，起划分或控制空间作用的建筑（见图 8-34）。在单排立柱上加额枋等构件而不加屋顶的称为牌坊，上施屋顶的称为牌楼，这种屋顶俗称为"楼"，立柱上端高出屋顶的称为"冲天牌楼"。牌楼建立于离宫、苑囿、寺观、陵墓等大型建筑组群的入口处，形制的级别较高。冲天牌楼则多建立在城镇街

8 中国古代建筑与园林文化

图 8-33 恒山悬空寺

衢的冲要处，如大路起点、十字路口、桥的两端以及商店的门面。前者成为建筑组群的前奏，造成庄严、肃穆、深邃的气氛，对主体建筑起陪衬作用；后者则可以起丰富街景、标志位置的作用。

华表为成对的立柱，起标志或纪念性作用（见图 8-35）。汉代称桓表。元代以前，华表主要为木制，上插十字形木板，顶上立白鹤，多设于路口、桥头和衙署前。明代以后华表多为石制，下有须弥座；石柱上端用一雕云纹石板，称云板；柱顶上原立鹤改用蹲兽，俗称"朝天吼"。华表四周围以石栏，华表和栏杆上遍施精美浮雕。明清时的华表主要立在宫殿、陵墓前，个别有立在桥头的，如北京卢沟桥头。明永乐年间所建北京天安门前和十三陵碑亭四周的华表是现存的典型。

图 8-34 安徽歙县棠樾牌坊群

图 8-35 天安门华表

8.2 宫殿与礼制建筑

8.2.1 宫殿建筑的旅游价值

宫殿与礼制建筑如皇城、宫城和庙坛等，本是专供帝王君主使用的，是统治权威

的象征，为皇家禁地。所以当改朝换代时，此类建筑常随其主人的垮台而湮没，至近代被彻底毁坏者较少，改作博物馆者较多。这样，原仅供极少数人使用的建筑向民众开放，其性质发生了根本变化，成为重要的旅游资源。

它们之所以被人们看重是因为：它们常常同最高统治者的命运息息相关，是重大历史事件的发源地，因而成为"历史载体"；它们必然是其所属时代的建筑精华；通常它们都有极其丰富的收藏品，是极有价值的文物。此外，其所在地都是当时政治、经济、文化中心，故现在也是旅游中心，具有区位优势。

8.2.2 "朝廷"与"礼制"的形成

礼既是规定天人关系、人伦关系、统治秩序的法规，也是约制生活方式、伦理道德、生活行为、思想情操的规范。它带有强制化、规范化、普遍化、世俗化的特点，渗透到中国古代社会生活的各个领域，当然也深深地制约着活动的诸多方面。中国古代建筑《说文解字》曰："礼，履也，所以事神致福也。"礼起源于原始宗教，是由原始宗教的祭祀礼仪发展而来的。礼在儒家的心目中是维系天地人伦上下尊卑的宇宙秩序和社会秩序的准则。儒家认为礼就是秩序与和谐，其核心是宗法和等级制度，人与人、群体与群体都存在着等级森严的人伦关系。

在古代中国，"祭""政"不分，或者可以说是祭政一体。这样的王权体制在古代东亚是长期存在的，它的规范就是"礼"。礼是各个族团以血缘秩序为基础，为了保护自身权益而整合出的社会规范。这种礼当然不会把庶民包括在内，也就是说，礼与贵族的社会生活相关联，用礼来建立并维系贵族社会的秩序。

从事这种礼仪的场所就是宫室。人们常说"宫室"，"宫"和"室"的区别在于宫是有套间的房屋，后来发展为指多间建筑组成的建筑，最后专指帝王的居室。而宫也可指寺庙，后来专指道教庙宇，如北京的蟠桃宫、万寿宫、文昌宫等。带有明确中轴线的建筑群格局，以及大型宫殿建筑的规模和结构，都显现出王都中枢所特有的气势。宫室建筑上巨大的用工量，昭示着政治和宗教权力的高度集中。中国古代的宫室，由王侯贵族等进行日常生活的居室、从事政务和礼仪的宫殿，以及祭祀祖先的宗庙三部分组成。

古代中国封建社会中占统治地位的儒家思想以"礼"为基本框架，也就是用制度规范各类等级，它很自然地渗透在建筑及其装饰艺术的营造中，因而建筑中的一切设置并不仅仅是为了"求其观"，而是为了"辨贵贱"，装饰的式样、色彩、质地、题材等都服从于建筑的社会功能，成为显示建筑社会价值的重要手段。

8.2.3 礼制影响下的建筑等级差别

辨尊卑、辨贵贱的功能成了建筑被突出强调的社会功能。从周代开始，已经出现了建筑的等级差别。

8 中国古代建筑与园林文化

1. 城制等级

《考工记》记述了西周的城邑等级，将城邑分为天子的王城、诸侯的国都和宗室与卿大夫的都城三个级别，规定王城的城墙高九雉（每雉为一丈，共高九丈），诸侯城楼高七雉，而都城城楼只能高五雉。三个等级的城邑的道路宽度也有规定，王城的经涂（南北向道路）款九轨（九辆车的宽度），诸侯城的经涂按王城环涂（环城的道路）之制，宽九轨，都城道路宽五轨。到汉武帝时，《考工记》补作《周礼·冬官》成为儒家经典，这种营建制度的等级观念自然产生了更为深远的影响。

2. 组群规划等级

《礼记·王制》中讲："礼有以多为贵者。天子七庙，诸侯五，大夫三，士一。""有以高为贵者。天子之堂九尺，诸侯七尺，大夫五尺，士三尺。"唐朝的《营缮令》中规定：都城每座城门可以开三个门洞，大州的城正门开两个门洞，而县城的门只能开一个门洞。这是建筑组成和建筑布局上的等级要求。诸如"天子五门""前朝后寝""左祖右社""面朝后市"等，都属于这类等级的限定。

3. 礼制性建筑

礼制建筑是服务于精神世界的、非生活实用的特殊建筑类型，人们只是在其中举行特定的祭祀、纪念活动。凡这些活动是由"礼制"要求产生、并被纳入官方祀典的，其建筑便称为礼制建筑；凡是民间的、主要以人为祭祀对象的，其建筑可称为祠祀建筑。《荀子·礼论》说："礼有三本：天地者生之本也。先祖者类之本也。君师者治之本也。……故礼上事天、下事地、尊先祖而隆君师。"《国语·鲁语》记载说："夫圣王之制祀也，法施于民则祀之，以死勤事则祀之，以劳定国则祀之，能御大灾则祀之。非是族也不在祀典。"大体概括了祭祀活动的主要对象。礼制性建筑的地位，远高于实用性建筑；礼对建筑的制约，首先表现在建筑类型上形成了一整套庞大的礼制性建筑系列，而且把这些礼制性建筑摆到建筑活动的首位。

4. 单体建筑

在单体建筑中，等级制突出地表现在间架、屋顶、台基和构架做法上。

《明会典》中规定：公侯，前厅七间或五间，中堂七间，后堂七间；一品、二品官，厅堂五间九架；三品至五品官，后堂五间七架；六品至九品官，厅堂三间七架。在中国古代建筑中，"间"指的是房屋的宽度，两根立柱中间算一间，间数越多，面宽越大；"架"指的是房屋的深度，架数越多，房屋越深。这是对于单体建筑平面和体量的限定。

《礼记》记载："天子之堂九尺，诸侯七尺，大夫五尺，士三尺。"这里的"堂"，指的是"台基"。这说明台基的高度很早就列入等级限定。台基中衍生出一种高等级的须弥座台基，用于宫殿、坛庙、陵墓和寺庙的高等级建筑。须弥座台基本身又有一重、二重、三重的区别，用以在高等级建筑之间作进一步的区分。

屋顶的等级限制十分严格，从最高等级的重檐庑殿、庑殿、歇山、攒尖、悬山、到最低等级的硬山顶，形成了完整的等级系列，对于不同建筑的等级面貌，起到了十分醒目的标志作用。

结构形式和构造做法也被纳入等级的限定，在宋《营造法式》中主要表现在殿堂结构与厅堂结构的区分，即殿堂、厅堂、余屋、亭榭四类。殿堂等级最高，厅堂、余屋依次减低；它们在规模大小、质量高低和结构形式上都有区别。在清《工程作法》中，主要表现在大式做法和小式做法的区别，把这两种做法作为建筑等级差别的宏观标志，然后在大式做法中再细分等次；这两种做法不仅在间架、屋顶上有明确限定，而且在出廊形制、斗拱有无、才分规格和具体构造上有一系列的区别。等级的限定深深地渗透到技术性的细枝末节。

5. 装修、装饰色彩等级

等级制对内外檐装修、屋顶瓦兽、梁枋彩绘、庭院摆设、室内陈设都有严格的限定。甚至对门上的零件——门环，也硬性规定了铜环、锡环、铁环三级，按等级采用。

对建筑物的装饰色彩也有等级划分，总的说以黄色为尊，其下依次为：赤、绿、青、蓝、黑、灰。宫殿用金、黄、赤色调，而民居却只能用黑、灰、白为墙面及屋顶色调。

8.2.4 礼制建筑

礼制性建筑起源早、延续久、形制尊、数量多、规模大、艺术成就高，从建筑类型看，坛、庙、宗祠；明堂、辟雍；陵墓；朝堂；阙、华表、牌坊等为礼制性建筑的五个类别。

由于祭祀在古代被列为立国治人之本，排在国家大事之首列，因此祭祀天神、日月、山川的坛，祭祀圣贤的庙以及祭祀祖先的宗祠在建筑中占据着最为重要的地位。先秦文献称祭天、地的礼仪为郊，祭天地的场所为坛，坛就是台。在台上祭天地是古制，也是表示对天道的崇敬与赤诚。最初的祭祀是扫地而祭，新石器时代晚期已出现了圆坛与方坛，如辽宁喀左东山嘴遗址的祭坛遗迹便是。早期礼制中对天地合祭还是分祭没有说得很清楚，因而历朝的实践也不同。百家争鸣时期，对礼的解释中糅合了五行气运之说，有于国都五郊各按其时祭五天帝的说法，秦都即有五畤，是这种礼制思想的明证。然而历朝仍以在国都的阳位——南郊设祭为主流。明清北京天坛是古代坛庙建筑中最重要的遗存。它位于明北京内城之南城外，正合南郊之义。天坛创建于明永乐十八年（1420年），最初是天地合祭。明代嘉靖时期另在北郊设方泽礼地，天坛成为按时祭天和祈谷及临期祈雨的场所。

神庙都采取合院布局，中心建筑一般包括主殿和寝宫，殿内设像。由于神庙年代久远，祭祀活动频繁，故往往遗留大量碑刻，给神庙建筑带来浓厚的文化气氛。

8 中国古代建筑与园林文化

【知识链接】

礼制与色彩、装饰

中国古建筑中装饰图案的用量、门窗络纹花样、雕刻题材、彩画式样有等级规则。《唐六典》："王公以下屋舍不得重拱藻井，仍通作乌头大门，非常参官不得造轴心舍及施悬鱼、对凤、瓦兽、通栿装饰。士庶公私宅第皆不得造楼阁临视人家。庶人所造堂所，仍不得辄施装饰。"《明会典》：只有五品以上官吏所建的房屋梁柱间许施青碧彩绘，屋脊许用瓦兽。装饰色彩也体现着严格的等级秩序。在五行说中，黄色、金色代表中央，象征高贵与华丽，因而在清代被规定为皇家宫殿的御用色，即以黄色为尊，其下依次为：赤、绿、青、蓝、黑、灰。服饰上的等级差别也体现在传统建筑装饰的文化主题、规格、品位等，如龙的装饰图案，一般只能出现在皇家的都城、宫殿、坛庙、陵寝等建筑上。

天子宫殿前柱子可漆成红色，诸侯的为黑色，大夫的为蓝色，士人堂屋前的柱子则只能漆成黄色。宋代仁宗景祐三年（公元1036年）诏："非品官毋得起门屋，非宫室寺观，毋得彩绘栋宇及朱漆梁柱窗牖雕铸柱础。"对于一般宅制规定："私居执政亲王曰府，余官曰宅，庶民曰家，诸道府公门得施戟，若私门则爵位穷显经赐恩者许用之。"

宗庙是礼制建筑中分布最广泛的一类，是祭祀祖先的地方。礼制要求"将营宫室，宗庙为先；庶人无庙则祭于寝"，可见宗庙建筑的重要与普及程度。皇家宗庙称太庙，民间称家庙或祠堂。庙、祠中只设神主不设像。对祖先的祭祀表达了古代中国人的三重意愿：首先是表达对先人的追慕，其次是表达对祖先神明的敬畏，第三则希望得到祖先福佑。

为开发一个地区作出贡献而被该地区人民奉为共同祖先设祠祭祀，也是一种宗祠。如江苏无锡泰伯庙、山西太原晋祠。

民间的家庙和祠堂现存大多为明清遗物。因地理位置和社会地位的不同，形制差别很大。总的特点是均与当地居住建筑形式一致，具有乡土建筑风格。在聚族而居的地方，族人众多，则一族建一祠堂。平时供奉祖先神位，有事则成为宗族会堂。宗祠建筑的核心，仍是前堂后寝。族人在庭院或前堂举行仪式，以后寝供神牌栖神明。还有一类祠堂设在住宅内部，北方常在住宅主轴线之左建神殿，南方多用住宅主厅堂作祠堂。宗祠建筑实物，以广东省广州市陈家祠堂较为著名。

明堂作为最独特的礼制性建筑，早期是天子召见诸侯的礼仪场所，后来衍生成诸多礼制功能的综合体，不难看出"礼"的理想模式在明堂建筑中的充分体现。依照汉儒想象，明堂是一座十字轴线对称、具备礼仪所需要的方位和次序两大要素的建筑。陕西西安市西北大土门村的明堂遗址是目前所知最早明堂实例。

辟雍，有的文献称明堂外侧环水为辟雍，有的则称这种形式的建筑为辟雍，至今无定论。清乾隆帝认为辟雍是古代国学制度"所以行礼乐、宣德化、昭文明而流教泽"（《日下旧闻考》卷六十六），因此在北京国学国子监内兴建辟雍，于乾隆四十九年（1784年）冬竣工。这是一座正方形重檐方亭，十字轴线对称，建在圆形水池中

央,四面正对轴线建四桥。这座建筑比例适度,气氛庄严,很有纪念建筑性格,是18世纪人们心目中的辟雍,也是中国最后一座辟雍。

在儒家"慎终追远"的孝道观支配下,丧葬成了行孝道的重要环节,丧葬之礼也就成了礼制的重要组成,因此陵墓也成了礼制性建筑的主要组成部分。

朝是宫城中帝王进行政务活动和礼仪庆典的行政区,在于显示帝王的唯我独尊、显示皇权的统一天下、显示封建统治的江山永固;堂是渗透在宅第中的礼制性空间,是传统宅第空间布局的核心和重点,家庭中的敬神祭祖、宾客相见、婚丧大典、节庆宴饮都在这里举行。

此外,礼制性建筑还有阙、华表、牌坊等建筑小品。

8.3 陵墓建筑

人们以为死者的灵魂如同活人一样生活,并同样具有人的愿望,既能够赐福予活人,也能够致祸予活人。因而人们对死者的亡魂存在着既崇敬又恐惧的心理。为了安抚灵魂,使其给活着的人带来福利,至少不造成灾祸,人们就根据当时的生活状况和设想来处理灵魂的依托体——尸体,尽可能让它在人们看不到的另一个世界感到安乐和舒适。这样一来,丧葬礼仪便被人类当作处理活人与死人之间关系的一个重要措施。这就是丧葬的起源。

8.3.1 陵墓建筑的旅游价值

丧葬习俗本身一般不会构成旅游项目,但是同丧葬有关的历史遗存则成为许多国家和地区的重要旅游项目,如埃及的金字塔、印度的泰姬陵、印度尼西亚爪哇的婆罗浮屠大塔、中国的秦始皇陵及其陪葬坑等。这些陵墓之所以成为旅游资源,是因为它们具有很高的历史文化价值。

在中国新石器时期是"公墓制度"。在据今6000年前出现了以家庭为单位的和单人的墓葬,而当母系社会转化为父系社会之后,出现了男女合葬,并且是以男性为主,妇女即使在死后也处于次要的地位。通过它还可以探寻民族迁移和文化传播的轨迹。

许多陵寝不仅地上地下建筑辉煌,而且殉葬品丰富。其中往往包括珍贵文献古籍,已发现者如中国第一部游记《穆天子传》、重要历史著作《战国策》、重要军事著作《孙子兵法》等,还有生产工具、武器、生活器皿、乐器、装饰品、食品、纺织品、药品、陶瓷器、漆器、金银器、绘画、雕刻、珠玉珍宝、植物种子等。这些都是极珍贵的文物,有些是世上已经绝迹的,对于了解当时的社会状况、生产水平、文学、艺术、科学技术发展水平等,都是极为重要的佐证。例如对中国奴隶社会的研究,很大程度上得力于安阳小屯古墓中的发现。秦始皇兵马俑坑中的一柄铜剑,竟用铬做了防腐处理,在地下埋藏了2000余年仍然寒光闪闪,这将促使改写整个冶金史。湖北随县(今随州市)曾侯乙墓发现的编钟(见图8-36)、编磬,是战国早期的制品。这套编钟共65件,总重量达2500公斤,有5个8度音阶,包括12个半音,在任

8 中国古代建筑与园林文化

何音阶都可以转调,不仅能够演奏古乐,而且能够奏出现代音乐中的所有音阶,这在现代打击乐器中也尚未见到。编钟上共铸有 3755 个铭文,使人们对中国音乐史有了全新的了解。长沙马王堆 3 号汉墓(轪侯利苍之妻墓)也应属于世界之最。其遗体保存技术令全世界震惊,浸泡着遗体的棕黄色液体究竟是什么成分,成为许多专家想揭开的谜。此次出土的帛书达 28 种,其中有古代的天文、药方、医疗体育图(即导引图)、地图(包括地形图、驻军图和城市图),出土的竹简《战国策》纠正了 2000 多年以来一直被世人读错的文字,即劝说赵太后应不惜让儿子去作人质以换取援军解救国难这一故事的主人公应名"触龙",而非"触詟"。其帛画真实地反映了当时人们对天界、人界和地狱的理解。被选为中国旅游标志的"天马"(曾称为"马踏飞燕"),即出土于甘肃武威雷台的东汉砖墓。因此,古陵墓的意义首先在于其具有重要的科学和艺术价值。这对于旅游者,尤其是专业考察旅游者,其吸引力是不难想象的。

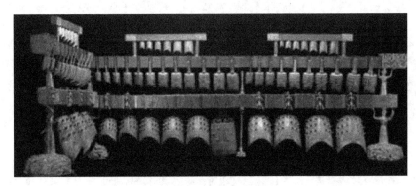

图 8-36 曾侯乙墓编钟

中国陵墓多选址于形胜壮观、环境优美的地区。由于被划为"皇陵禁地",严禁采伐,植被格外好,故陵区风景足可观赏。陵寝建筑气势宏伟,布局有独到之处,再加上有珍贵的文物、精美的雕像,所以成为中国的重要旅游项目。西安市旅游业迅速发展,以至成为中国四大旅游城市之一,很大程度上是由于秦始皇陵随葬坑的发现和汉、唐陵寝的存在。

近年来中国陵墓考古收获颇丰,这方面的旅游项目正在不断增加。河北满城出土的中山靖王刘胜的金缕玉衣和陕西西安秦始皇陵兵马俑等,都多次到国外巡展,成为宣传中国文化、招徕国际旅游客源的重要手段。

【知识链接】

东方睡美人

1972 年湖南省长沙市东郊一座古代墓葬的横空出世,让"马王堆"成为一个响遍全世界的名字。有人把它誉为中华民族的地下文化宝库,西方人称之为东方的"庞培城"。尽管地下文物不断面世，但马王堆的文化光芒依然丝毫不减，它在诸多领域的"独一无二"使它成为当之无愧的国之瑰宝。而马王堆汉墓保存完好的女尸也受到全世界的关注，她就是轪侯利苍的夫人辛追。马王堆汉墓古尸素有"东方睡美人"之称，她为世界医学提供无双范本，文化贡献巨大（见图8-37）。

图8-37 辛追夫人复原蜡像

1972年初，中国科学院考古所和湖南省博物馆考古人员开始了东边土冢的挖掘，挖开封土露出斜坡墓道和四级台阶的长方形墓穴，通过进一步深挖时发现一层白膏泥，取出白膏泥后，又发掘出了大量的木炭，清除木炭便见泛黄的竹席，考古人员小心翼翼地掀开深埋于地下的26张竹席，一座巨大的椁室就完整地展现在人们面前。整个椁室由厚重的松木板料构筑而成，居中为殓尸的内棺。考古人员开棺后惊奇地发现，虽历经2000多年，然而棺内这具女尸保存完好，考古专家把这座墓穴定为1号墓。

这具女尸年约50岁，身高1.54米，体重34.3公斤，开棺后发现女尸被浸泡在棺内约20厘米深的无色液体中（出土后不久渐变成棕黄色）。经科学分析，棺内的水是通过土壤、白膏泥和木炭层而渗入墓室，经长期聚集而成的，其中虽带有少量的硫化汞的防腐物质，具有微弱的抑菌作用，但此绝非是保全尸体的根本原因。古尸被完好地保存乃是厚实的棺椁被严密封固，深埋地下的结果。1号墓女尸经医学家临床检验：结缔组织、肌肉组织和软骨等细微结构保存完好，全身有柔软的弹性，皮肤细密而滑腻，部分关节可以转动，甚至手足上的纹路也清晰可见。保存千年以上的古尸，以前有过，但那是木乃伊，是事先处理成的干尸。而墓主人辛追创造了世界纪录，是保存2000余年而不腐的湿尸，而且形态完整，皮肤保持弹性，部分关节还可弯曲。这是人类历史上的一个奇迹。

8.3.2 陵墓建筑概述

陵墓特指一种用以瘗葬帝王，墓顶有封土的建筑类型。中国帝王的坟墓，是中国古代建筑的一个重要类型。现代对革命领袖的坟墓也称陵，如中山陵。陵墓从殷商开始萌芽，战国正式出现，经秦汉唐宋以至明清，在中国一直受到极大重视。产生于史前时期的原始祖先崇拜，经过儒家的改造和强化，延续2000多年，体现在建筑上，除了祭祀祖先圣哲的"庙"以外，最重要的就是陵墓了。

从新石器时代起，墓葬多为长方形或方形坑墓，有的距地表深达10余米，并有大量奴隶殉葬和车、马等随葬。到了后来，帝王陵墓的地下寝宫装饰得越来越华丽，随葬各种奇珍异宝，其建筑规模对后世陵墓影响很大。

由于帝王拜谒陵墓的需要，在陵园内设立了祭享殿堂，称为上宫，陵区内置陪葬墓,安葬诸王、公主、嫔妃,乃至宰相、功臣、大将、命官。陵山前排列石人、石兽、阙楼等。明代是中国陵墓建筑史上另一高潮,明代除了太祖孝陵在江苏省南京外,其余各帝陵在北京昌平天寿山,总称明十三陵。各陵都背山而建,在整个陵区前都设置总神道,建石象生、碑亭、大红门、石牌坊等,造成肃穆庄严的气氛。中国陵墓的布局可概括为三种形式。

1. 以陵山为主体的布局方式

秦始皇陵为代表。其封土为覆斗状,周围建城垣,背衬骊山,轮廓简洁,气象巍峨,创造出纪念性气氛。

2. 以神道贯串全局的轴线布局方式

这种布局重点强调正面神道。如唐代高宗乾陵,以山峰为陵山主体,前面布置阙门、石象生、碑刻、华表等组成神道。神道前再建阙楼。借神道上起伏、开合的空间变化,衬托陵墓建筑的宏伟气魄。

3. 筑群组的布局方式

明清的陵墓都是选择群山环绕的封闭性环境作为陵区,将各帝陵协调地布置在一处。在神道上增设牌坊、大红门、碑亭等,建筑与环境密切结合在一起,创造出庄严肃穆的环境。

8.3.3 陵墓的类型及结构

1. 古陵墓类型

古墓中,被列为全国重点文物保护单位的可分为3类。

1)帝王陵寝

帝王陵寝规模大,随葬品丰富。主要有秦始皇陵、汉高祖长陵、汉武帝茂陵、唐太宗昭陵、唐高宗和武则天乾陵、河南巩义宋陵、宁夏西夏王陵、内蒙古成吉思汗陵、南京明孝陵、北京明十三陵、河北清东陵和清西陵等。

中国各地还分布着原始社会至春秋时期的"帝王"陵寝。如太昊(伏羲)陵、女娲陵、黄帝陵、炎帝陵、尧陵、舜陵、禹陵、文王陵、武王陵等。其墓主多是传说中的人物,能否称之为"帝王"本是个问题,且都是后世根据传说而建,并无遗骸在内。因此同一人物的陵寝常有多处,其意义主要在于纪念性。

2)具有历史纪念意义的名人墓地

除个别著名人物外,一般规模不大,墓中随葬物微薄稀少。如山东曲阜孔子墓、陕西韩城司马迁墓、四川成都武侯祠、河南洛阳关(羽)林、内蒙古呼和浩特昭君墓、浙江杭州岳坟等,均因为墓主在历史上的地位而成为人们瞻仰的对象。孔林内埋葬着孔子及其嫡系后裔,一个家族坟茔能够延续2000余年而无间断,无论是在中国,还是在世界,大约也是绝无仅有了。

3）具有重要历史价值和艺术价值的墓葬

此类主要有辽宁辽阳汉魏壁画墓、新疆阿斯塔那古墓群、吉林集安高句丽古墓群、麻浩崖墓等。

此外，为现代人也修建了规模可观的陵寝，如中山陵、毛主席纪念堂、聂耳墓等。

2. 古陵墓结构

古墓葬一般分为两部分，即地下部分和地面部分。地下部分包括墓室结构和随葬品，地面部分包括封土和其他陵园建筑。

1）地下部分

陵墓的地下部分起源要早于地上。旧石器时代晚期已出现按一定方式埋葬死者的情况。新石器时代大部分墓葬都是矩形的土坑竖穴，在公共墓地中排列有序。新石器时代晚期，墓圹内出现了垒筑的木椁。竖穴土圹加木椁，从此作为一种墓葬方式沿用下来。不同身份等级的墓葬，其平面格式、规模、木椁的层数和样式，均有悬殊的差别。

战国晚期，关中及中原地区中小型墓葬出现了横穴式土洞墓，就是在挖掘了竖直向下的墓道之后，再横向掏挖土洞作墓圹。西汉中期，普遍在横穴中用砖和石料筑墓室，其形制模仿现实生活中的房屋。后人根据筑墓材料的不同给这种墓室作了分类：崖墓，在山崖中穿凿出巨大洞穴作墓室；空心砖墓，在横穴土洞中用大型空心砖作椁室；砖室墓，用普通小砖砌筑墓室，东汉大型砖室墓往往施彩色壁画；画像砖墓，四川境内的砖室墓，有些在砖壁上另嵌一种模印着画像的砖；画像石墓，墓室用石材构筑，或砖石并用，大多在石材上雕刻各种画像。这些墓室以居室为模仿对象，以多室对应地面上的多进房屋，用雕刻和绘画表现室内木构细节，自身也作了多处建筑处理，使用了先进工程技术，故给后人留下了大量珍贵的建筑资料。此外，从东汉到西晋，流行以陶制明器为随葬品的风俗，其中有大量的建筑模型，也同样为治建筑史学者珍视。

黄河流域为主的北方地区自魏晋至唐前期，有一种带天井的斜坡墓道模式较为流行。在大型墓室前都设墓道和很长的隧道，隧道内开天井直通地面，两壁设龛。天井与壁龛表示着住宅的层层庭院，其数目多寡反映着墓主人的身份品级。

北宋时期，北方地区一种仿木结构的砖室墓最值得注意。墓室内以雕刻和壁画表现住宅的室内布置和墓主人的生活起居。雕刻忠实地模仿了木构的斗拱、柱、枋与装修。这种墓制影响到辽、金地区，至元代接近尾声。其代表作品，有河南禹县白沙镇北宋赵大翁墓、山西侯马市金代董玘坚俱墓。

2）地面部分

（1）封土。陵墓的地上部分，目前所知最早遗迹属于商代。大约殷末周初，墓上开始出现封土坟头。春秋晚期，统治阶级的墓室之上夯筑了坟丘，有的作方锥形，一般形制还不太清楚。墓地按血缘关系，分成公墓与邦墓两大区域，设专人管理。坟丘从此成为陵墓建筑的主要部分。

8 中国古代建筑与园林文化

战国时期,享堂仍建在坟丘上,面积略大于墓圹。春秋战国后,坟头封土愈来愈大,特别是帝王陵墓更为高大。封土形制,是帝王墓穴上方堆土成丘的形状和规模的制度。帝王陵墓封土形制自周朝以来,经历了"覆斗方上"式、"因山为陵"式和"宝城宝顶"式的演化过程。

"覆斗方上"是在地宫上方用黄土堆成逐渐收缩的方形夯土台,形状像倒扣的斗,形成下大、上小的正方形台体。因其上部是一方形平顶,好似锥体截去顶部,故称方上。这种封土形制沿用朝代最多,自周朝一直延续到隋朝,后来又被宋朝选用,秦始皇陵墓的陵冢形体最大。

"因山为陵"是将墓穴修在山体之中,以整座山体作为陵墓的陵冢,既体现帝王浩大气魄,又可防盗。唐代帝王陵大多采用此形式,如唐昭陵、乾陵等。因山为陵制度,源自汉文帝霸陵,东晋诸帝亦多因山为陵,南朝诸帝也多仿照。

"宝城宝顶"是在地宫上方,砌成圆形或椭圆形围墙,内填黄土夯实,顶部做成穹隆状。圆形围墙称宝城,高出城墙的穹隆状圆顶称宝顶。在宝城之前,有一向前突出的方形城台,台上建方形明楼,称"方城明楼"。明清多采用宝城宝顶形式。

(2)陵园建筑。陵园是中国古建筑中最宏伟、最庞大的建筑群,陵园内松柏苍翠、树木森森,已成为今天寻古探奇的旅游胜地。中国陵园建筑对旅游者,尤其是对外国旅游者极有吸引力。每年夏天,仅到东陵游览的人就高达数万人。

帝王陵园的地面建筑,除上述封土外,主要有3个部分:祭祀建筑区、神道和护陵监。

祭祀建筑区,建在陵冢前方,是封闭的多进庭院建筑群,供祭祀之用。早期称"享殿""献殿""寝殿""陵殿"等。秦始皇陵北部设有寝殿,开创帝陵设寝先例。明代帝王陵园祭祀建筑区由棱恩门、棱恩殿、配殿、廊庑、祭坛、朝房、值房等建筑组成。清代改棱恩门、棱恩殿为隆恩门、隆恩殿。

神道是从陵园大门直达棱恩门的大道,又称"御路""甬路"(见图8-38)。唐以前神道并不长,在道旁置少量石刻,在神道入口设阙门。唐朝陵前神道石刻增多,形成大型"石象生"石刻群。明清,帝王陵神道发展达到高峰,明十三陵神道长7千米,清东陵神道长5千米。

图8-38 孝陵神道上的文臣石象生

护陵监是专门保护和管理陵园的机构，是为帝王守护陵墓的官吏值守居住的地方。为防止盗掘和破坏，每个皇帝陵均有护陵监。护陵监外有城墙围绕，里面有衙署、市街、住宅等建筑。

【知识链接】

陵墓建筑分地上和地下两部分

地下
帝王级陵有三种：黄杨提膝；金缕玉衣；厚葬
王侯级：一般的厚葬，银缕玉衣
百官：普通的厚葬
百姓：最一般的
地上
帝王：有好多石像
王侯：有石像但比帝王的差
百官和百姓立碑

8.4 中国古典园林建筑

在一定的地域运用工程技术和艺术手段，通过改造地形（或进一步筑山、叠石、理水）、种植树木花草、营造建筑和布置园路等途径创作而成的美的自然环境和游憩境域，就称为园林。

园林建筑是与园林环境及自然景致充分结合的建筑，它可以最大限度地利用自然地形及环境的有利条件。任何建筑设计时都应考虑环境，而园林建筑更甚，建筑在环境中的比重及分量应按环境构图要求权衡确定，环境是建筑创作的出发点。

8.4.1 中国古典园林建筑的旅游价值

中国园林由于造诣之高，自会成为重要的旅游吸引力，在旅游资源中占据突出地位。有些城市之所以名扬四海，其主要原因就在于它拥有众多的、出色的园林。由于它与自然景观水乳交融，它常成为宫廷、官衙、私邸和寺院的重要组成部分，因此，在游览上述项目时，皇家园林与帝王活动有密切关系，许多重大历史事件即发生于其中。私人园林也常与历史名人有关。这种情况更赋予它以历史意义。慈禧发动政变于承德避暑山庄，陆游、唐婉洒泪于绍兴沈园等便是比较突出的例子。园林中之建筑物必有匾额、楹联，山石多有题刻。这不仅是装饰，且点出风景特色，启发想象，或表达园主之志趣，箴规游人思想。其文多源于名人名篇，常含典故，言辞隽永，其书必艺法精湛，故能提高人们的艺术修养和鉴赏水平。有上述多种原因，园林便成为最能反映中国文化特色的旅游资源。

8.4.2 中国古典园林的分类

1. 依性质分类

中国古典园林依性质可分为皇家园林、私人园林和宗教园林。其规模、功能与艺术境界各不相同。

1）皇家园林

皇家园林起源最早，约在奴隶社会便出现了，称作"囿"，是专供帝王游猎的场所，同时也带有炫耀武功的政治色彩，因此常设在政治军事要地。皇家园林一般面积很大，保持自然景色，多有鸟兽。商代以后人工建筑成分逐渐增多，以适应帝王起居、理事、观景的需要，但力求人工建筑与自然景观的和谐统一。进一步更发展为利用自然条件，而以人工建筑为主体。其名称上也多变化，常见到的名称有"苑""宫""园""城""山庄"等。传统皇家园林都力求在开阔的水面上布置三个岛屿，以形成"一池三山（传说中的海上三个仙岛，即蓬莱、方丈、瀛洲）"的意境，表示帝王在园林中犹如身在神仙世界。为了满足政治活动的需要，常有局部的中轴线，如圆明园中的大宫门以内部分、颐和园中的排云门至佛香阁部分、避暑山庄中的澹泊敬诚殿部分。轴线在其他园林中通常是没有的。其他部分同私人园林一样也力求自然，但中轴线部分却可能是金碧辉煌的，如颐和园，也可能是朴素淡雅的，如承德避暑山庄。当然，即使后者，因使用了楠木等高级材料，仍能够显示出其皇家的尊严。

2）私人园林

私人园林又称"府宅园林"。文人雅士，尤其是官吏、富豪，为了美化生活环境，多在府邸宅院内特辟富于艺术欣赏价值的园地。这种倾向随着城市的发展而受到重视，汉、唐时期发展迅速，明代达到高峰。此种园林多为主要建筑物之附属部分，但后来也有的反客为主。由于地处城市，环境受到限制，个人财力也有限，故一般较小，然而营造精心，故艺术水平较高。全依个人志趣，故多别具一格。或以花木取胜，或以布局见长，或以巧用借景出众，或以人造山水冠群。

3）宗教园林

宗教园林是附属于宗教建筑、祭祀场所和陵寝的园林。多选址于空旷处，以获得静穆优美的环境。总体布局最见匠心，并广植特定品种之树木（主要是松柏），以充分体现主体建筑所需要的特殊气氛。一般多追求肃穆、庄严、神秘色彩，以达到对人产生强烈的感应目的。例如北京潭柘寺、佛山祖庙等都有园林部分。苏州狮子林更是由宗教建筑转而成为著名园林的。

2. 依艺术风格分类

中国古典园林植根于自然，强调与所处环境的和谐一致。因中国南北自然景观相去甚远，以及与之密切相关的民风民俗的差别，再加上各地的经济、文化、民族因素，便形成了风格各异的三种流派。

1）北方园林

北方园林以北京为中心。风格粗犷，多野趣，各种人工建筑厚重有余，委婉不足。这类园林中，皇家园林堪称代表，其规模宏大，政治活动区金碧辉煌，其他景区常仿照江南景色或模拟江南名园，以北京颐和园（见图8-39）、承德避暑山庄（见图8-40）以及被破坏的圆明园（见图8-41）等最为著名。然而颐和园的万寿山部分、避暑山庄的山区部分却比较明显地表现出了北方园林的风格。私园规模当然小得多，因而显得小巧些，多以水石为胜，难能有江南园林的苍翠玲珑。

图8-39 北京颐和园

图8-40 承德避暑山庄

图8-41 圆明园遗址

2）江南园林

江南园林多属私园，以宅园为主。规模小但充分利用一切空间造景，即使墙角、路面也精心点缀，故曲屈多致，虽小而足供观赏。多奇石秀水，玲珑纤巧，轻盈秀丽，栗柱粉墙，灰砖青瓦，韵味隽永，富有田园情趣，身入其境舒适恬淡，称之为"城市山林"最为贴切。然而，江南园林多数为达官巨富、文人骚客颐养晚年而筑，故意境多趋消沉。苏州、杭州、无锡、扬州、镇江以"园林城市"而闻名。苏州之沧浪亭（见图8-42）、拙政园（见图8-43）、狮子林（见图8-44）和留园（见图8-45）被誉为"四大名园"。南京、成都亦有名。江南园林的艺术造诣最高，常被作为中国园林的代表，成为后人效法的范例。其影响渗透到各种园林类型、各种流派的园林之中。

8 中国古代建筑与园林文化

图8-42 沧浪亭

图8-43 拙政园

图8-44 狮子林

图8-45 留园

3）岭南园林

岭南园林以珠江三角洲为中心，以宅园为主。其发展历史较晚，曾师法北方园林与江南园林，因而风格在二者之间。近代又受到外国构园方法的影响。由于地理因素影响，多用榕树、木棉、藤本植物，故具有明显的热带、亚热带自然景观特征。建筑物也洗练简洁，轻盈秀雅。室内造景，内外呼应。广州、潮州、番禺、佛山、顺德、东莞皆有名园。顺德之清晖园、东莞之可园、佛山之十二石斋与番禺之余荫山房被称为"岭南四大名园"。

此外，还有少数民族园林，拉萨的罗布林卡为此类园林之杰作，具有浓厚的地方色彩与宗教气氛。

8.4.3 中国古典园林建筑的形式

中国古典园林以山水景观为主，楼台亭阁为辅。园林建筑除了具有一般建筑的实用功能外，还重在发挥构成独立景观或点缀风景的审美功能。

园林中常见的建筑类型有如下几种：

廊，覆盖的通道称廊。廊的特点狭长而通畅，弯曲而空透，用来连接景区和景点，是一种既"引"且"观"的建筑。狭长而通畅能促人生发某种期待与寻求的情绪，可达到"引人入胜"的目的；弯曲而空透可观赏到千变万化的景色，因为由可以步移景异。此外，廊柱还具有框景的作用。

亭子是园林中最常见的建筑物，主要供人休息观景，兼做景点。无论山岭际，路

边桥头都可建亭。亭子的形式千变万化，若按平面的形状分，常见的有三角亭、方亭、圆亭、矩形亭和八角亭；按屋顶的形式分有攒尖亭、歇山亭；按所处位置分有桥亭、路亭、井亭、廊亭。总之可以任凭造园者的想象力和创造力，去丰富它的造型，同时为园林增添美景。

堂往往成封闭院落布局，只是正面开设门窗，它是园主人起居之所。一般来说，不同的堂具有不同的功能，有用作会客之用，有用作宴请、观戏之用，有的则是书房。因此各堂的功能按具体情况而定，相互间不尽相同。

厅堂是私家园林中最主要的建筑物，常为全园的布局中心，是全园精华之地，众景汇聚之所。厅堂依惯例总是坐南朝北。从堂向北望，是全山最主要的景观面，通常是水池和池北叠山所组成的山水景观。观赏面朝南，使主景处在阳光之下，光影多变，景色明朗。厅堂与叠山分居水池之南北，遥遥相对，一边人工，一边天然，是绝妙的对比。厅多作聚会、宴请、赏景之用，其多种功能集于一体。因此厅的特点如下：造型高大、空间宽敞、装修精美、陈设富丽，一般前后或四周都开设门窗，可以在厅中静观园外美景。厅又有四面厅、鸳鸯厅之分，主要厅堂多采用四面厅，为了便于观景，四周往往不作封闭的墙体，而设大面积隔扇、落地长窗，并四周绕以回廊。鸳鸯厅是用屏风或罩将内部一分为二，分成前后两部分，前后的装修、陈设也各具特色。

榭常在水面和花畔建造，借以成景。榭都是小巧玲珑、精致开敞的建筑，室内装饰简洁雅致，近可观鱼或品评花木，远可极目眺望，是游览线中最佳的景点，也是构成景点最动人的建筑形式之一。

阁是私家园林中最高的建筑物，供游人休息品茗，登高观景。阁一般有两层以上的屋顶，形体比楼更空透，可以四面观景。

舫为水边或水中的船形建筑，前后分作三段，前舱较高，中舱略低，后舱建二层楼房，供登高远眺。前端有平砾与岸相连，模仿登船之跳板。由于舫不能动又称不系舟。舫在水中，使人更接近于水，身临其中，使人有荡漾于水中之感，是园林中供人休息、游赏、饮宴的场所，在园林中往往含有隐居之意。但是舫在不同场合也有不同的含意，如苏州狮子林，本是佛寺的后花园，所以其中之舫含有普度众生之意。而颐和园之石舫，按唐魏征之说："水可载舟，亦可覆舟"，由于石舫永覆不了，所以含有江山永固之意。

8.4.4 中国古典园林建筑的风格

1. 表现含蓄

含蓄效果是中国古典园林重要的建筑风格之一。追求含蓄与中国诗画艺术追求含蓄有关，在绘画中强调"意贵乎远，境贵乎深"的艺术境界；在园林中强调曲折多变，含蓄莫测。这种含蓄可以从两方面去理解：其一，其意境是含蓄的；其二，从园林布局来讲，中国园林往往不是开门见山，而是曲折多姿，含蓄莫测。往往巧妙地通过风景形象的虚实、藏露、曲直的对比来取得含蓄的效果。如首先在门外以美丽的荷花池、桥等景物把游人的心紧紧吸引住，但是围墙高筑，仅露出园内一些屋顶、树木和园内较高的建

8 中国古代建筑与园林文化

筑,看不到里面全景,这就会引人遐想,并引起了解园林景色的兴趣。北京颐和园即如此,颐和园入口处利用大殿,起掩园主景(万寿山、昆明湖)之作用,通过大殿,才豁然开朗,见到万寿山和昆明湖,其山光水色倍觉美不胜收。

【知识链接】

颐和园

颐和园(见图8-46)原是清朝帝王的行宫和花园,前身清漪园,为三山五园(三山是指万寿山、香山和玉泉山。三座山上分别建有三园,即清漪园、静宜园、静明园,此外还有附近的畅春园和圆明园,统称五园)中最后兴建的一座园林,始建于1750年,1764年建成,面积290公顷,水面约占四分之三。乾隆继位以前,在北京西郊一带,已建起了四座大型皇家园林,从海淀到香山这四座园林自成体系,相互间缺乏有机的联系,中间的"瓮山泊"成了一片空旷地带。乾隆十五年(1750年),乾隆皇帝为孝敬其母孝圣皇后,动用448万两白银将这里改建为清漪园,以此为中心把两边的四个园子连成一体,形成了从现清华园到香山长达二十公里的皇家园林区。咸丰十年(1860年),清漪园被英法联军焚毁。光绪十四年(1888年),慈禧太后以筹措海军经费的名义动用银两(据专家考证,应为500至600万两白银),由样式雷的第七代传人雷廷昌主持重建,改称颐和园,作消夏游乐地。到光绪二十六年(1900年),颐和园又遭"八国联军"的破坏,许多珍宝被劫掠一空。光绪二十九年(1903年)修复。后来在军阀混战、国民党统治时期,又遭破坏,1949年之后政府不断拨款修缮,1961年3月4日,颐和园被公布为第一批全国重点文物保护单位,1998年11月被列入《世界遗产名录》。2007年5月8日,颐和园经国家旅游局正式批准为国家5A级旅游景区。2009年,颐和园入选中国世界纪录协会中国现存最大的皇家园林。颐和园拥有多项世界之最、中国之最。

图8-46 颐和园风景

2. 强调意境

中国古典园林追求的"意境"二字,多以自然山水式园林为主。一般来说,园中应以自然山水为主体,这些自然山水虽是人作,但是要有自然天成之美、自然天成之理、自然天成之趣。在园林中,即使有密集的建筑,也必须要有自然的趣味。这中间,建筑对意境的表现手法,如:承德避暑山庄的烟雨楼,乃仿浙江嘉兴烟雨楼之意境而筑,这座古朴秀雅的高楼,每当风雨来临时,即可形成一幅淡雅素净的"山色空

蒙雨亦奇"的诗情画意图,见之令人身心陶醉。

3. 突出宗教迷信和封建礼教

中国古典建筑与神仙崇拜和封建礼教有密切关系,在园林建筑上也多有体现。汉代园林中多有"楼观",就是因为当时人们都认为神仙喜爱住在高处。另外还有一种重要的体现,即皇家建筑的雕塑装饰物上才能看到的吻兽。吻兽是人们因对龙的崇拜而创造的多种神兽的总称。龙是中华民族发祥和文化开端的象征,炎黄子孙崇拜的图腾。龙所具有的那种威武奋发、勇往直前和所向披靡、无所畏惧的精神,正是中华民族理想的象征和化身。吻兽是中国古典建筑中一种特有的雕塑装饰物。因为吻兽是皇家特有的,所以也是一种区分私家和皇家园林及建筑的一种方法。

4. 平面布局简明有规律

中国古代建筑在平面布局方面有一种简明的组织规律,这就是每一处住宅、宫殿、官衙、寺庙等建筑,都是由若干单座建筑和一些围廊、围墙之类环绕成一个个庭院而组成的。一般来说,多数庭院都是前后串联起来,通过前院到达后院,这是中国封建社会"长幼有序,内外有别"的思想意识的产物。家中主要人物,或者应和外界隔绝的人物(如贵族家庭的少女),就往往生活在离外门很远的庭院里,这就形成一院又一院层层深入的空间组织。同时,这种庭院式的组群与布局,一般都是采用均衡对称的方式,沿着纵轴线(也称前后轴线)与横轴线进行设计。比较重要的建筑都安置在纵轴线上,次要房屋安置在它左右两侧的横轴线上,北京故宫的组群布局和北方的四合院是最能体现这一组群布局原则的典型实例。这种布局是和中国封建社会的宗法和礼教制度密切相关的。它最便于根据封建的宗法和等级观念,使尊卑、长幼、男女、主仆之间在住房上也体现出明显的差别。这是封建礼教在园林建筑布局上的体现。

5. 不同地域文化的园林建筑风格有异

洛阳自古以牡丹闻名,园林中多种植花卉竹木,尤以牡丹、芍药为盛,对比之下,亭台楼阁等建筑的设计疏散。甚至有些园林只在花期时搭建临时的建筑,称"幕屋""市肆"。花期一过,幕屋、市肆皆被拆除,基本上没有固定的建筑。而扬州园林,建筑装饰精美,表现细腻。这是因为,扬州园林的建造时期多以清朝乾隆年间为主,建造者许多都是当时巨商和当地官员。目的是炫耀自己的财富、粉饰太平,因此带有鲜明的功利性。扬州园林在审美情趣上,更重视形式美的表现。这也与一般的江南私家园林风格不同,江南园林自唐宋以来追求的都是淡泊、深邃含蓄的造园风格。

纵观中国古典园林发展可以看到,表现在古典园林中的这种具有古代中国人审美特征的园林观,绝不仅仅限于造型和色彩上的视觉感受,以及一般意义上的对人类征服大自然的心理描述,而更重要的还是文化发展的必然产物,即通过园林艺术对人的生活环境的调节,来把握人本身的存在特征和意义。

复习思考题

一、名词解释

礼制建筑　陵墓

二、简答题

1. 简述中国古代建筑的基本结构。
2. 简述礼制建筑的分类。
3. 古陵墓的类型有哪些？
4. 中国古典园林建筑的风格是什么样？

三、思考题

礼制思想在故宫中是怎样体现的？

9

中国饮食文化

学习目标

知识目标	技能目标
1. 了解中国饮食文化的特征，理解饮食文化与旅游的关系 2. 熟悉中国饮食的特点 3. 掌握中国茶文化、酒文化以及食文化的主要内容	1. 学习如何鉴赏茶、酒及美食 2. 能通过饮食现象分析其在旅游业中的发展因素 3. 将所学基本知识应用于实际工作，提高自身素质和修养

9 中国饮食文化

知识引例

旅游岛美食文化节

为促进中韩文化交流，引导健康饮食时尚，首届中国（海南）国际旅游岛美食文化节系列活动之 2012 年第九届中国（海南）韩国美食文化节于 2012 年 5 月 1 日至 31 日在海口、三亚举行。

本届美食文化节由中国饭店协会、海南省商务厅、韩国旅游发展局广州分局、21 世纪韩中文化交流协会、海南省酒店和餐厅行业协会、海南韩尚商务有限公司主办。活动开展秉承"健康餐饮让生活更美好"的核心主题，借鉴韩国美食文化、吸取异国餐饮企业文化品牌精髓，通过展示健康美味的韩国料理、厨艺交流、餐饮交流、书画艺术，增进中韩美食文化交流，宣传海南"美食天堂"，推进海南餐饮国际化进程。在中韩两国"友好邻邦"的基础上，加强民众友谊和促进文化与商务交流，繁荣海南餐饮消费市场，推进海南餐饮酒店行业技术交流与创新，全面提升海南餐饮"健康·品位"新概念。

图 9-1　美食节新闻发布会现场

据了解，此次美食文化节共有新闻发布会、开幕式、韩国旅游推介会、韩国传统麦芽糖秀表演、第三届"健康·品位"新概念论坛、韩国卡拉 OK 即兴比赛、百人韩国泡菜大赛、韩国小吃美食展、餐厅消费感恩回馈、韩国商品、商家企业品牌展示、闭幕式等活动。美食文化节开幕式 5 月 1 日在海口明珠广场隆重举行，相关现场活动及餐厅消费感恩回馈在明珠广场以及汉江亭韩国料理连锁机构各店同步进行。闭幕式 5 月 31 日在三亚榆亚大道时代海岸广场举行。

资料来源：海南在线，2012.4.23

9.1　中国饮食文化概述

饮食是人类赖以生存和发展的第一要素，人类文明始于饮食。饮食文化随着人类社会的形成而发展，随着人类社会的发展而进步，饮食超越了单纯的生理需要，不断

丰富着自身的内涵，成为社会文化生活中的重要内容，是人们物质生活和精神生活的重要部分。在中国传统文化教育中的阴阳五行哲学思想、儒家伦理道德观念、中医营养摄生学说，还有文化艺术成就、饮食审美风尚、民族性格特征诸多因素的影响下，形成博大精深的中国饮食文化。

中国饮食文化是一种广视野、深层次、多角度、高品位的悠久区域文化，是中华各族人民在生产和生活实践中，在食源开发、食具研制、食品调理、营养保健和饮食审美等方面创造、积累并影响周边国家和世界的物质财富及精神财富。

9.1.1 饮食文化的概念

"饮食文化"是一个涉及自然科学、社会科学及哲学的普泛的概念，是介于"文化"的狭义和广义之间而又融通二者的一个边缘模糊的文化范畴。饮食文化是指食物原料开发利用、食品制作和饮食消费过程中的技术、科学、艺术，以及以饮食为基础的习俗、传统、思想和哲学，即由人们食生产和食生活的方式、过程、功能等结构组合而成的全部食事的总和。

对上述领域的具体研究，便分别形成了诸如原料学、烹饪工艺学及食疗保健、饮食思想、饮食考古、饮食商业和服务（行业发展、楼馆建设布局、饮食心理、公共关系、服务设施等）、饮食风格、饮食典籍和生物化学、营养学、储藏保鲜等科技文化、思想理论研究的具体分支。以上诸项，又均可从史的角度作分别和总体的研究，从而构成了饮食文化作为一门独立学科的体系。其中研究的重点为食事的形态、方式、过程、规律与社会、历史功能。

9.1.2 中国饮食的特点

1. 饮食结构

中国历史悠久，地域辽阔，地理环境多样，气候条件丰富，动植物品类繁多，这都为中国的饮食提供了坚实的物质基础。

（1）风味多样。由于中国幅员辽阔，地大物博，各地气候、物产、风俗习惯都存在着差异，长期以来，在饮食上也就形成了许多风味。中国一直就有"南米北面"的说法，口味上有"南甜北咸东酸西辣"之分，主要是巴蜀、齐鲁、淮扬、粤闽四大风味。

（2）四季有别。一年四季，按季节而吃，是中国烹饪又一大特征。自古以来，中国一直按季节变化来调味、配菜，冬天味醇浓厚，夏天清淡凉爽；冬天多炖焖煨，夏天多凉拌冷冻。

（3）讲究美感。中国的烹饪，不仅技术精湛，而且有讲究菜肴美感的传统，注意食物的色、香、味、形、器的协调一致。

（4）注重情趣。中国烹饪很早就注重品味情趣，不仅对饭菜点心的色、香、味有严格的要求，而且对它们的命名、品味的方式、进餐时的节奏、娱乐的穿插等都有一定的要求。中国菜肴的名称可以说出神入化、雅俗共赏。菜肴名称既有根据主、辅、调料及烹调方法的写实命名，也有根据历史掌故、神话传说、名人食趣、菜肴形象来命名的，如"全家福""将军过桥""狮子头""叫化鸡""龙凤呈祥""鸿门宴""东坡肉"……

（5）食医结合。我国的烹饪技术，与医疗保健有密切的联系，在几千年前有"医食同源"和"药膳同功"的说法，利用食物原料的药用价值，做成各种美味佳肴，达到对某些疾病防治的目的。

古代的中国人还特别强调进食与宇宙节律协调同步，春夏秋冬、朝夕晦明要吃不同性质的食物，甚至加工烹饪食物也要考虑到季节、气候等因素。这些思想早在先秦就已经形成，在《礼记·月令》就有明确的记载，而且反对颠倒季节，如春"行夏令""行秋令""行冬令"必有天殃；当然也反对食用反季节食品，孔子说的"不食不时"，包含有两重意思，一是定时吃饭，二是不吃反季节食品。

2. 食物制作

中国传统菜肴对烹调方法极为讲究，常见的方法有：煮、蒸、烧、炖、烤、烹、煎、炒、炸、烩、爆、熘、卤、扒、酥、焖、拌等。而且长期以来，由于物产和风俗的差异，各地的饮食习惯和品味爱好迥然不同，源远流长的烹调技术经过历代人的创造，形成了丰富多彩的地方菜系，如闽菜、川菜、粤菜、京菜、鲁菜、苏菜、湘菜、徽菜、沪菜、鄂菜、辽菜、豫菜等。各菜系在制作方法上更是各有特色：如湖北菜的煨、滑，京菜的涮、烤等，更有四川菜因味多、味广、味厚、味道多变而著称，素有"一菜一格，百菜百味"的佳话。

3. 食物器皿

饮食用具的多样性也是中国饮食文化的一大特色。特别用竹筷进食，运用自如，经济方便，被欧美人士赞为是艺术的创造。中国饮食用具从用途上来分，有豆、罐、鬲（见图9-2）、杯、盆、碗、盒、瓮（见图9-3）、壶、甑、盘等；从材料上来分，有陶制品、瓷制品、金属制品和竹木制品等；随着生产力的提高和人类生活水平的不断进步，饮食用具在材料、质量、形态等诸方面都发生了新的变化。从隋唐开始，已大量使用了金银等贵金属所制的饮食用具，在民间，陶瓷用具大量使用，到了唐宋时期，中国瓷器享誉海外。

图9-2 商代四足鬲

图9-3 瓮

4. 营养保健

以谷物为主,注重饮食保健。肉少粮多,辅以菜蔬,这就是典型的饭菜结构。其中饭是主食,而菜则是为了下饭,即助饭下咽。中国人很注重饮食的营养保健,主张营养成分合理搭配,平衡饮食,通过调配食用五谷、五果、五畜、五菜等气味、功用各不相同的食品,以达到阴阳平衡、脏腑协调、补精益气、养身健体的目的。早在春秋战国时期,孔子就提出了"食不厌精,脍不厌细"的饮食观,同时还概括了十条"不食"以及注重卫生,遵守时节,讲究营养,有节制不过量的科学饮食法则。

5. 饮食审美

中国饮食在不断的发展中形成了"十美"风格,讲究味、色、香、质、形、序、器、适、境、趣的和谐统一。对菜肴美感的表现是多方面的,无论是一个红萝卜,还是一个白菜心,都可以雕出各种造型,独树一帜,达到色、香、味、形、美的和谐统一,给人以精神和物质高度统一的特殊享受。

9.1.3 中国饮食文化的发展历程

饮食文化历史悠久,从原始人取火就开始发现,之后随着历史的前行,饮食文化开始形成,而且呈现出多元化的特点,也反映出中国人的各种性格特点。

早期人类靠较小的兽类和集采果实充饥维持生活。得到食物也不加工,都是生吃吞食,特别是兽类食物连毛带血一起吃,这阶段叫做"茹毛饮血"时期。后来随着社会的发展,人类有了进步,懂得扒皮去毛,利用火烤着吃。由低级生活向前又迈进一步。中国饮食文化的形成,大体上分为五个阶段:萌芽时期、形成时期、发展时期、繁荣时期、鼎盛时期。

第一阶段:萌芽时期(旧石器时期)。当时火的应用有:自然火、存火种、人工取火。熟食的加工方法有:烧烤、地下挖坑加热、石板烹法。

第二阶段:形成时期(新石器时期)。陶瓷烹器的产生,加工熟食有了新方法,从而有了固定的餐具、炊具,开始有主食与菜肴分开加工的方法。

第三阶段:发展时期(夏、商、周时期)。铜器烹饪时期,发明了冶金工艺制作铜餐具,炊具有了高温的烹调方法;厨膳格局有了分工,加工地方与用膳分开;有了五味调和的方法;食品营养在饮食中有了初步的认识:五谷为养——稻、粟、黍、麦、菽,五畜为益——牛、羊、鹿、犬、兔,五果为助——枣、李、杏、栗、桃,五菜为充——葵、藿、韭、薤、葱。

第四阶段:繁荣时期。秦汉至南北朝的烹饪时期:原料繁多——小麦粉、蔬菜、豆制品、植物油;熟食遍列——酒食兼营的酒店、各种大大小小的酒楼;高温速烹——焯水、吊汤、蒸、煮、炒、炉烤;贵言族席——烤鸭、烤鹅、蒸猪头,大菜、品种多;中外交流——中餐传入日本、南亚、印度次大陆,同时也引进西方饮食;食疗方法——用茴茴豆子、砂仁、榆仁酱、荜拨、豆豉。南宋朝的烹饪时期:规模扩大、造型精美;经营多样化、菜式明朗化;分工明确、各有绝技。元、明、清三代的烹饪时期:元朝有中外饮食交流,主要与南欧、西亚、中亚;明朝烹饪食发展速度加快，有南北交流，开始北移；清代时期，满族入主中原，从康熙到嘉庆一百多年是清代盛世；又南下，野菜开发、封密大铁锅、煤行、清真馆、西餐等。

第五阶段：鼎盛时期（近代、现代时期）。辛亥革命以后，中国烹饪进入一个新的时期，市场出现了仿古膳菜，一些宫绅家厨也进入市场。如：谭家菜的创世人——谭宗浚系广东南海人，清朝末期的宫僚，一生酷爱珍膳美食。谭宗浚任官时到过江南、四川等地，对各地菜都有研究。后来进京成功地将南方菜与北方菜相互融合，成为独创一派的地方风味特色佳肴。

9.1.4 中国饮食文化的基本特征

1. 历史悠久、源远流长

众所周知，世界上有四大文明古国。然而，古埃及、古巴比伦和古印度的文明已经中断，居住在这三大文明古国的人已经不是创造这些文明的后代了。只有在中国，这一文明被创造它的后代所继承。因此，中国的饮食文化是唯一没有中断、环节完整、延续至今的饮食文化。正因为如此，中国饮食文化才有着无比深厚的积淀、博大精深的内涵、结构完整的体系。

2. 积淀深厚、层面丰富

中国饮食文化经过几十万年绵延不断的积累沉淀，形成了非常沉厚的文化层，内容异常丰富，表现绚丽多彩。这主要表现在：构成中国饮食文化的各种表现形态种类多而且完整。从中国饮食文化发展的横向看，每一历史时期、每一发展阶段都有着自己丰富的内容，并以此与其他时期和阶段相区别；从纵向看，每一种文化形态的内容也非常丰富，从而构成自己的系列，在整个人类饮食文化内容结构中占有一席之地。

3. 结构完整、内容丰富

中国饮食文化有一个庞大的系统，这个系统犹如一座大厦。构成这一大厦骨架的有物质文化、制度文化、行为文化、社会心理文化四大系列。而每一系列由若干子系列构成，子系列下又有孙系列，孙系列下还有更小的系列等。如风味流派，它是以原料、工具、烹饪方法等物质、技术条件为依托，经过一定的时间、在一定的空间、群体范围内形成的一种具有风尚性质的文化现象，属于行为文化之下的子系列中的一个组成部分。这一子系列由地域风味流派、民族风味流派、宗教风味流派、市肆风味流派、仿古风味流派等流派组成。而其中的每一风味流派之下，又有由很多低一层次的风味流派组成的孙系列，如地域风味流派，由广东、四川、山东、江苏、浙江、湖南、安徽、福建等地方风味流派组成。孙系列下还有由更小的风味流派组成的玄孙系列，如广东风味流派下，有广州风味流派、潮州风味流派和东江风味流派等组成。

4. 开放向外、兼收并蓄

中国饮食文化拿来主义的兼收并蓄，使得外来饮食文化如道道流水流进中国，成为中国饮食文化的有机组成部分，汇成中国饮食文化的汪洋大海。同时，中国饮食文化送去主义的外向开放，使世界不断地认识和欣赏中国饮食文化。

5. 具有优秀的传统、鲜明的民族特色

(1) 原料广取博采。中国烹饪采用的原料广博是世界其他民族不能比拟的。不管是禽兽介虫、蔬果瓜菌、还是肉骨筋爪皮、根茎花叶实，无所不采，无所不食。一句话，凡是天上飞的、水里游的、路上跑的、林里生的、土里长的、人工造的，只要可食用，都可入谱。

(2) 烹调方法众多，精妙而独特。中国烹调方法之多，举世无双。据统计经常使用的烹调方法就有五六十种以上。而且，烹调方法的精妙，也令外人叹为奇观。如爆炒，火焰熊熊，风声呼呼，瓢勺叮当，厨师行云流水一般一两分钟一道菜就出锅了。精烹还表现在制作一道菜时，往往使用多种方法。

(3) 风味流派如繁星，美食名食数不胜数。中国风味流派的总数大大小小在数百种以上。不考虑历史上的风味流派，仅以现在而言，地域流派大者有二三十，加上其中子层次的可多达百数；民族风味流派大者五六十，再加上其中很多由地域之差形成的子层次流派，总数达近百种。

(4) 民族特色鲜明，交融共通。饮食文化的民族性，是一个民族在特定区域及其地理条件下，经过不同历史阶段的演变，基于长期的共同生活，共同宗教信仰，使用共同的语言，具有共同的生活习惯和爱好，而形成的饮食审美倾向，其特色往往通过特异的食料、食具、食技、食品、食规、食趣和食典展示出来。

中华民族的 56 个成员始终生存在一个相互依存、互勉共进的文化环境之中，各区域间互补性的经济结构决定了彼此的共存共荣关系，也形成了各区域间人们食生活的食文化网络。

如"胡饼"本是西北少数民族——中原汉人所谓"胡人"的炉烤饼，也即今天主要流行于新疆等地区的馕的早期形态。汉代尚无普遍使用的金属质面食焙烤具，西北少数民族用的混制的烤炉——馕坑（见图 9-4），是当时受他们野炊泥灶和取暖地炉的启发改制而成。以后铁鏊等焙烤具逐渐普及，新疆则因与内地交通不便而长期保持泥烤煸传统并延续至今。胡饼于汉代进入中原地区，汉代长安等内地食用焙烤的胡饼已渐成风习。

图 9-4 馕坑

9 中国饮食文化

9.1.5 饮食文化与旅游的关系

1. 饮食文化是旅游业存在和发展的基础

食，本就是现代旅游业发展的重要六要素之一，不仅是人们旅游活动的根本需求，而且也是旅游活动的一项重要内容。我们知道，旅游产业作为一项集吃、穿、住、行、用、娱等为一体的综合性文化活动。而吃是人类社会得以生存发展最为基本的需要。可见，在旅游产业的构成要素中，吃即饮食文化是排在了首位的，其在旅游产业发展中具有极为重要的意义。

2. 旅游活动促进饮食文化的交流与发展

旅游者在旅游过程中的饮食需求也会促进旅游地饮食文化的发展与对外交流，同时也促进了目的地饮食文化的保护与复兴。尤其是地域饮食文化受到当地地理环境、社会经济条件、历史条件、宗教习俗等方面的影响，形成自身独特的饮食地域特点，旅游者对其大多充满新奇之感，会极大激发游客一探究竟的交流兴趣。同时，由于外来旅游者的信息介入，旅游地要满足各方旅游者的不同饮食需求，当地饮食文化也会吸收外域饮食的制作特点，对自身体系进行改良与完善，特别是有机会对传统饮食文化中各层面的精髓进行必要的提炼与保护。

3. 饮食可以作为旅游商品增加旅游业收益

在中国林林总总的土特产中，饮食产品占了很大的比重，比如名茶、名酒，各种糕点小吃之类。这些饮食产品不仅可以在当地食用，还可供旅游者购买携回，作为旅游体验的延续。而旅游地将这些土特产加工为旅游商品，不仅提升产品自身价值，还延伸了旅游价值产业链，更好地发挥了旅游产业的关联带动作用，有利于增加旅游总体收入，并且这些饮食产品可以成为当地的旅游名片和标志物，无疑会提高旅游地的知名度，这就是对旅游地信息的传递和推广。

9.2 中国的酒文化

中国酒已有 5000 年以上的悠久历史，在漫长的发展过程中形成了独特的风格，孕育了光辉灿烂的中华酒文化。从酒中可以了解中国社会的各个方面，政治、经济、农业、商业、历史文化等都可以在酒文化中找到可贵的资料。

9.2.1 酒文化的形成

酒是用高粱、麦、米、葡萄（或其他水果）等原料经过糖化、发酵制成的含有食用酒精（乙醇一度以上方能称为酒）等成分的饮料。从酿造技术来看，中国是世界上最早懂得酿酒技术的国家之一。早在新石器时代中期，我们的祖先就已懂得酿酒。但至今，人工酿酒滥觞于何时何人尚难确定。有仪狄酿酒说，也有杜康酿酒说，后世一直把仪狄、杜康奉为酒神。此外，还有"猿猴造酒"说（见图 9-5）、黄帝酿酒说等。虽然说法纷纭，但国内学者普遍认为我国酿酒在龙山文化时期是较为发达的行业。从其发展来看，中国酒可分为启蒙期、成长期、成熟期、发展期、繁荣期五个阶段。

（1）从新石器时代的仰韶文化至夏朝初年为中国酒的启蒙期。这一时期为原始社会晚期，先民们用发霉但已发芽的谷物制酒。人工酿酒的先决条件是农业文明的发达和陶器的出现。在仰韶文化遗址中，既有陶罐（见图9-6），也有陶杯（见图9-7）。由此可以推知，约在6000年前人工酿酒就可能开始了。

图9-5 猿猴造酒

图9-6 陶罐

图9-7 陶杯

（2）从夏王朝至秦王朝，大约1800年，为中国酒的成长期。这一时期，由于农业中已有五谷六畜，酿酒业中发明了曲蘖，使中国成为最早使用曲酿造酒的国家。同时，随着酿酒工艺的迅速发展，加速了酿酒行业开始作为独立手工部门与农业分离的步伐，朝廷开始设官治酒，以掌管重大的国事和王室的饮宴活动。酒官的设置，标志着酿酒已成为独立的手工业部门，这对于规范和提高酿酒技术，总结和推广酿酒经验都具有重要作用。

周人以农为本，认为大量酿酒和酗酒会浪费很多粮食，是难以容忍的"罪恶"。为了节约粮食，积蓄国力，西周初年颁布了我国历史上的第一部禁酒法典——《酒诰》，它规定了十分严厉的禁酒措施。西周从设官治酒到以法禁酒，标志着酒文化与制度文化结伴运行，这对于几千年来中国的酒政产生了极其深远的影响。在礼制文化的直接影响下，西周统治者还大力倡导酒德、酒礼，其目的除了分尊卑之外，主要还是为了禁止滥饮酒。西周倡导的"酒礼""酒德"，后来同儒家的伦理道德思想融合，成为数千年来中国酒文化区别于西方酒文化的最大特色。西周酒业的发展状况基本奠定了中国酒文化发展的两个方向：一是用曲发酵，从古到今，这是中国的国酒——黄酒和白酒与用菌种发酵的洋酒生产工艺的根本区别；二是把酿酒、饮酒和用酒都纳入法制化、礼制化、礼仪化的轨道，大大增加了酒的精神文化价值，减少了酒的负面作用。

9 中国饮食文化

【知识链接】

《酒诰》

《酒诰》是尚书中的篇章,是中国最早的禁酒令,由西周统治者在推翻商代的统治之后发布。周公旦封小弟康叔为卫君,令其驻守故商墟,以管理那里的商朝遗民。他告诫年幼的康叔:商朝之所以灭亡,是由于纣王酗于酒,淫于妇,以至朝纲混乱,诸侯举义。他嘱咐说:"你到殷墟后,首先要求访那里的贤人长者,向他们讨教商朝前兴后亡的原因;其次务必要爱民。"周公旦又把上述嘱言写成《康诰》《酒诰》《梓材》三篇,作为法则送给康叔。其中说道,不要经常饮酒,只有祭祀时,才能饮酒。对于那些聚众饮酒的人,抓起来杀掉。《酒诰》中禁酒之教基本上可归结为,无彝酒,执群饮,戒缅酒,并认为酒是大乱丧德、亡国的根源。这构成了中国禁酒的主导思想之一,成为后世人们引经据典的典范。

(3) 从秦王朝至北宋,大约 1200 年,迎来中国酒的成熟期。这一时期有汉唐盛世,经济贸易发展,中西文化交融,李白、杜甫、杜牧、苏东坡等酒豪文人辈出,加之东汉末至魏晋长达两个世纪的战乱,失意文人借酒浇愁,狂饮空谈,从反面也促进酒业大兴。饮酒风气不仅限于上层,同时也广泛传播到民间。由于酒量需求大增,为中国白酒的发明、发展奠定了社会与物质基础。在马王堆西汉墓中出土的《养生方》和《杂疗方》中,记载了人们对酒的药用功能已有一定的认识深度。在东汉时的画像石和画像砖上,酒事是常见的题材(见图 9-8)。最引人注目的是山东诸城凉台出土的"庖厨图"中的酿酒场景,它是对当时酿酒全过程的描画。《齐民要术》等有关饮食及造酒的科学技术书籍的面世,为中国酒业的成熟提供了理论基础。

图 9-8 古代酿酒图

(4) 从北宋到晚清,历时 800 多年,是中国酒的发展期。这一时期,蒸馏器从西域传入中国,给中国白酒的发明提供了物质基础。白酒也称烧酒、白干酒。《本草纲目》记载:"烧酒非古法也,自元时起始创其法。"从这一时期出土的不少小型酒器判断,度数较高的白酒已迅速普及到一般庶民百姓中。明中叶以后,以高粱为原料,以大麦制曲,用蒸馏方法制造的烧酒渐渐取代黄酒而占据主导地位,在北方发展很快。

与蒸馏白酒发展提高的同时，黄酒、葡萄酒、果酒、药酒也得以提高发展，使中国的酒文化迎来灿烂多彩的时代。

（5）1840年鸦片战争以后，可谓中国酒发展的第五阶段，堪称繁荣期。中国传统的酿造技术与西方先进的酿造技术相互影响，争放异彩。威士忌、白兰地、伏特加和日本清酒等都传入中国，不仅促使中国传统酒出现新品种，而且竹叶青、五加皮等老牌白酒也迅速发展，各显优势与特色。新中国成立之后，特别是改革开放以来，中国酿酒业迎来繁荣时代。90年代初，中国白酒年产量已达720余万吨，约占世界烈性酒总产量的40%，居第一位。

9.2.2　酒的社会功能

酒的社会功能异常广泛，酒可以提神、御寒、治病、交友、解忧等。汉代孔融写过一篇《与曹相论酒禁书》，从政治、军事、外交方面揭示了酒的系列社会功能。日常生活中的祭祀禳灾、欢庆佳节、婚丧嫁娶、迎来送往、贺喜祝捷、遣忧解闷等，都离不开它，生活也因酒的点缀而更加丰富多彩。

1. 酒的交际礼仪功能

酒在人际交往方面有着重要作用。酒给席间增加很多话题，边饮边侃，融融浓情和酒一起暖遍全身，酒兴所致，心扉敞开，活跃气氛，增进友谊，欢声笑语，笼罩席间。

2. 酒的医药保健功能

酒可以治病、滋补。据《汉书·食货志》载："酒，百药之长"。《神农本草经》中也明确记载，用酒制药以治病。酒最早用做麻醉剂，华佗用的"麻沸散"，即用酒冲服。在现代外科医学中，酒也占有重要地位，如碘酒等。适量饮酒对健康长寿有益，古代和现代医学均主张老年人适量饮酒，中外大量的记载证明了此论有理。

3. 酒的激发功能

酒能刺激神经中枢，扩张血管，加快心率，促进血液循环。这种刺激功能在一定条件下作用于有某种才能的人，会产生意想不到的神奇作用。它成了才智和胆略的催化剂，造就了无数英雄豪杰和文学家、艺术家，使他们的功绩和作品名垂青史。"李白斗酒诗百篇"形象地说明了酒与诗的关系，唐代文学家中王维、孟浩然、李白、杜甫、贺知章、韩愈、柳宗元、刘禹锡、白居易、杜牧、李商隐等没有一人不饮酒，也没有一人诗中不写酒。我国古代名著《红楼梦》《三国演义》《儒林外史》《水浒》等都有酒的描写。

9.2.3　酒品、酒器、酒戏、酒德、酒礼

1. 酒品

中国酒根据酿造方法的不同，可分为蒸馏酒、发酵酒和配制酒；根据酒精含量的

不同，可分为高度酒（一般在 40 度以上）、中度酒（20~40 度）和低度酒（20 度以下）；根据商业习惯，可分为白酒、黄酒、葡萄酒、啤酒、果酒、露酒和药酒。

1979 年第三届全国评酒会按照白酒香型的不同，将其分为酱香型、清香型、浓香型、米香型和其他香型五种。酱香型以贵州茅台酒为代表，清香型以山西汾酒为代表，浓香型以四川五粮液为代表，米香型以广西桂林三花酒为代表。

黄酒是我国最古老的饮料酒，也是我国特有的酿造酒。酒度一般在 16~18 度，含有糖、氨基酸等多种成分，是营养价值较高的低度饮料，主要产于我国长江下游一带，以浙江绍兴的产品最为著名。

葡萄酒以山东烟台葡萄酒、河南民权葡萄酒、河北沙城葡萄酒、吉林长白山葡萄酒、通化葡萄酒、北京天津的葡萄酒最为著名。

啤酒的品牌和种类较多，其中山东青岛啤酒、北京特制啤酒和上海特制啤酒较为出名。

露酒和药酒属于配制酒，如山西杏花村竹叶青酒。

2. 酒器

酒器是指历代人们饮酒、盛酒的用具。在不同的历史时期，由于社会经济的不断发展，酒器的制作技术、材料、造型等自然而然会产生相应变化，故产生了种类繁多，令人目不暇接的酒器。

按酒器的材料可分为：天然材料酒器（木、竹制品、兽角、海螺）、陶制酒器、青铜制酒器、漆制酒器、瓷制酒器、玉器、水晶制品、金银酒器、锡制酒器、玻璃酒器等；按用途可分为：盛酒器（如樽、壶、卣、罍、觥、彝等）、温酒器（如斝、角、爵、杯等）和饮酒器（如爵、角、觯、盉等）三大类。

3. 酒戏

酒戏，也叫酒令，即酒席上的助兴游戏。一般是席间推举一人为令官，余者听令参与游戏，违令者或负者罚饮，所以又称"行令饮酒"。在远古时代就有了射礼，为宴饮而设的称为"燕射"，即通过射箭决定胜负，负者饮酒。投壶之戏行于春秋，盛于战国。魏晋文人雅士喜好行"曲水流觞"之酒令。所谓"曲水流觞"，是选择一风雅静僻所在，文人墨客按秩序安坐于潺潺流波之曲水边，将盛满酒的杯子置于上流使其顺流而下，酒杯止于某人面前即取而饮之，再乘微醉或啸吟或援翰，作出诗来。名传千古的王羲之的《兰亭集序》，就是此例酒戏之作。明清时期，酒令已成为酒文化中极富情趣的一种文化现象。在清代的《红楼梦》《聊斋志异》《镜花缘》三部古典文学名著中，就保留了不少关于酒令的记载。

酒令，按形式可分为雅令、筹令、骰令、通令。雅令，是文人学士的风雅之事，有对诗、拆字、联句、回环等形式。筹令是一种简便和雅俗共赏的酒令。骰令，即掷骰子行令，民间非常流行。通令，即游戏令，有传花、抛球、划拳等形式，又以划拳最受百姓欢迎。

4. 酒德、酒礼

历史上，儒家的学说被奉为治国安邦的正统观点，酒的习俗同样也受儒家酒文化观点的影响。儒家讲酒，以"德""礼"二字为要。

酒德即酒行为的道德。酒德最早见于《尚书》和《诗经》。《尚书·酒诰》中有"饮惟祀"（只有祭祀时才能饮酒）、"无彝酒"（不要经常饮酒，平日少饮以节粮，只有在有病时才宜饮酒）、"执群饮"（禁止聚众饮酒）、"禁沉湎"（禁止饮酒过度）之谓。儒家并不反对饮酒，用酒祭祀敬神，养老奉宾，都是德行。

酒礼即酒行为的礼仪，用以体现酒行为中的贵贱、尊卑、长幼乃至各种不同场合的礼仪规范。如主宾共饮时，要相互跪拜。晚辈与长辈同饮，叫侍饮，通常要先行跪拜礼，然后坐入次席。长辈命晚辈饮酒，晚辈方可举杯；长辈酒杯中的酒尚未饮完，晚辈也不能先饮尽。总之，中国人的酒德简言之为"量力而饮，节制有度"。为了保证酒礼的执行，历代都设有酒官。周有酒正、汉有酒士、晋有酒丞、齐有酒吏、梁有酒库丞等。古代饮酒的礼仪约有拜、祭、啐、卒四步。就是先作出拜的动作，以示敬意；接着把酒倒出一点在地上，祭谢大地生养之德；然后尝尝酒味，并加以赞扬令主人高兴；最后仰杯而尽。主人向客人敬酒叫酬，客人要回敬主人叫酢，并互致几句敬酒辞。客人之间相互敬酒叫旅酬，依次向主人敬酒叫行酒。敬酒时，敬酒的人和被敬酒的人都要"避席"——起立。普通敬酒以三杯为度。

【知识链接】

唐代行酒令

酒令（见图9-9）成俗盛于唐代的士大夫间。在唐代诗文中酒令频繁出现。饮酒行令在士大夫中特别风行，他们还常常赋诗撰文予以赞颂。白居易诗曰："花时同醉破春愁，醉折花枝当酒筹。"后汉贾逵并撰写《酒令》一书。宋代不但沿袭了酒令习俗，而且还丰富发展了酒令文化。单就记载介绍各种酒令的书就有《酒令丛钞》《酒杜刍言》《醉乡律令》《嘉宾心令》《小酒令》《安雅堂酒令》《西厢酒令》《饮中八仙令》等。从地下发掘的考古材料也证明，唐代是一个喝酒成风，酒令盛行的时代。如1982年在镇江丹徒丁卯村一座唐代银器窖中，发现了"论语玉烛"酒筹筒和五十根酒令筹，这是十分宝贵的唐代酒令资料。唐代的酒令名目已经十分繁多，如有历日令、卷头令、瞻相令、巢云令、手势令、旗幡令、折字令、不语令、急口令、四字令、言小字令、雅令、招手令、骰子令、鞍马令、抛打令等，这些酒令汇总了社会上流行的许多游戏方式，这些游戏方式为酒令增添了很多的娱乐色彩。如王定保《唐摭言》载："赵公令狐绹镇维扬，张祜常预狎宴，公因熟视祜，改令曰：'上水船，风太急，帆下人，须好立。'祜答曰：'上水船，船底破，好看客，莫依柂。'"这是一种诗文类的行令方式。前人念一句酒令诗后，后人必须以相同的格式应对，否则便算输，必须罚酒。猜物类的酒令也叫做"猜枚"，玩时由行令的人拳中藏握一些小件物品，如棋子、瓜子、钱币、干果等，供人猜测。有猜单双，猜颜色，猜数目等多种猜法。猜中者为胜，猜不中者为负，负者要罚酒。

9 中国饮食文化

唐代传奇《申屠澄》记载了一则关于雅令的动人故事。布衣秀才申屠澄赴任县尉,风雪阻途,夜投茅屋。好客的主人烫酒备席,围炉缩客。风流才子申屠澄举杯行令:"厌厌夜饮,不醉不归",引用《诗经》句行雅令。不料话音刚落,坐在对面的主人之女就咯咯笑了起来,说:"这样的风雪之夜,你还能到哪里去呢?"说完,少女多情地看了申屠澄一眼,脱口出令:"风雨如晦,鸡鸣不已"。申屠澄听后,惊叹万分。他知道少女是用《诗经·郑风·风雨》里的诗句,隐去"既见君子,云胡不喜?"后两句,说明少女已含蓄而巧妙地向他表达了爱慕之意。于是,申屠澄向少女的父母求婚,喜结良缘。

图9-9　行令饮酒

9.3　中国的茶文化

茶是以茶树新梢上的芽叶嫩梢(称鲜叶)为原料加工而成的饮品,它与咖啡、可可并称为世界三大饮料。中国是茶的故乡,是茶树的原产地,又是最早发现茶叶功效、栽培茶树和制成茶叶的国家。茶文化是中国饮食文化的重要组成部分,是中国民族文化宝库中的精品。

9.3.1　茶文化的形成与发展

茶的发现和利用,相传起源于神农时代,距今已有四五千年的历史。陆羽《茶经》记载:"茶之为饮,发乎神农氏。"东汉华佗《食论》中有:"苦荼久食,益意思",记录了茶的医学价值。西汉将茶的产地命名为"荼陵",即湖南的茶陵。三国时魏国的《广雅》中已最早记载了饼茶的制法和饮用。

茶以文化的面貌出现,是在汉魏两晋南北朝时期。最早喜好饮茶的多是文人雅士,汉代司马相如的《凡将篇》、扬雄的《方言》都是有名的茶赋,一个从药用,一个从文学角度都谈到茶。两晋南北朝时,一些有眼光的政治家提出"以茶养廉",以对抗当时的奢侈之风。

唐代是中国茶文化的辉煌时期。唐代中叶,陆羽撰成了中国也是世界上第一部茶叶专著《茶经》。《茶经》的问世具有划时代的意义,使茶学真正成为一种专门的学科,从而使茶文化发展到一个空前的高度。《茶经》奠定了中国茶文化的理论基础。茶文化的形成还与当时佛教的发展,科举制度、诗风大盛、贡茶兴起、禁酒等有关。

宋代是中国茶文化的兴盛期。中国素有"茶兴于唐,盛于宋"之说。进入宋代,宫廷兴起的饮茶风俗极大地推动了茶业发展,市民茶文化和民间斗茶之风兴起,茶成为了人民生活的必需品。茶叶流通非常兴盛,大中城市、小市镇茶房林立,甚至在茶叶运输线上兴起了若干商业城市。由于宋代著名茶人大多数是著名文人,加快了茶与

相关艺术融为一体的过程。著名诗人有茶诗，书法家有茶帖，画家有茶画，使茶文化的内涵得以拓展，成为文学、艺术等精神文化的直接关联部分。宋代市民茶文化主要是把饮茶作为增进友谊与社会交际的手段，如北宋汴京民俗，有人乔迁，左右邻居要彼此"献茶"；邻居间请喝茶叫"支茶"。到了元代，饮茶简约之风大为流行，在此影响下，关于茶的著书极少，只是在诗文中偶有写茶的作品。

明清时期中国茶文化得到了进一步地普及发展。明代茶文化的主要表现为：大量制作和普及散茶，并完成了炒青工艺，刻意追求茶叶特有的造型、香气和滋味，于是绿茶、青茶、黑茶、白茶等精品纷纷出现；茶的饮法由煮饮改为冲泡，从而简化了饮茶的烦琐过程，易于人们品茶；一改宋代崇金贵银的习气，陶质、瓷制茶具大受欢迎，紫砂之具尤为推崇；茶书兴盛，对茶文化的各个方面加以整理、阐述和开发，其结果一直影响至今。由于清代盛行向皇上进贡茶，因而诞生了不少名茶，如龙井茶、碧螺春茶、刘安瓜片、铁观音、武夷大红袍等都因曾是贡茶而名扬天下。此外，清朝还开创了红茶制作的先河，这也是清代对中国茶文化的一大贡献。

新中国成立后，中国茶叶产量增长很快，为中国茶文化的发展提供了坚实的物质基础。茶艺交流蓬勃发展，茶文化社团应运而生，茶文化节不断举办，茶书推陈出新，茶文化教学研究机构相继建立。1982年，在杭州成立了第一个以弘扬茶文化为宗旨的社会团体——"茶人之家"；在陆羽的故乡——湖北天门成立了"陆羽茶文化研究会"；1991年，中国茶叶博物馆在杭州正式开放；1993年，"中国国际茶文化研究会"在湖州成立；1998年，中国国际和平茶文化交流馆建成等。随着茶文化的兴起，各地茶艺馆越办越多。各省市及主产茶县纷纷主办"茶叶节"，如福建武夷市的岩茶节，河南信阳的茶叶节等，不胜枚举。

9.3.2 茶品、茶具与茶饮

1. 茶品

茶品的划分可以有多种方法。有的根据制造方法不同和品质差异，将茶叶分为绿茶、红茶、乌龙茶、白茶、黄茶和黑茶六大类。有的根据中国出口茶的类别将茶叶分为绿茶、红茶、乌龙茶、白茶、花茶、紧压茶和速溶茶等几大类。有的根据中国茶叶加工分为初、精制两个阶段的实际情况，将茶叶分为毛茶和成品茶两大部分。有的从产地将茶叶称作川茶、浙茶、闽茶等。有的按其生长环境来分，分为平地茶、高山茶、丘陵茶。另外还有一些"茶"其实并不是真正意义上的茶，但是一般的饮用方法上与一般的茶一样，故而人们常常以茶来命名之，例如虫茶、鱼茶。将上述几种常见的分类方法综合起来，中国茶叶则可分为基本茶类和再加工茶类两大部分。

（1）基本茶类。基本茶主要包括绿茶、红茶、青茶、白茶、黄茶、黑茶等。

绿茶，是以适宜茶树新梢为原料，经杀青、揉捻、干燥等典型工艺过程制成的茶。其干茶色泽和冲泡后的茶汤、叶底以绿色为主调，故名。绿茶较多地保留了鲜叶内的天然物质，具有"清汤绿叶、滋味收敛性强"等特点。绿茶按其干燥和杀青方法的不同，一般分为炒青、烘青、晒青和蒸青绿茶，其中以西湖龙井茶（见图9-10）、太湖碧螺春茶、黄山毛峰茶最为著名。

红茶出现于清朝,用全发酵法制成。红茶与绿茶的区别在于加工方法不同。红茶以适宜制作本品的茶树新芽叶料,经萎凋、揉捻(切)、发酵、干燥等典型工艺过程精制而成。因其干茶色泽和冲泡的茶汤以红色为主调,故名。因特殊加工工艺形成红叶红汤,香甜味醇,具有水果香气和醇厚的滋味,还具有耐泡的特点。红茶主要有小种红茶、工夫红茶和红碎茶三大类,多以产地命名,以安徽祁红、云南滇红尤为出众。

青茶,又称乌龙茶,属半发酵茶,即制作时适当发酵,使叶片稍有红变,是介于绿茶与红茶之间的一种茶类。制作采用独特的"做青"工序,使鲜叶不充分氧化。其特点是叶色青绿,汤色金黄,绿叶红镶边,香气芬芳浓醇,既具有红茶的醇,又具有绿茶的清香。青茶的药理作用,突出表现在分解脂肪、减肥健美等方面。青茶的产地主要集中在福建、广东、台湾一带,名品有福建的武夷岩茶、铁观音,广东的凤凰单枞,台湾的乌龙等。

白茶白色茸毛多,色白如银,汤色浅淡素雅,初泡无色,滋味鲜醇,毫香明显。它加工时不炒不揉,只将细嫩、叶背满茸毛的茶叶晒干或用文火烘干,而使白色茸毛完整地保留下来。白茶主要产于福建的福鼎、政和、松溪和建阳等县,有"银针""白牡丹""贡眉""寿眉"几种,名品有白毫银针、白牡丹等。

黄茶在加工过程中采用杀青、闷黄方法,使鲜叶进行非酶性氧化,因而形成黄叶、黄汤,香气清悦醇和。黄茶按芽叶嫩度分为黄芽茶、黄小茶和黄大茶。黄芽茶如湖南洞庭湖君山银芽,四川雅安、名山县的蒙顶黄芽等;黄小茶如湖南宁乡的沩山毛尖、浙江平阳的平阳黄汤、湖北远安的鹿苑等;黄大茶有安徽的霍山黄大茶等。黄茶中以君山银针最为知名。

黑茶原料粗老,加工时堆积发酵时间较长,使叶色呈暗褐色。它是藏、蒙、维吾尔等兄弟民族不可缺少的日常必需品。有"湖南黑茶""湖北老青茶""广西六堡茶",四川的"西路边茶""南路边茶",云南的"紧茶""扁茶""方茶"和"圆茶"(见图9-11)等品种。

图9-10 西湖龙井茶

图9-11 云南圆茶

(2)再加工茶类。再加工茶是以各种毛茶或精制茶再加工而成的,包括花茶、紧压茶、液体茶、速溶茶及药茶等。

花茶由茶叶和香花拼和熏制,利用茶叶的吸附性,使茶叶吸收花香而成。这种茶有茉莉花茶、珠兰花茶、白兰花茶、玫瑰花茶、桂花茶等。

紧压茶以制成的绿茶、红茶或黑茶的毛茶为原料,经蒸压成圆饼形、正方形、砖块形等形状,其中以黑茶制成的紧压茶为大宗。

速溶茶是以成品茶、半成品茶或鲜茶叶、副产品通过提取、过滤、浓缩、干燥等工艺过程加工而成的一种易溶于水而无茶渣的颗粒状、粉状或小片状的新型茶品饮料,具有冲饮携带方便、不含农药残留等优点。

药茶是将药物与茶叶配伍,制成药茶,以发挥和加强药物的功效,利于药物的溶解,增加香气,调和药味。这种茶的种类很多,如"午时茶""姜茶散""益寿茶""减肥茶"等。

2. 茶具

晋以前称茶具,晋以后称茶器;陆羽以采制之器为具,以烧泡之具为器;宋至今则统称茶具。茶具之器式以古为繁,以今为简。

陆羽《茶经》所列之具有29件。由于当时的茶类、饮茶习惯和物质条件与现在迥然不同,所以器具十分复杂。如今,茶具通常是指茶壶、茶杯、茶碗、茶盘、茶盅、茶匙、茶托、茶荷、茶罐等饮茶用具。

茶具之材质有陶土、瓷器、漆器、玻璃、金属、竹木等之分(见图9-12—图9-14)。

图9-12 茶具

图9-13 金银丝结条笼子
——唐用于炙烤茶饼

图9-14 鎏金鸿雁纹银则
——唐取茶的工具

3. 茶饮

中国饮茶之法讲究很多,首先要注意的是茶叶的用量、泡茶之水的温度、冲泡时间和冲泡次数之间的协调和得当,否则难以体验茶中之妙。其次,要注意不同的茶种,其冲泡和饮用方法亦有所不同,否则再好的茶叶也品不出滋味。

(1) 绿茶饮法。高级绿茶一般习惯于用玻璃杯冲泡,可充分展示汤、叶的品质之美。中高档茶叶往往采用瓷杯冲泡,意在适口、品味。中低档茶叶用壶冲泡,此类茶叶耐泡但味浓,意不在趣而在饮。还有单开兑饮法,即茶只泡一开,去渣后在茶汤中加入白糖、牛奶、柠檬等,调匀后饮用。

(2) 红茶饮法。红茶之饮法因人、事、茶而异,据称有百种之多,其主要者如下。

按花色品种可分为工夫饮法和快速饮法。工夫饮法多用冲泡法,将茶叶放入白瓷杯中,冲入沸水,几分钟后,先闻香,后观色,再饮茶。一杯茶可冲泡两三次。要缓斟慢饮,细细品味。快速饮法是茶入杯中,加入开水即可,袋泡茶、速溶茶、奶汁茶等宜用此法。

按茶汤中是否添加其他调味品可分为清饮法和调饮法两种,前者不在茶汤中加入其他东西,后者在茶汤中加入糖、牛奶、柠檬、咖啡、蜂蜜或香槟酒等。按使用的茶具可分为杯饮法和壶饮法。按泡法有冲泡法和煮饮法。

(3) 乌龙茶饮法。选茶:高中档之乌龙茶有:铁观音、黄金桂、武夷水仙、潮安凤凰单枞等。

选具:最精致是"四宝",即玉书碨(开水壶)、潮汕烘炉(火炉)、孟臣罐(茶壶)、若琛瓯(茶杯)。

烫茶具:泡茶前,要用沸水将壶、盘、杯等淋洗一遍,在泡茶时也要不断浇淋,以使茶具保持一定的温度。

铺茶:碎末放在壶底,上铺粗条,中小叶放在最上面。

洗茶:将开水沿边缓缓冲入壶中,当水刚漫过茶叶时,立即将水倒掉,以洗去茶中灰尘。

泡茶:洗茶以后,马上再加入开水,至九分满,盖上壶盖,并用开水浇淋壶身,两三分钟后,茶即泡好。

斟茶:茶汤轮流倒入杯中,先倒一半,逐渐加至八成满。斟时应先斟边缘,后斟杯中,要将壶底的浓汁均匀地分入各杯。

品茶:先闻香,再尝味。闻香之时,杯于鼻前要由远至近,由近至远往复数次,方能体验其香。品尝之时要小口慢啜。

三不饮:空腹不饮、睡前不饮、冷茶不饮。

(4) 花茶饮法。高档茶一般用带盖的玻璃杯泡茶,水温以90℃为宜,冲入水后,要立即盖上盖,以防茶香散逸;然后手托茶杯迎着光线,看茶叶在水中翻腾变幻,看汤色由淡变浓,此谓"目品";泡约3分钟,揭盖嗅香,此谓"鼻品";待茶汤稍凉,小口慢喝,让茶汤在舌面上来回流动一二次,然后下咽,此谓"口品"。非如是,不能领会高档花茶的神韵。民间有"一口为喝,三口为品"的说法。第一开汤饮至剩三分之一时，续入开水，饮二开；三开以后，茶味已寡。

中档茶可用白瓷盖杯冲泡，冲入沸水后，泡约5分钟即可闻香饮茶，三开仍有茶味。

中低档茶或花茶末可用白瓷茶壶冲泡，用沸水，泡5分钟即可饮用。

（5）紧压茶饮法。现在的紧压茶多为砖茶，少数民族饮用居多。紧压茶因质地坚实，通常之泡法难以泡出茶味。故饮用时，要先将茶砖弄碎，再入锅或壶中烹煮；烹煮之时，还要不断地搅拌，如此方能煮出茶味。

紧压茶大多采用调饮方式，在烹煮之时，常加入奶、盐、酥油以及研细的香料，以增茶味和香。

9.3.3 中国茶道

中国是最早发现茶的用途、最早实行人工栽培、最早加工茶的国度，所以茶是中国的国饮、国粹。茶，不仅仅是健康饮料，茶还可以入诗入画，茶是艺术，是文化。通过沏茶、品茶，可以联络感情，陶冶性情，涤神益思，品味人生，将茶事活动上升到哲学、伦理、道德层面，达到饮茶的最高境界——茶道。

1. 茶艺与茶道的关系

茶艺就是泡茶的技艺和品茶的艺术。其中又以前者为主体，因为只有泡好茶之后才谈得上品茶。茶道源于中国的饮茶技艺，但又不同于茶艺。茶道不但讲究表现形式，而且注重精神内涵。如果饮茶讲究环境、气氛、音乐、冲泡技巧及人际关系等，则可称之为"茶艺"（见图9-15）；而在茶事活动中融入哲学、伦理、道德，通过品茗来修身养性、陶冶情操、品味人生、参禅悟道，达到精神上的享受，这才是饮茶的最高境界——茶道。

茶道最早起源于中国，中国人至少在唐或唐以前，就在世界上首先将茶饮作为一种修身养性之道。在唐宋时期中国茶道传到日本，经日本人总结提高，形成了日本茶道。虽然中国茶道要远远地早于日本茶道，但遗憾的是中国并未广泛使用这个词，也没有像日本茶道那么规范、系统，更没有发展成"茶道"事业，以至于使不少人误以为茶道源于他邦。

图9-15 中国茶艺

9 中国饮食文化

【知识链接】

中国茶道的诞生

茶道诞生于唐代,最早起源于民间。唐代是中国茶道的第一个发展阶段。后来经士大夫的推崇,加上僧尼道观的宗教生活需要,作为一种高雅的文化活动方式传播到宫廷,于是其影响也不断加深和扩大。

茶道一词,历史上没有一个明确的定义,最早见于唐代皎然《饮茶歌诮崔石使君》中的"孰知茶道全尔真,惟有丹丘得如此"诗句。

中国第一部茶学著作《茶经》就诞生在这个辉煌的时代。《茶经》完整地记载了唐代饮茶的方法,并阐发了饮茶之道中蕴涵的文人气质。它的问世,标志着中国茶道的诞生。《茶经》的作者陆羽因此被后人奉为"茶圣"。

陆羽在《茶经》中不仅记述了煎茶、饮茶的方法,而且对天下之水排了三六九等,其中"南零之水"(扬子江江心的水)天下第一。

传说湖州刺史李季卿邀请陆羽去扬子江边煮茶。刺史派士兵乘船去江心取水。士兵取水归来,陆羽马上用勺取水准备煮茶,但他看了一下后用勺扬了扬水说:"这水是江水,却不是南零之水,而是临岸的江水。"

士兵连忙辩解:"这是我划船取来的水,大家都看见了,我怎会说谎?"

陆羽将瓶里的水慢慢倒出,到一半的时候忽然停住,又用勺取水扬了扬说:"这才是南零之水!"

士兵脸色大变,连忙跪下说:"我的确是取了江心的水,可船回岸边时摇晃得厉害,瓶里的水洒了一半,我怕您嫌水少,于是就在江岸边将水盛满了。您的鉴别力太神奇了!"

湖州刺史和在座的宾客都佩服不已。

2. 中国茶道的基本精神

20世纪80年代以后,随着现代茶文化热潮的兴起,中国茶文化界对中国茶道精神加以总结,把中国茶道的基本精神归纳为:和、静、怡、真。

(1)"和"是中国茶道哲学思想的核心。茶道所追求的"和"源于《周易》中的"保合太和",意指世间万物皆有阴阳两要素构成,阴阳协调,保全大和之元气,以普利万物才是人间正道。陆羽在《茶经》中对此论述得很明白,他用250个字来描述他所设计的风炉,指出风炉用铁铸从"金";放置在地上从"土";炉中烧的木炭从"木";木炭燃烧从"火";风炉上煮的茶汤从"水"。煮茶的过程就是金木水火土相生相克并达到和谐平衡的过程。可见五行调和理念是茶道的哲学基础。

(2)"静"是中国茶道修习的必由之路。中国茶道是修身养性、追寻自我之道。中国茶道正是通过茶事创造一种宁静的氛围和一个空灵虚静的心境,当茶的清香静静地浸润心田和肺腑的每一个角落时,心灵便在虚静中显得空明,精神便在虚静中升华净化,人将在虚静中与大自然融涵玄会,达到"天人合一"的"天乐"境界。在茶道中以静为本,以静为美的诗句有很多。唐代皇甫曾的《陆鸿渐山人采茶回》

云:"千峰待逋客,香茗复丛生。采摘知深处,烟霞羡独行。幽期山寺远,野饭石泉清。寂寂燃灯夜,相思一磬声。"这首诗写的是境之静。宋代杜小山有诗云:"寒夜客来茶当酒,竹炉汤沸火初红。寻常一样窗前月,才有梅花便不同。"写的是夜之静。清代郑板桥诗云:"不风不雨正清和,翠竹亭亭好节柯。最爱晚凉佳客至,一壶新茗泡松萝。"写的是心之静。

(3)"怡"是中国茶道修习中茶人的身心感受。"怡"指和悦、愉快之意。中国茶道是雅俗共赏之道,体现于日常生活之中,不讲形式,不拘一格,突出体现了道家"自恣以适己"的随意性。同时,不同地位、不同信仰、不同文化层次的人对茶道有不同的追求。历史上王公贵族讲茶道重在"茶之珍",意在炫耀权势,夸富示贵,附庸风雅。文人学士讲茶道重在"茶之韵",托物寄怀,激扬文思,交朋结友。佛家讲茶道重在"茶之德",意在驱困提神,参禅悟道,见性成佛。道家讲茶道重在"茶之功",意在品茗养生,保生尽年,羽化成仙。普通百姓讲茶道重在"茶之味",意在去腥除腻,涤烦解渴,享受人生。无论何人都可以在茶事活动中取得生理上的快感和精神上的畅适与心灵上的怡悦。

参与中国茶道,可抚琴歌舞,可吟诗作画,可观月赏花,可论经对弈,可独对山水,可潜心读《易》,亦可置酒助兴。儒生可"怡情悦性",羽士可"怡情养生",僧人可"怡然自得"。中国茶道的这种怡情悦性,正是区别于强调"清寂"的日本茶道的根本标志之一,使其有着极广泛的群众基础。

(4)"真"是中国茶道的终极追求。中国茶道在从事茶事时所讲究的"真",不仅包括茶应是真茶、真香、真味;环境最好是真山真水;挂的字画最好是名家名人的真迹;用的器具最好是真竹真木、真陶真瓷,还包含了对人要真心,敬客要真情,说话要真诚,心境要真闲。茶事活动的每个环节都要认真,每个环节都要求真。

【知识链接】

以茶为礼——民间婚姻中的茶俗

茶在民间婚俗中历来是"纯洁、坚定、多子多福"的象征。古人结婚以茶为礼,取其"不移志"之意。古人认为,茶树只能以种子萌芽成株,而不能移植,故历代都将"茶"视为"至性不移"的象征。因"茶性最洁",可示爱情"冰清玉洁";"茶不移本",可示爱情"坚贞不移";茶树多籽,可象征子孙"绵延繁盛";茶树又四季常青,寓意爱情"永世常青"、祝福新人"相敬如宾""白头偕老"。故世代流传民间男女订婚,要以茶为礼,茶礼成为了男女之间确立婚姻关系的重要形式。"茶"成了男子向女子求婚的聘礼,称"下茶""定茶",而女方受聘茶礼,则称"受茶""吃茶",即成为合法婚姻。如女子再受聘他人,会被世人斥为"吃两家茶",为世俗所不齿。

旧时在江浙一带,将整个婚姻礼仪总称为"三茶六礼"。其中"三茶",即为订婚时"下茶",结婚时"定茶",同房时"合茶"。也有将"提亲、相亲、入洞房"的三次沏茶合称"三茶"。举行婚礼时,还有行"三道茶"的仪式。第一道为"百果";第二道为"莲子

9 中国饮食文化

或枣子";第三道才是"茶叶",都取其"至性不移"之意。吃三道茶时,接第一道茶要双手捧之,并深深作揖。而后将茶杯向嘴唇轻轻一触,即由家人收去。第二道依旧如此。至第三道茶时,方可接杯作揖后饮之。

浙西地区,媒人于男女双方之间说合也俗称"食茶"。媒人说媒后,倘女方应允则泡茶、煮蛋相待。

在浙江德清地区,男女双方确定婚姻关系后即举行定亲仪式,双方须互赠茶壶十二把并用红纸包花茶一包,分送各自亲戚,谓之"定亲茶"。

"新娘子茶":望朝之后,新媳妇的婆婆要至女方家请"亲家公""亲家婆"及亲家面上的近亲至自家喝"喜茶",称为"新娘子茶"。在我国湖南地区,男子去女方上门相亲,姑娘需给男子递上清茶一杯。男子饮后,置贵重物品或钱钞于杯中回赠姑娘,如姑娘当即接受,即示"心许"。在结婚入洞房前,要以红枣、花生、桂圆、龙眼等泡入茶中,再拌以冰糖以招待宾客,寓取"早生贵子""跳龙门"之意。

"开门茶":江苏地区旧俗,大户人家联姻,新郎至新娘家迎亲,进女家的一重门,要作揖一次,一直至堂屋见岳丈岳母止。然后再饮茶三次后,才能暂至岳母房中歇息,耐心地等待新娘上花轿,谓之"开门茶"。

"谢媒茶":男女举行婚礼后,新婚夫妇或双方家长要用茶来谢媒,因在诸多谢礼中,茶叶是必不可少之物,故称"谢媒茶"。

9.4 中国的菜系

中国是一个餐饮文化大国,长期以来在某一地区由于地理环境、气候物产、文化传统以及民族习俗等因素的影响,形成有一定亲缘承袭关系、菜点风味相近,知名度较高,并为部分群众喜爱的地方风味著名流派称作菜系。其中,鲁菜、川菜、苏菜和粤菜被称为"四大菜系",加上浙菜、闽菜、徽菜、湘菜,即为"八大菜系"。

9.4.1 鲁菜

1. 简介

山东菜简称鲁菜,有北方代表菜之称,是中国著名的八大菜系之一,也是黄河流域烹饪文化的代表,绝大多数人都认为,鲁菜是中国八大菜系之首。它对北京、天津、华北、东北地区烹调技术的发展影响很大。原料多选畜禽、海产、蔬菜,善用爆、熘、扒、烤、锅、拔丝、蜜汁等烹调方法,偏重于酱、葱、蒜调味,善用清汤、奶汤增鲜,口味咸鲜。

山东菜可分为济南风味菜、胶东风味菜、济宁菜和其他地区风味菜,并以济南菜为典型,煎炒烹炸、烧烩蒸扒、煮氽熏拌、溜炝酱腌等有50多种烹饪方法。

2. 鲁菜特点

济南菜以清香、脆嫩、味厚而纯正著称,特别精于制汤,清浊分明,堪称一绝。胶东风味亦称福山风味,包括烟台、青岛等胶东沿海地方风味菜。该菜精于海味,善做海鲜,珍馐佳品,肴多海味,且少用佐料提味。此外,胶东菜在花色冷拼的拼制和花色热菜的烹制中,独具特色。孔府菜做工精细,烹调技法全面,尤以烧、炒、煨、炸、扒见长,而且制作过程复杂。以煨、炒、扒等技法烹制的菜肴,往往要经过三四道程序方能完成。"美食不如美器",孔府历来十分讲究盛器,银、铜等名质餐具俱备。孔府菜的命名也极为讲究,寓意深远。

3. 著名菜肴

九转大肠:色泽红润,大肠软嫩,有酸、甜、香、辣、咸五味(见图9-16)。此菜系山东传统风味。糖醋黄河鲤鱼:此菜选用黄河鲤鱼烹制而成,成菜后外焦里嫩、香酥、酸甜、稍咸。德州扒鸡:鸡皮光亮,色泽红润,肉质肥嫩,热吃时,手提鸡骨一抖,骨肉随即分离,香气扑鼻,味道鲜美,是德州传统风味。

【知识链接】

九转大肠的典故

图9-16 鲁菜:九转大肠

"九转大肠"出于清光绪初年,由济南"九华楼"酒店首创,九华楼是济南富商杜氏和邵氏所开。杜氏是一巨商,在济南设有9家店铺,酒店是其中之一。这位掌柜对"九"字有着特殊的爱好,什么都要取个九数,因此他所开的店铺字号都冠以"九"字。"九华楼"设在济南县东巷北首,规模不大,但司厨都是名师高手,对烹制猪下货菜更是讲究,"红烧大肠"(九转大肠的前名)就很出名,做法也别具一格:下料狠,用料全,五味俱有,制作时先煮、再炸、后烧,出勺入锅反复数次,直到烧煨至熟。所用调料有名贵的中药砂仁、肉桂、豆蔻,还有山东的辛辣品:大葱、大姜、大蒜以及料酒、清汤、香油等。口味甜、酸、苦、辣、咸兼有,烧成后再撒上芫荽(香菜)沫,增添了清香之味,盛入盘中红润透亮,肥而不腻。有一次杜氏宴客,酒席上了此菜,众人品尝这个佳肴都赞不绝口。有一文士说,如此佳肴当取美名,杜表示欢迎。这个客人一方面为迎合店主喜"九"之癖,另外,也是赞美高厨的手艺,当即取名"九转大肠",同座都同佩典,他说道家善炼丹,有"九转仙丹"之名,吃此美肴,如服"九转",可与仙丹媲美,举桌都为之叫绝。从此,"九转大肠"之名声誉日盛,流传至今。

9.4.2 粤菜

1. 简介

粤菜即广东菜,发源于岭南,由广州菜、潮州菜、东江客家菜发展而成,是起步较晚的菜系,但它影响深远,港、澳以及世界各国的中菜馆,多数是以粤菜为主,在世界各地,粤菜与法国大餐齐名。有不少人,特别是广东人,认为粤菜是华南的代表菜系。粤菜集南海、番禺、东莞、顺德、中山等地方风味的特色,兼京、苏、淮、杭等外省菜以及西菜之所长,融为一体,自成一家。除了正式菜点,广东的小食、点心也制作精巧,而各地的饮食风俗也有其独到之处,如广州的早茶,潮州的功夫茶,这些饮食风俗已经超出"吃"的范畴,成为广东的饮食文化。

粤菜在国外是中国的代表菜系。粤菜做法比较复杂,精细,费时,费人工。在国内粤菜餐厅一般是档次高,人均消费高。

2. 粤菜特点

广州菜取料广泛,品种花样繁多,令人眼花缭乱。天上飞的,地上爬的,水中游的,几乎都能上席。鹧鸪、禾花雀、豹狸、果子狸、穿山甲、海狗鱼等飞禽野味自不必说;猫、狗、蛇、鼠、猴、龟,甚至不识者误认为"蚂蟥"的禾虫,亦在烹制之列,而且一经厨师之手,顿时就变成异品奇珍、美味佳肴,令中外人士十分惊异。广州菜的另一突出特点是,用量精而细,配料多而巧,装饰美而艳,而且善于在模仿中创新,品种繁多,1965 年"广州名菜美点展览会"介绍的就有 5457 种之多。广州菜的第三个特点是,注重质和味,口味比较清淡,力求清中求鲜、淡中求美。而且随季节时令的变化而变化,夏秋偏重清淡,冬春偏重浓郁。在烹调上以炒、爆为主,兼有烩、煎、烤,讲究清而不淡,鲜而不俗,嫩而不生,油而不腻,有"五滋"(香、松、软、肥、浓)、"六味"(酸、甜、苦、辣、咸、鲜)之说。

图 9-17 粤菜:龙虎斗

3. 著名菜肴

广州菜代表品种有:龙虎斗(见图 9-17)、白灼虾、烤乳猪、香芋扣肉、黄埔炒蛋、炖禾虫、狗肉煲、五彩炒蛇丝等,都是饶有地方风味的广州名菜。

潮州菜代表品种有:烧雁鹅、豆酱鸡、护国菜、什锦乌石参、葱姜炒蟹、干炸虾枣等,都是潮州特色名菜,流传岭南地区及海内外。

客家菜代表品种有:盐焗鸡、酿豆腐、爽口牛丸、三杯鸭等,表现出浓厚的古代中州之食风。

【知识链接】

广东名菜——龙虎斗

"龙虎斗"又名"豹狸烩三蛇"、"龙虎凤大烩"、"菊花龙虎凤",是闻名中外的广东传统名菜。以蛇制作菜肴在广东已有两千多年历史,当地曾有"秋风起矣,独它肥矣,滋补其时矣"之谚,古代曾经作为宫廷佳肴。"龙虎斗"一菜相传始于清同治年间,当时有个名叫江孔殷的人,生于广东绍关,在京为官。回到家乡后,经常研究烹饪,想创制新名菜。有一年,他做七十大寿时,为了拿出一道新名菜给亲友尝鲜,便尝试用蛇和猫制成菜肴,蛇喻龙、猫喻虎,因二者相遇必斗,故名曰"龙虎斗"。亲友们品尝后都觉得不错,但感到猫肉的鲜味还不足,建议再加鸡共煮。江根据大家的意见又在此菜中加了鸡,其味更佳,这样此菜便一举成名。后来改称"豹狸烩三蛇"、"龙虎凤大烩",但人们仍习惯地称它为"龙虎斗"。此菜在岭南地区广泛流传,成为广东菜馆的主要特色名菜,盛名世界。中外宾客来到广州,都要品尝此菜,不然就"虚此一行"。

本品是用蛇为主料的羹汤菜,精工细作,配料多样,肉嫩香滑,异常鲜美。以薄脆、柠檬叶丝和菊花瓣佐食,风味尤为特殊,秋冬食之最佳。据现代化学分析证明,蛇肉含有大量人体需要的氨基酸,能起软化血管和防止动脉硬化的作用。广东吃蛇,既为了饱口福,也为了滋补防病。"龙虎斗"使食者有这两方面的享受。

9.4.3 川菜

1. 简介

川菜即四川菜系,分为以川西成都乐山为中心的上河帮、以川东重庆为中心的下河帮、以川南自贡为核心的小河帮。四川菜系各地风味比较统一,主要流行于西南地区和湖北地区,在中国大部分地区都有川菜馆。川菜风味包括成都、重庆、乐山、内江、自贡等地方特色菜。

2. 川菜特点

川菜特点是突出麻、辣、香、鲜、油大、味厚,重用"三椒"(辣椒、花椒、胡椒)和鲜姜。调味方法有干烧、鱼香、怪味、椒麻、红油、姜汁、糖醋、荔枝、蒜泥等复合味型,形成了川菜的特殊风味,享有"一菜一格,百菜百味"的美誉。

川菜在烹调方法上,有炒、煎、干烧、炸、熏、泡、炖、焖、烩、贴、爆等38种之多。在口味上特别讲究色、香、味、形,兼有南北之长,以味的多、广、厚著称。历来有"七味"(甜、酸、麻、辣、苦、香、咸),"八滋"(干烧、酸、辣、鱼香、干煸、怪味、椒麻、红油)之说。川菜系因此具有取材广泛、调味多样、菜式适应性强三个特征。由筵席菜、大众便餐菜、家常菜、三蒸九扣菜、风味小吃五个大类组成一个完整的风味体系。

9 中国饮食文化

3. 著名菜肴

川菜在国际上享有"食在中国，味在四川"的美誉。其中最负盛名的菜肴有：干烧岩鲤、干烧桂鱼、鱼香肉丝、廖排骨、怪味鸡、宫保鸡丁、五香卤排骨、粉蒸牛肉、麻婆豆腐、毛肚火锅、干煸牛肉丝、夫妻肺片、灯影牛肉、担担面、赖汤圆、龙抄手等。川菜中六大名菜是：鱼香肉丝、宫保鸡丁（见图9-18）、夫妻肺片（见图9-19）、麻婆豆腐、回锅肉、东坡肘子等。

图9-18　川菜：宫保鸡丁

图9-19　川菜：夫妻肺片

9.4.4　苏菜

1. 简介

苏菜即江苏菜，起始于南北朝、唐宋时。经济发展推动饮食业的繁荣，苏菜成为"南食"两大台柱之一。明清时期，苏菜南北沿运河、东西沿长江的发展更为迅速。沿海的地理优势扩大了苏菜在海内外的影响。

苏菜由扬州菜、淮安菜、南京菜、常州菜、苏州菜、徐海菜等地方菜组成。在整个苏菜系中，淮扬菜占主导地位。苏州、无锡一带形成的苏锡菜与淮扬菜有同有异，其虾蟹莼鲈，糕团船点味冠全省，茶食小吃，尤优于苏菜系中其他地方风味。其菜肴注重造型，讲究美观，色调绚丽，白汁清炖独具一格，兼有糟鲜红曲之味，食有奇香；口味上偏甜，无锡尤甚。浓而不腻，淡而不薄，酥烂脱骨不失其形，滑嫩爽脆不失其味。徐海菜近齐鲁风味，肉食五畜俱用，水产以海味取胜。菜肴色调浓重，口味偏咸，习尚五辛，烹调技艺多用煮、煎、炸等。

2. 苏菜特点

江苏菜的特点是：用料广泛，以江河湖海水鲜为主；刀工精细，烹调方法多样，擅长炖焖煨焐；追求本味，清鲜平和；菜品风格雅丽，形质均美。

江苏菜以重视火候、讲究刀工而著称，著名的"镇扬三头"（扒烧整猪头、清炖蟹粉狮子头、拆烩鲢鱼头）、"苏州三鸡"（叫花鸡、西瓜童鸡、早红桔酪鸡）以及"金陵三叉"（叉烤鸭、叉烤桂鱼、叉烤乳猪）都是其代表之名品。

江苏菜式的组合亦颇有特色。除日常饮食和各类筵席讲究菜式搭配外，还有"三筵"具有独到之处。其一为船宴，见于太湖、瘦西湖、秦淮河；其二为斋席，见于镇

225

江金山、焦山斋堂、苏州灵岩斋堂、扬州大明寺斋堂等；其三为全席，如全鱼席、全鸭席、鳝鱼席、全蟹席等。

3. 著名菜肴

江苏名菜有水晶肴蹄、扬州炒饭、清炖蟹粉狮子头、金陵丸子、白汁圆菜、黄泥煨鸡、清炖鸡孚、盐水鸭（金陵板鸭）、碧螺虾仁、蜜汁火方、樱桃肉、母油船鸭、烂糊、黄焖栗子鸡、莼菜银鱼汤、万三蹄、响油鳝糊、金香饼、鸡汤煮干丝、肉酿生麸、凤尾虾、三套鸭（见图9-20）、无锡肉骨头、梁溪脆鳝、苏式酱肉和酱鸭、沛县狗肉等。

【知识链接】

三 套 鸭

三套鸭是扬州地区的一道传统名菜，以野鸭为制作主料，烹饪技巧以焖菜为主，口味属于咸鲜味。"三套鸭"家鸭肥嫩，野鸭喷香，菜鸽细酥，滋味极佳。有人赞美此菜具有"闻香下马，知味停车"的魅力。

扬州和高邮一带盛产湖鸭，此鸭十分肥美，是制作"南京板鸭"、"盐水鸭"等鸭菜的优质原料。早在明代，扬州厨师就用鸭子制作了各种菜肴，如"鸭羹"、"叉烧鸭"，用鲜鸭、咸鸭制成"清汤文武鸭"等名菜。清代时，厨师又用鲜鸭加板鸭蒸制成"套鸭"。清代《调鼎集》上曾记有套鸭的具体制作方法："肥家鸭去骨，板鸭亦去骨，填入家鸭肚内，蒸极烂，整供。"后来扬州菜馆的厨师将野鸭去骨填入家鸭内，菜鸽去骨再填入野鸭内，又创制了"三套鸭"。因其风味独特，不久便闻名全国。

图9-20 苏菜：三套鸭

9.4.5 湘菜

1. 简介

潇湘风味，以湖南菜为代表。湖南省位于中南地区，自然条件优厚，利于农、牧、副、渔的发展，故物产特别富饶。湘菜历史悠久，早在汉朝就已经形成菜系，烹调技艺已有相当高的水平。据考证，早在两千多年前的西汉时期，长沙地区就能用兽、禽、鱼等多种原料，以蒸、熬、煮、炙等烹调方法，制作各种款式的佳肴。随着历史的前进，烹饪技术不断交流，逐步形成了以湘江流域、洞庭湖区和湘西山区三种地方风味为主的湖南菜系。湘北是著名的洞庭湖平原，盛产鱼虾和湘莲，是著名的鱼米之乡。湘西多山，盛产笋、蕈和山珍野味。丰富的物产为饮食提供了精美的原料，著名特产有：武陵甲鱼、君山银针、祁阳笔鱼、道州灰鹅、洞庭金龟、桃源鸡、临武

9 中国饮食文化

鸭。在长期的饮食文化和烹饪实践中，湖南人民创制了多种多样的菜肴。

2. 湘菜特点

湘菜历来重视原料互相搭配，滋味互相渗透。湘菜调味尤重酸辣。因地理位置的关系，湖南气候温和湿润，故人们多喜食辣椒，用以提神去湿。用酸泡菜作调料，佐以辣椒烹制出来的菜肴，开胃爽口，深受青睐。

湘菜已经形成几十种烹调方法，在热烹、冷制、甜调三大类烹调技法中，每类技法少则几种，多的有几十种。相对而言，湘菜的煨功夫更胜一筹，几乎达到炉火纯青的地步。煨，在色泽变化上可分为红煨、白煨，在调味方面有清汤煨、浓汤煨和奶汤煨。小火慢炖，原汁原味。有的菜晶莹醇厚，有的菜汁纯滋养，有的菜软糯浓郁，有的菜酥烂鲜香，许多煨出来的菜肴，成为湘菜中的名馔佳品。

3. 著名菜肴

湘江流域的菜以长沙、衡阳、湘潭为中心，是湖南菜系的主要代表。著名代表菜有海参盆蒸、腊味合蒸、走油豆豉扣肉、麻辣仔鸡等。

洞庭湖区的菜以烹制河鲜、家禽和家畜见长，代表菜有洞庭金龟、网油叉烧洞庭桂鱼、蝴蝶飘海、冰糖湘莲（见图9-21）等。

湘西菜擅长制作山珍野味、烟熏腊肉和各种腌肉，口味侧重咸香酸辣，代表菜有红烧寒菌、板栗烧菜心、湘西酸肉、炒血鸭等。

图9-21　湘菜：冰糖湘莲

9.4.6 浙菜

1. 简介

浙江菜，简称浙菜，起源于新石器时代的河姆渡文化，经越国先民的开拓积累，汉唐时期的成熟定型，宋元时期的繁荣和明清时期的发展，浙江菜的基本风格已经形成。浙江菜品种丰富，菜式小巧玲珑，菜品鲜美滑嫩、脆软清爽。浙菜主要有杭州、宁波、绍兴、温州四个流派所组成，各自带有浓厚的地方特色。

2. 浙菜特点

浙菜原料讲究品种和季节时令，以充分体现原料质地的柔嫩与爽脆，所用海鲜、

果蔬之品，无不以时令为上，所用家禽、畜类，均以特产为多，充分体现了浙菜选料讲究鲜活、用料讲究部位，遵循"四时之序"的选料原则。

浙菜以烹调技法丰富多彩闻名于国内外，其中以炒、炸、烩、熘、蒸、烧6类为擅长。"熟物之法，最重火候"，浙菜常用的烹调方法有三十余类，因料施技，注重主配料味的配合，口味富有变化。

口味注重清鲜脆嫩，保持原料的本色和真味。菜品形态讲究，精巧细腻，清秀雅丽。

3. 著名菜肴

浙菜系主要名菜有西湖醋鱼（见图9-22）、东坡肉、赛蟹羹、干炸响铃、荷叶粉蒸肉、西湖莼菜汤、龙井虾仁、杭州煨鸡、虎跑素火腿、干菜焖肉、蛤蜊黄鱼羹、叫化童鸡、香酥焖肉、油焖春笋、虾爆鳝背、雪菜大汤黄鱼、冰糖甲鱼、蜜汁灌藕、嘉兴棕、宁波汤、湖州干张包子等数百种。

【知识链接】

西湖醋鱼的典故

"西湖醋鱼"又叫"叔嫂传珍"。相传古时有宋姓兄弟两人，满腹文章，很有学问，隐居在西湖以打鱼为生。当地恶棍赵大官人有一次游湖，路遇一个在湖边浣纱的妇女，见其美姿动人，就想霸占。派人一打听，原来这个妇女是宋兄之妻，就施用阴谋手段，害死了宋兄。恶势力的侵害，使宋家叔嫂非常激愤，两人一起上官府告状，企求伸张正义，使恶棍受到惩罚。他们哪知道，当时的官府是同恶势力一个鼻孔出气的，不但没受理他们的控诉，反而一顿棒打，把他们赶出了官府。回家后，宋嫂要宋弟赶快收拾行装外逃，以免恶棍跟踪前来报复。临行前，嫂嫂烧了一碗鱼，加糖加醋，烧法奇特。宋弟问嫂嫂：今天鱼怎么烧得这个样子？嫂嫂说：鱼有甜有酸，我是想让你这次外出，千万不要忘记你哥哥是怎么死的，你的生活若甜，不要忘记老百姓受欺凌的辛酸之外，不要忘记你嫂嫂饮恨的辛酸。弟弟听了很是激动，吃了鱼，牢记嫂嫂的心意而去。

图9-22 浙菜：西湖醋鱼

后来，宋弟取得了功名回到杭州，报了杀兄之仇，把那个恶棍惩办了。可这时宋嫂已经逃遁而走，一直查找不到。有一次，宋弟出去赴宴，宴间吃到一道菜，味道就是他离家时嫂嫂烧的那样，连忙追问是谁烧的，才知道正是他嫂嫂的杰作。原来，从他走后，嫂嫂为了避免恶棍来纠缠，隐名埋姓，躲入官家做厨工。宋弟找到了嫂嫂很是高兴，就辞了官职，把嫂嫂接回了家，重新过起捕鱼为生的渔家生活。

古代有人吃了这道菜，诗兴大发，在菜馆墙壁上写了一首诗："裙屐联翩买醉来，绿阳影里上楼台，门前多少游湖艇，半自三潭印月回。何必归寻张翰鲈（誉西湖醋鱼胜过味美适口的松江鲈鱼），鱼美风味说西湖，亏君有此调和手，识得当年宋嫂无。"诗的最后一句，指的就是"西湖醋鱼"创制传说。

9.4.7 闽菜

1. 简介

闽菜是中国八大菜系之一,发源于福州,以福州闽菜为代表。在后来发展中形成福州、闽南、闽西三种流派。福州菜淡爽清鲜,重酸甜,讲究汤提鲜,擅长各类山珍海味;闽南菜分布在泉州、厦门、漳州一带,讲究作料调味,重鲜香;闽西菜包括长汀及西南一带,偏重咸辣,烹制多为山珍,带有山区风味。故此,闽菜形成三大特色,一长于红糟调味,二长于制汤,三长于使用糖醋。

2. 闽菜特点

闽菜的烹调特点是汤菜要清,味道要淡,炒食要脆,擅长烹制海鲜佳肴。其烹调技法以蒸、煎、炒、熘、焖、炸、炖为特色。由于福建的地理形势倚山傍海,北部多山,南部面海。苍茫的山区,盛产菇、笋、银耳、莲子和石鳞、河鳗、甲鱼等山珍野味;漫长的浅海滩涂,鱼、虾、蚌等海鲜佳品常年不绝;平原丘陵地带则稻米、蔗糖、蔬菜、水果誉满中外。山海赐给的神品,给闽菜提供了丰富的原料资源。

闽菜注重刀功,有"片薄如纸、切丝如发、剞花如荔"之美称。而且一切刀功均围绕着"味"下工夫,通过刀功的技法,更体现出原料的本味和质地。

汤菜在闽菜中占绝对重要的地位,是它区别于其他菜系的明显标志之一。这种烹饪特征与福建丰富的海产资源有密切的关系。

闽菜的调味,偏于甜、酸、淡。这一特征的形成,也与烹调原料多取自山珍海味有关。善用糖,甜去腥膻;巧用醋,酸能爽口;味清淡,则可保存原料的本味,并且以甜而不腻,酸而不峻,淡而不薄,享有盛名。

3. 著名菜肴

闽东风味,以福州菜为代表,代表菜:佛跳墙、鸡汤氽海蚌、淡糟香螺片、荔枝肉、醉糟鸡。

闽南风味,以厦门菜为代表,代表菜:彩花迎宾、半月沉江等。

闽西风味,以龙岩菜为代表,代表菜:薯芋类的,如柔软适口的芋子饺、芋子包、炸雪薯、煎薯饼、炸薯丸、芋子糕、酿芋子、蒸满圆、炸满圆等;野菜类的,如白头翁汤、苎叶汤、苦斋汤、炒马齿苋、鸭爪草等;瓜豆类的,如冬瓜煲、酿苦瓜、脆黄瓜、番瓜汤、番瓜汤、狗爪豆、阿罗汉豆、炒苦瓜、酿青椒等。

闽北风味,以南平菜为代表,代表菜:伏羲八卦宴、文公菜、幔亭宴、蛇宴、茶宴、涮兔肉、熏鹅、鲤干、龙凤汤、食抓糍、冬笋炒底、菊花鱼、双钱蛋茄、茄汁鸡肉、建瓯风干鸭、峡阳木樨糕等。

闽中菜以其风韵独特、打工精致、品种繁多和经济实惠而著称,小吃占多数。此中最有名的是沙县小吃。沙县小吃共有约 162 个品种,常年上市的约有 47 多种,形成扁食(肉)系列、豆腐系列、烧卖系列、芋头系列、牛杂系列,其代表有烧卖、扁肉、夏茂芋饺、泥鱼粉干、鱼丸、真心豆腐丸、米冻皮、米冻糕与禧果。

9.4.8 徽菜

1. 简介

徽菜是指徽州菜，不等于安徽菜，不包括皖北地区，主要指徽州地区，起源于黄山麓下的歙县（古徽州）。后来，由于新安江畔的屯溪小镇成为"祁红""屯绿"等名茶和徽墨、歙砚等土特产品的集散中心，商业兴起，饮食业发达，徽菜也随之转移到了屯溪，并得到了进一步发展。徽菜以烹制山珍野味而著称。

2. 徽菜特点

徽菜的主要特点：重油、重色、重火功。

徽菜讲究就地取材，以鲜制胜。徽地盛产山珍野味河鲜家禽，就地取材使菜肴地方特色突出并保证鲜活。烹调善用火候，火功独到。烹调方法上擅长烧、炖、蒸，而爆、炒菜少，尤以烧、炖及熏、蒸菜品而闻名。根据不同原料的质地特点、成品菜的风味要求，分别采用大火、中火、小火烹调。徽菜继承了中国医食同源的传统，讲究食补，注重天然，以食养身，这是徽菜的一大特色。

3. 著名菜肴

徽菜以烹制山珍野味而著称。主要名菜有火腿炖甲鱼、红烧果子狸、腌鲜鳜鱼、黄山炖鸽、问政山笋、虎皮毛豆腐、蛏干烧肉、荷叶粉蒸肉、清蒸鹰龟、青螺炖鸭、方腊鱼、当归獐肉、一品锅、中和汤等。

实 训 应 用

1. 实训项目：制作 PPT 格式的饮食文化节策划方案。
2. 实训目的：通过制作饮食文化节策划方案，增加学生对中国饮食文化基础知识的认识，培养学生的兴趣，锻炼学生策划组织工作的能力。
3. 实训步骤：分组后确定每组的策划主题，可选择与本章内容相关的酒文化、茶文化、食文化等题材；小组讨论形成初步方案，重点在于设计饮食文化节的活动内容，要有创新及旅游吸引力；制作 PPT 格式策划方案的汇报材料；每组选择一名讲解员解说本案的设计思路。

复习思考题

一、名词解释

酒令　鲁菜

9　中国饮食文化

二、简答题

1. 简述中国饮食文化的特征。
2. 中国茶的分类有哪些？
3. 简述苏菜的特点。

三、思考题

谈谈酒在人们社会生活中的功能。

参 考 文 献

[1] 李伟. 旅游文化学 [M]. 北京：科学出版社，2006.
[2] 庄坚毅. 中国旅游文化 [M]. 北京：北京理工大学出版社，2010.
[3] 王勇，吕迎春. 中国旅游文化 [M]. 大连：大连理工大学出版社，2009.
[4] 康玉庆，何乔锁. 中国旅游文化 [M]. 北京：中国科学技术出版社，2005.
[5] 韦燕生. 中国旅游文化 [M]. 北京：旅游教育出版社，2006.
[6] 梅鹏. 中国旅游文化 [M]. 北京：中国人民大学出版社，2011.
[7] 沈祖祥. 旅游文化概论 [M]. 福州：福建人民出版社，2011.
[8] 张维亚，赵昭. 旅游文化 [M]. 大连：东北财经大学出版社，2008.
[9] 甄尽忠. 中国旅游文化 [M]. 郑州：河南科学技术出版社，2009.
[10] 张启. 旅游文化学 [M]. 杭州：浙江大学出版社，2010.
[11] 黄成林. 旅游文化 [M]. 芜湖：安徽师范大学出版社，2010.
[12] 王明强，曹菊枝. 中国旅游文化 [M]. 天津：天津大学出版社，2011.
[13] 李玥瑾. 中国旅游文化 [M]. 青岛：中国海洋大学出版社，2011.
[14] 刘建章. 中国旅游文化 [M]. 西安：西北工业大学出版社，2010.
[15] 尹华光. 旅游文化 [M]. 北京：高等教育出版社，2003.